高职教育新形态教材建设工程系列教材

XINXIHUA YOUJIAO

SHUZIHUA JIAOYU JISHU YINGYONG

信息化幼教
数字化教育技术应用

主　编　冷国华

副主编　许　翊
　　　　赵雪峰

江苏大学出版社
JIANGSU UNIVERSITY PRESS

镇　江

图书在版编目（CIP）数据

信息化幼教 ： 数字化教育技术应用 / 冷国华主编.
镇江 ： 江苏大学出版社，2025. 1. -- ISBN 978-7-5684-
2391-5

Ⅰ. G61

中国国家版本馆CIP数据核字第20249Z9A39号

内容简介

本教材基于目标导向教育（OBE）和"工学结合"理念，根据幼儿教师的工作过程和特点来规划结构，分为走进信息化幼教、获取与处理数字幼教资源、设计信息化幼教活动、设计与制作幼教课件、实施信息化幼教5个单元，并以单元、项目、任务的架构组织内容。本教材在编写上体现"教学做用合一"的理念，即以课程所对应的职业应用作为学习的起点和终点：从应用出发确定学习任务，由典型任务和案例引导学习者学习和实践，做到"做中教""做中学"，最后通过综合应用实训任务来提升学习者的运用能力。编排上综合运用各种可视化方式，增强可读性和可用性，方便学习者与教材互动。

本教材既可作为高等院校相关专业"现代教育技术""信息化教学""数字化教育技术应用"等课程的教材，也可作为教师信息技术应用能力和数字素养提升的培训教材和参考书。

信息化幼教——数字化教育技术应用

主　　编/冷国华

责任编辑/仲　蕙

出版发行/江苏大学出版社

地　　址/江苏省镇江市京口区学府路301号（邮编：212013）

电　　话/0511-84446464（传真）

网　　址/http://press.ujs.edu.cn

排　　版/镇江文苑制版印刷有限责任公司

印　　刷/南京玉河印刷厂

开　　本/787 mm×1 092 mm　1/16

印　　张/20

字　　数/453千字

版　　次/2025年1月第1版

印　　次/2025年1月第1次印刷

书　　号/ISBN 978-7-5684-2391-5

定　　价/58.00元

如有印装质量问题请与本社营销部联系（电话：0511-84440882）

前言

信息技术尤其是数字技术的飞速发展和应用促进了教育技术的更新换代，信息技术应用成为学校教育教学改革的重要手段和工具，将信息技术与教育教学深度融合的信息化教育教学成为当前教改热点；运用信息技术开展教育教学的信息化教学也成为当代教师必备的技能。

以人工智能、大数据、物联网、云计算为代表的数字技术的快速发展，将人类带入新的数字时代；新时代的数字技术革命推动经济社会进入新的发展阶段，新发展阶段的教育信息化也融入发展的新内涵，开启教育数字化发展的新时代，数字化转型成为时代浪潮下的必然选择。2022 年年底，教育部发布《教师数字素养》教育行业标准，明确要求教师必须具备数字化教育教学应用能力。

教师教育专业的"教育技术"课程的名称从"电化教育"到"现代教育技术""信息化教育（教学）"，再到"数字化教育技术应用"（见于 2022 年教育部发布的职业教育国家教学标准体系），反映了课程内涵顺应形势发展的变化。

本教材依据学前教育专业的"教育技术"相关课程方案和标准编写，命名为《信息化幼教——数字化教育技术应用》，以适应当前学前教育需求。本教材基于工学结合的理念，根据幼儿教师这一职业的工作过程和特点来规划结构，围绕"信息化幼教"这个工作主题，分为走进信息化幼教、获取与处理数字幼教资源、设计信息化幼教活动、设计与制作幼教课件、实施信息化幼教 5 个单元；根据教师实际工作提炼出典型项目及工作任务，并转化为学习领域的任务和案例，依此进行内容的编写。本教材是供学习者使用的，在编写上，以学习者为中心，采用提供学习资源、引导、任务驱动、对话、指导、实战、练习等多种形式，以"教学做用一体化"的模式来展开教学内容；在编排上，综合运用各种可视化方式，增强可读性和可用性，方便学习者与教材互动。为便于学习者更好地使用，本教材采用新形态一体化编排方式，配备在线课程，以二维码的形式提供动态教程和相关素材资源等。

本教材由冷国华担任主编，许翊、赵雪峰担任副主编，王巧玲担任主审。各单元编写分工如下：冷国华编写单元 1 和单元 3，许翊编写单元 2 和单元 4，赵雪峰编写单元 5，全书由冷国华做最后的统稿和编排。本教材在编写过程中得到了镇江市高等专科学校领导和老师的大力支持；同时我们也参考了有关教材、论文和著作，使用了一些网站的内容和资料，在此一并表示感谢！

由于编者水平有限，书中难免存在不足和疏漏之处，敬请广大读者不吝指正，联系方式为 1953774116@ qq. com。

编者

2024 年 10 月

目录

单元 1
走进信息化幼教

··

　　本单元是绪论部分，在介绍教育技术、现代教育技术、数字化教育技术及信息化教学的基础上，通过理论学习和实践探索，让学习者感悟信息技术在幼教中的作用，了解与信息化幼教相关的概念，理解信息化幼教的内涵，明确幼儿教师所要具备的信息化幼教能力，使其树立正确的现代教育理念。

　　本单元通过 2 个项目来实施：

　　项目 1.1　认识现代教育技术

　　项目 1.2　理解信息化幼教

项目 1.1　认识现代教育技术

📖 项目导图

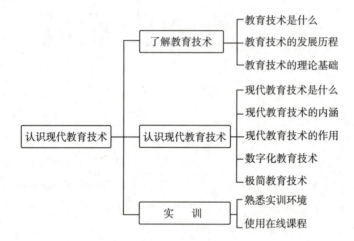

👉 学习目标

1. 了解教育技术的基本概念；
2. 了解教育技术的发展历程；
3. 了解教育技术的理论基础；
4. 理解并掌握现代教育技术的概念和内涵；
5. 了解数字化教育技术和极简教育技术的概念。

📖 学习任务

任务一　了解教育技术

1. 教育技术是什么

教育技术的概念可以从广义和狭义 2 个方面来阐述。

　　从广义上来说，教育技术指的是"教育中的技术"，指人类在教育活动中所采取的一切技术手段和方法的总和。它分为有形（物化形态）技术和无形（智能形态）技术两大类。有形技术指的是凝固和体现在有形的物体中的技术，包括黑板、粉笔、纸质教材、挂图等传统教具，幻灯（片）、投影仪（片）、录音录像（带）等传统电教设备，以及计算机、手机、平板、网络等现代信息化设备、设施及相应的软件；无形技术指的是那些以抽象形式表现出来的，以功能形式作用于教育实践的理念、方法、技巧、策略等，如系统方法、设计技术等。有形技术是教育技术的依托，无形技术是教育技术的灵魂。

　　从狭义上来说，教育技术指的是在解决教育、教学问题中所运用的媒体技术和系统技术。

　　教育技术始于 20 世纪 20 年代初期美国教育领域兴起的视觉教育，并始终处于发展之中，其定义也在不断演进变化、迭代更新。美国教育传播与技术协会（Association for Educational Communications and Technology，AECT）是一个致力于教育技术理论和实践研究的权威组织，从 1963 年起先后发布了 7 个"教育技术"的定义，其中 AECT1994 给出的定义最具影响力。

　　（1）AECT1994 定义

　　1994 年，AECT 在《教学技术：领域的定义和范畴》一书中给出了"教育技术"的定义：教育技术是为了促进学习，对有关的过程与资源进行设计、开发、利用、管理和评价的理论与实践。

　　1）AECT1994 定义的关键词（如图 1-1-1 所示）

　　研究目的：促进学习。

　　研究领域：理论和实践。教育技术是一门理论学科，有其自身的理论基础、理论体系和理论前沿；同时也是一门实践学科，有其实践研究领域、系统方法和应用特性。

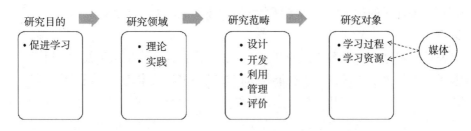

图 1-1-1　AECT1994 定义的教育技术的关键词

　　研究范畴：5 个基本范畴——设计、开发、利用、管理和评价。

　　研究对象：学习过程和学习资源。学习过程指广义上的学习过程，是学与教的过程，既包括无教师参与的学习过程，也包括有教师参与的学习过程，后者就是我们通常所说的"教学过程"。学习资源并非仅指用于教学过程的设备和材料，而是指在学习过程中可被学习者利用的一切要素。学习资源有人力资源和非人力资源之分，其中人力资源包括教师、同伴、小组、群体等；非人力资源包括各种教学设施、教学材料和教学媒体等。

2）教育技术的研究范畴

教育技术的 5 个研究范畴，即设计、开发、利用、管理和评价，它们既是工作过程，又是工作方法，具体内容如图 1-1-2 所示。

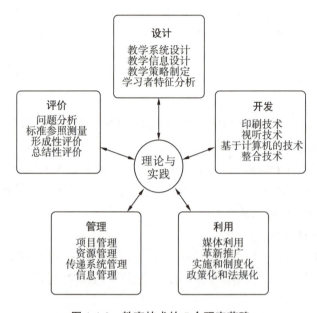

图 1-1-2　教育技术的 5 个研究范畴

➢ 设计

设计即学习过程和学习资源的设计，指为达到设定的学习目标，首先要进行学习者的特征分析和教学策略的制定，在此基础上进行教学系统及教学信息设计，包括教学内容的确定、教学媒体的选择、教学信息与反馈信息的呈现内容与呈现方式的设计等，以创建最优化的教学模式，使每个学习者成为成功的学习者。

➢ 开发

开发即学习过程和学习资源的开发，指将音像技术、电子出版技术、计算机辅助教学技术、网络教学技术、人工智能技术以及其他多种技术综合集成应用于教育教学过程的开发。也可以说，开发是教学设计结果的"物化"或"产品化"，是教学设计的具体应用。开发的范围可以是一节课、一个单元或一个改进措施，也可以是一个大系统工程的具体规划和实施。

➢ 利用

利用即学习过程和学习资源的利用，强调对新兴技术、各相关学科及其最新研究成果，以及各种信息资源的利用和传播，并设法加以制度化、法规化，以使教育技术手段不断革新。

➢ 管理

管理即学习过程和学习资源的管理，指对所有学习资源和学习过程进行计划、组织、指挥、协调和控制。具体包括教学系统管理、教育信息及资源管理、教学研究及开发管理等。科学管理是教育技术实施和教学过程、教学效果优化的保证。

➢ 评价

评价即对学习过程和学习资源的评价，是指在注重对教育教学系统的总结性评价的同时注重形成性评价，并以此作为质量监控和不断优化教学系统与教学过程的主要措施。为此，应及时对教育教学过程中存在的问题进行分析，并参照规范要求（标准）进行定量的测量与比较，向学习者反馈学习情况，以便其及时调整学习步伐。

教育技术的 5 个研究范畴，既相互独立又相互渗透，其中设计、开发、利用是相对独立的内容或阶段，前者的输出是后者的输入。在实践中，经常需要同时考虑几个或所有范畴的功能；此外，它们都围绕"理论与实践"发挥功能，并通过"理论与实践"相互作用、相互联系。

（2）AECT2005 定义

2005 年 AECT 发布了"教育技术"定义：教育技术是通过创造、利用、管理适当的技术性过程和资源，以促进学习和提高绩效的研究与符合伦理道德的实践。

这个定义在"实践"二字前加上了"符合伦理道德"这样的限定词，是要我们恰当、合理地使用技术，以不损害学生身心发展为前提，同时注重对学生隐私数据的保护。

◉ 课程思政

儿童个人信息保护

随着多媒体、大数据、物联网、人工智能等信息技术在幼儿园得到越来越广泛的应用，幼儿园里积累了越来越多的儿童个人信息，这些儿童个人信息的不合理使用将会给儿童及其家人带来不必要的麻烦，甚至危害。国家相继出台《儿童个人信息网络保护规定》（2019 年 10 月 1 日起施行）、《中华人民共和国个人信息保护法》（2021 年 11 月 1 日起施行）等法律法规，规范儿童个人信息的使用，明确责任。幼儿教师需要了解这些法律法规的内容，以便在工作中应用信息技术的同时保护好儿童个人信息与隐私数据，保证儿童身心健康发展。具体保护措施包括：儿童个人信息收集遵循最小够用原则；儿童个人信息应进行加密存储，严格控制知悉范围；使用儿童个人信息前须征得监护人同意，明确告之应用目的，不得他用；等等。

（3）AECT2017 定义

2017 年 12 月 AECT 发布了"教育技术"的新定义：教育技术是通过对教与学的过程和资源进行策略设计、管理与实施，以促进知识理解、调整改善学习绩效的理论研究与最佳实践探索的符合道德规范的应用。

这个定义形成了以"促进知识理解、调整改善学习绩效"为基本指向的核心目的，构建了"研究"和"应用"两种教育技术形态，聚焦于"理论研究与最佳实践探索"的基本研究范畴，确定了以"教与学的过程和资源"为基本的研究对象，将"策略设计、管理与实施"作为基本的研究内容，并进一步明确要"符合道德规范"。

（4）我国教育技术的定义

在我国，教育技术起初是以"电化教育"这一名称出现的，20 世纪 90 年代更名为"教育技术"，后改为"现代教育技术"，以体现其先进性。

1983 年，萧树滋定义电化教育：指利用现代化的声、光、电设备进行教育、教学活动。

1998 年，南国农、李运林定义电化教育：在现代教育思想、理论的指导下，主要运用现代教育技术进行教育活动，以实现教育过程的最优化。

《教育大辞典》中定义教育技术：人类在教育活动中所采用的一切技术手段和方法的总和，包括物化形态的技术和智能形态的技术两大类。

2004 年 12 月 15 日，教育部印发《中小学教师教育技术能力标准（试行）》（教师〔2004〕9 号），给出了通俗易懂的关于"教育技术"的定义：教育技术是指运用各种理论及技术，通过对教与学过程及相关资源的设计、开发、利用、管理和评价，实现教育教学优化的理论与实践。

2. 教育技术的发展历程

（1）国外教育技术的发展

教育技术包含两条平行的发展线索：一条是有形技术（媒体技术）的发展（如图 1-1-3 所示），另一条是无形技术（智能技术）的发展（见表 1-1-1）。

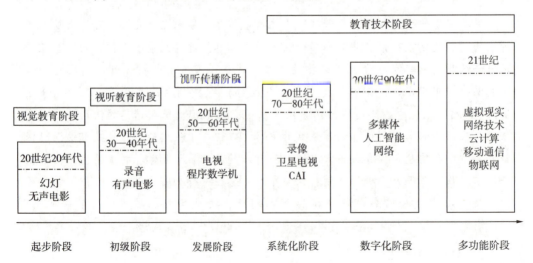

图 1-1-3　有形技术（媒体技术）的发展

表 1-1-1　无形技术（智能技术）的发展

时间	20 世纪 40 年代	20 世纪 60 年代	20 世纪 70—80 年代	20 世纪 90 年代	21 世纪
主要智能技术	经验之塔、教学目标分类、程序教学	教学设计	行为主义学习理论、认知主义学习理论	建构主义学习理论	联通主义学习理论、新建构主义学习理论

（2）我国教育技术的发展

我国教育技术的发展大致可以分为三个阶段：电化教育时期（20 世纪 20—90 年代）、现代教育技术时期（20 世纪 90 年代—21 世纪）和信息化教育时期（21 世纪开始）。

（3）教育技术的新发展

教育技术的发展趋势体现在四"新"：新形势、新理念、新形态、新技术。

1）新形势

21 世纪，人类进入信息化时代。数字技术、网络技术、智能技术等信息化技术飞速发展，并以锐不可当之势进入社会、学校、家庭等各个领域，使现代社会步入"互联网+"时代。通俗来说，"互联网+"就是"互联网+各个传统行业"，但并不是简单地将两者相加，而是利用信息通信技术及互联网平台，将互联网与传统行业深度融合，创造新的发展业态。现在，"互联网+"已渗入各行各业，深刻影响和重塑着各行各业的结构。

"互联网+教育"也在不断推进，推动着教育的变革，成为教育技术发展新潮流。"互联网+教育"是指借助互联网思维及平台，采用一系列通信技术、工具等将互联网同传统教育相结合，升级并改变传统教育模式的一种新的业态。"互联网+教育"满足了新时代对创新型人才培养的需求，把互联网的创新成果与教育事业深度融合，面向学与教主体，重构教育教学体系、教育治理格局和教育服务模式，形成以互联网理论与技术为支撑的全新教育形态。

教育信息化是信息技术与教育系统各要素、各环节深度融合，推动教育和谐发展的过程。信息技术的发展经历了数字化、网络化、智能化等阶段，在教育信息化 1.0 时代（2000—2016 年）基本解决了数字化问题之后，教育信息化 2.0 时代（2017 年至今）将重点探索数字化、网络化、智能化技术与教育教学深度融合的问题，"互联网+教育""人工智能+教育"等都是教育信息化 2.0 的不同表现形态。

"互联网+"深刻影响着教育教学系统中的五大核心要素——学习资源、学习方式、教学环境、师生关系和管理模式（如图 1-1-4 所示），并引发相应的教育技术变革。

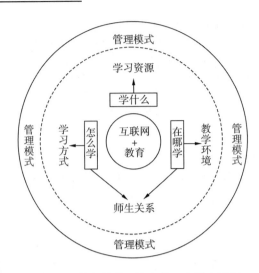

图 1-1-4　教育教学系统中的五大核心要素

第一，对学习资源的影响。"互联网+"对学习资源的影响主要体现在资源形态、资源平台和资源配置 3 个主要方面。首先，"互联网+"使学习资源形态实现了优化整合。跨行业、跨时空、多类型的学习资源被整合成"在线—离线"、"固定—移动"、"文本—可视"及"平面—虚拟现实（VR）"等多种形态，可以满足学习者在泛在学习环境下利用碎片化时间进行学习的需要，可以实现优质学习资源的进一步开放共享。其次，基于互联网思维构建的教育资源平台为学习资源的全方位开放共享提供了技术保障。移动互联网、云计算等技术的发展使得学习资源平台的整体架构发生了相应的改变，逐渐形成了 PC 端、平板端、手机端等多终端一体化的学习资源平台，可以满足不同学习者在任意时间、任意空间学习的需要。最后，"互联网+"背景下的学习资源配置可以使优质学习资源的价值和作用最大化。优质学习资源可以跨学校、跨地区流动与共享，缩小因地域、时间和师资力量差异所形成的教育资源鸿沟，逐步实现任何人在任何地方、任何时间都能接触到同等优质的教育资源，使教育资源配置达到均衡化和最优化，逐渐促进教育公平。

第二，对学习方式的影响。"互联网+"背景下的学习方式将由知识传授型向互动对话型转变，从集体教学走向个性化教学。"互联网+"对学习方式的影响主要体现在技术支持和学习理念两方面。在技术支持方面，虚拟现实/增强现实（VR/AR）、情境感知等技术能够将真实场景与虚拟场景相结合，实现沉浸式情境学习；大数据和智能分析技术能够实现对学习过程数据的全程收集和评价，促进有效学习的实现；移动互联网技术能够将学习行为由课堂内延伸到课堂外，促进正式学习与非正式学习的结合，实现"跨界学习"。在学习理念方面，强调学习者的学习主体地位，学习者可以借助网络在任何时间、任何地点进行学习，实现了自主学习；教学环境更加开放、智能，支持每一个学习者进行个性化的探究式学习；教学模式更加多元、灵活，由传统的教师主导型向师生对话型转变。

第三，对教学环境的影响。"互联网+"对教学环境的影响主要体现在教学空间和教学平台两方面。首先，在"互联网+"时代，教学空间将通过互联网思维得以改造。基于互联网思维和技术构建的学习空间，可以突破地域的限制，教师可以来自全世界不同国家，学生可以随时入学，教学资源可以共享；学校的组织结构和服务模式也随之人性化、智能化。其次，在"互联网+"背景下，各种教学平台充分体现出了灵活性，使教学由线下课堂逐步变为线下线上融合、虚实结合的混合课堂；教学平台的建设重点从支撑管理任务转移到支持全面跟踪学习行为、支持个性化导航、支持形成性学习评价、支持线上线下融合的全新网络学习空间；运用人工智能、大数据和学习分析技术，可以实现对学习者学习过程的自动记录与学习效果的自动测评。

第四，对师生关系的影响。"互联网+教育"将解构学校、教师和学生的传统关系。首先是师生掌握知识能力的变化。在互联网信息技术的支持下，师生掌握知识的能力和途径将发生根本性变化，教师和学生都可以快速有效地获取网络上的信息。学生检索信息的速度可能比教师更快、获取知识的途径可能比教师更多。其次是师生掌握知识能力的变化导致师生角色的变化。教师由"知识的权威、教学的主宰"向"学习的引导者和服务者"转变；学生不再是被动接受知识者，而是向"学习活动的积极参与者"转变，师生关系趋于平等，使得"师生互动、教学相长"成为现实。最后是师生角色的变化带动师生职责的变化。基于互联网的教学，教师的职责主要是引导、帮助学生建立完备的知识体系；学生的职责主要是运用知识分析问题、解决问题，提升能力。

第五，对管理模式的影响。"互联网+"对管理模式的影响主要体现在管理方法和服务模式 2 个主要方面。首先，"互联网+"提供了变革教育管理模式与方法的机会。高速信息网络能够支持组织间的大规模社会化协同；云计算技术可以实现教育资源与教育服务的共享；物联网技术能够感知和获取教育设备和教育环境的实时数据；大数据技术能够提高教育管理、决策与评价的科学性。基于"互联网+"的教育管理将逐步走向"智慧管理"模式。其次，"互联网+"为以人为本的教育服务模式奠定了基础。利用环境感知技术、移动互联网技术、物联网技术、流程编排技术等，联结校园物理空间和虚拟空间，智能识别师生群体的学习、工作情景，打通数据和流程，让数据和信息在职能部门之间流转，为师生提供"一站式"服务。

2）新理念

在教育发展新形势下，出现了与教育技术相关的一些新理念，如核心素养、数字素养、泛在学习、智慧教育等。

2014 年，教育部印发的《关于全面深化课程改革落实立德树人根本任务的意见》指出："教育部将组织研究提出各学段学生发展核心素养体系，明确学生应具备的适应终身发展和社会发展需要的必备品格和关键能力。"中国学生发展核心素养体系以培养"全面发展的人"为核心，分为文化基础、自主发展、社会参与 3 个方面，综合表现为人文底蕴、科学精神、学会学习、健康生活、责任担当、实践创新等六大素养，具体细化为国家认同等 18 个基本要点（如图 1-1-5 所示）。为方便实践应用，对各个要点进行具体描述，并根据这一总体框架，针对学生年龄特点进一步提出对各学段学生的具体要求。各素养之间相互联系、相互补充、相互促进，在不同情境中发挥整体作用。

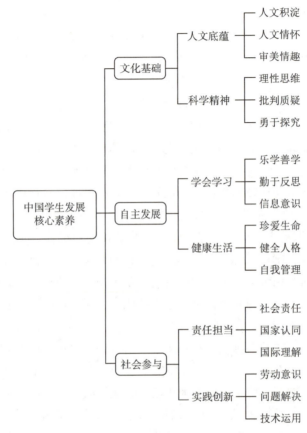

图 1-1-5　中国学生发展核心素养

数字素养是指数字社会公民在学习、工作、生活中应具备的数字信息获取、制作、使用、评价、交互、分享、创新、安全保障、伦理道德等一系列素质与能力的集合。数字素养包括数字意识、计算思维、数字化学习与创新、数字社会责任（如图 1-1-6 所示）。其中，数字意识包括内化的数字信息敏感性、判断数字信息的真伪和价值，主动发现和利用真实的、准确的数字信息的动机，在协同学习和工作中分享真实、科学、有效的数据，主动维护数据安全。计算思维包括主动提出问题、分解问题，构造解决问题的模型和算法，善用迭代和优化，并创建高效解决同类问题的范式。数字化学习与创新包括在学习和生活中，积极利用丰富的数字化资源、广泛的数字化工具和泛在的数字化平台，开展探索和创新。它要求学习者不仅将数字化资源、工具和平台用于提升学习的效率和生活的幸福感，还将它们作为探索和创新的基础，不断养成探索和创新的思维习惯与工作习惯，确立探索和创新的目标，设计探索和创新的路线，完成实践探索和创新的过程，交流探索和创新的成果，从而逐步形成探索和创新的意识，激发探索和创新的动力，储备探索和创新的能力，同时也形成团队精神。数字社会责任包括形成正确的价值观、道德观、法治观，遵循数字信息伦理规范。它要求学习者在数字环境中保持对国家的热爱、对法律的敬畏、对民族文化的认同、对科学的追求和热爱，主动维护国家安全和民族尊严，在各种数字信息场景中不伤害他人和社会，积极维护数字经济的健康发展秩序和生态。

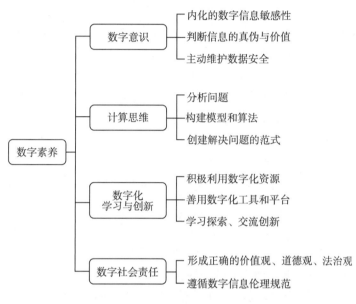

图 1-1-6 数字素养

泛在学习（ubiquitous learning）又称无缝学习、普适学习等，顾名思义，就是指无时不在、无处不在的学习，是一种任何人可以在任何地方、任何时间获取所需的任何信息的学习方式。泛在学习把学习的灵活性和开放性融入人们的日常生活，为学习者提供了数字化的学习资源及灵活的学习方式，它使得人类学习几乎是无拘束的、自然的学习，使得每个人的终身学习成为可能，对促进终身学习的发展具有深远的意义。泛在学习的主要特征有泛在性、移动性、智能交互性、人性化；主要学习模式有正式的课程学习、非正式的资源学习和准正式的主题学习等。

在中文语境中，智慧是指能迅速、灵活、正确地理解事物和解决问题的能力。在英文语境中，智慧用"wisdom"表示，意思是利用知识经验作出准确的决策和判断的能力。所以提升智慧是教育永恒的追求，智慧发展也成为当代教育的发展方向。我国学者靖国平认为，传统意义上的智慧教育是传授学生系统的科学知识、形成学生的技能、发展学生的智力及培养学生能力的教育，这是一种狭义的理解，具有一定的局限性。广义的智慧教育是一种更为全面、丰富、多元、综合的智慧教育，它主要包含3个既相互区分又彼此联系的方面，即理性（求知求真）智慧的教育、价值（求善求美）智慧的教育和实践（求实求行）智慧的教育。智慧教育是教育技术发展的新境界，主张借助信息技术的力量，创建具有一定智慧（如感知、推理、辅助决策）的学习和生活环境，旨在促进学习者的智慧全面、协调和可持续发展，通过对学习和生活环境的适应、塑造和选择，以最终实现共善（对个人、他人、社会的助益）。

3）新形态

互联网时代，信息技术与教学的深度融合，诞生了一些新的教学形态，如MOOC、SPOC、混合式教学、翻转课堂和移动学习等。

MOOC 是 massive open online course 的首字母缩写，意为大规模网络开放课程，通常称为"慕课"。大规模指在网络技术和信息技术支持下，可以实现大规模甚至超大规模的学习和交流；开放指世界上所有的人都可以免费注册，获取任意课程进行学习；在线指学习者可以通过联网的计算机或其他学习终端（如手机、平板等）进行学习和交流；课程指要为学习者提供一系列的学习资源和完整的学习环境，支持全程的学习、指导和评价等。2012 年被称为"MOOC 元年"，三大 MOOC 国际平台——Coursera、Udacity 和 edX 上线。我国的 MOOC 平台也快速发展，主要有中国大学 MOOC（爱课程）、学堂在线、智慧职教、学银在线、智慧树等。

SPOC 是 small private online course 的首字母缩写，意为小规模限制性在线课程，通常称为"私播课"。small 和 private 是相对于 MOOC 中的 massive 和 open 而言的，small 是指学生规模一般为几十人到几百人，private 是指对学生设置限制性准入条件，达到要求的学生才能进入 SPOC 课程。SPOC 课程模式可以理解为 MOOC+classroom，是结合 MOOC 资源和课堂互动优势的一种新教学形态。

混合式教学是指把传统教学方式的优势与在线教学的优势结合起来，形成优势互补，从而达到最佳的教学效果。第一，混合式教学要体现混合的多面性。混合式教学不是简单的网络在线教学与面对面教学的叠加，而是学与教中多个元素的融合，是传统教学与网络在线教学两种不同教学环境的融合，是以教师为主导和以学生为主体的教育理念的融合，是在线和传统两种不同教学模式的融合，也包括各种教学支持要素的融合。第二，混合式教学要优化组合，这是关键。要根据实际情况，选择合适的教学平台、教学模式和学习方式，要按照性价比最优原则来选择和组合媒体资源，以最低的成本实现最大的学习效益。

翻转课堂（flipped classroom）是混合式教学中常用的一种教学形式。传统的教学模式是老师在课堂上讲课，布置家庭作业，让学生回家练习。与传统的课堂教学模式不同，在翻转课堂式教学模式下，学生在家在线完成知识的学习，而课堂变成了老师与学生之间、学生与学生之间互动的场所，包括答疑解惑、知识运用等，从而达到更好的教育效果（如图 1-1-7 所示）。互联网的普及和计算机技术在教育领域的应用，使翻转课堂式教学模式变得可行并成为现实。学生可以通过互联网使用优质的数字教育资源，不再单纯地依赖授课老师来获取知识。课堂和老师的角色也发生了变化，老师的责任更多的是理解学生的问题和引导学生运用知识。这种教学模式重新调整了课堂内外的时间安排，将学习的决定权从教师转移给了学生。

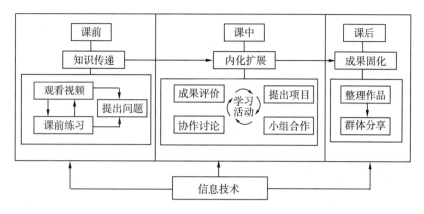

图 1-1-7 翻转课堂式教学模式

移动学习是移动技术与数字化学习技术发展相结合产生的一种新型数字化学习形式。在移动设备（笔记本电脑、手机、平板等）的帮助下，学习者能在任何时间、任何地点进行学习，所使用的移动设备必须能够有效地呈现学习内容并能提供教师与学习者之间的双向交流环境。移动学习具有学习动机的自发性、学习内容的片段性、学习地点的跨越性和学习目标的自我调节性等特点，它也是混合式教学中常用的教学方式之一。

4）新技术

VR、AR、MR、3D 打印、大数据与云计算、AI、元宇宙等各种新技术的出现与发展，使得教育教学形式更加丰富。

VR（virtual reality，虚拟现实）指借助计算机及最新的传感器技术创造的一种崭新的人机交互手段，也称虚拟仿真。VR 最大的特点是利用电脑模拟产生一个三维空间的虚拟世界，让使用者有十足的沉浸感与临场感，使其如同身临其境一般，可以及时、无限制地观察三维空间内的事物。在这个虚拟空间内，与使用者形成交互的是虚拟世界的事物；使用者看到的所有事物都是计算机生成的，都是虚拟的。将虚拟现实应用于教育，能营造一种"自主学习"的环境，使传统的"以教促学"的学习方式变为学习者通过自身与信息环境的相互作用来获得知识、技能的新型学习方式。VR技术能够为学习者提供生动、逼真的学习环境，如建造人体模型、构建虚拟太空环境、显示化合物分子结构等，提供无限的虚拟体验，从而使学习者巩固并增长知识。亲身去经历、去感受比空洞抽象的说教更具说服力，主动地交互与被动地灌输有本质的差别。利用 VR 技术可以建立各种虚拟实验室，如地理、物理、化学、生物等实验室，这些实验室拥有传统实验室难以比拟的优势。利用 VR 技术还可以构建虚拟实训基地、虚拟仿真校园和虚拟远程教育空间等学习环境。

AR（augmented reality，增强现实）是一种将真实世界信息和虚拟世界信息"无缝"集成的新技术，即通过计算机系统提供的信息增强用户对现实世界感知的技术。其将计算机生成的虚拟物体、场景或系统提示信息叠加到真实场景中，把无法实现的场景在真实世界中展现出来，从而实现对现实的"增强"，提供超越现实的感官体验。AR 技术在教育领域的应用主要有 AR 实操类技能培训、AR 沉浸式发现学习、AR 游戏、AR 图书、AR 建模、AR 教学等。

MR（mix reality，混合现实），包括增强现实和增强虚拟，指的是合并现实和虚拟世界而产生的新的可视化环境。在新的可视化环境里，物理和数字对象共存，并实时互动。混合现实需要在一个能与现实世界各事物交互的环境中实现。

3D 打印技术是一种新兴的快速成型技术，它以数字模型文件为基础，运用粉末状金属或塑料等可黏合材料，采用 3D 喷墨打印技术，通过分层、交叠、成形相结合的方法，进行逐层打印，生成 3D 实体。教师可以利用 3D 打印技术制作适合教学的个性化教具以优化教学，制作个性化玩具和学具供学生使用。

大数据（big data）是指无法在一定时间范围内用常规软件工具进行捕捉、管理和处理的数据集合，是海量、高增长率和多样化的信息资产，可使人们在新处理模式下具有更强的决策力、洞察力和流程优化能力。大数据有大量（volume）、高速（velocity）、多样（variety）、低价值密度（low value）、真实性（veracity）五大特点；它并没有统计学的抽样方法，只是观察和追踪发生的事情。大数据对教育的最大影响是诞生了"学习分析"这一新领域。

大数据处理离不开云计算处理。云计算（cloud computing）是通过网络"云"将巨大的数据计算处理程序分解成无数个小程序，然后通过多部服务器组成的系统处理和分析这些小程序得到结果并返回给用户。云计算包括分布式处理、分布式数据库和云存储、虚拟化等技术。

AI（artificial intelligence，人工智能）是研究、开发用于模拟、延伸和扩展人的智力活动的理论、方法、技术及应用系统的一门新的技术科学，包括语音识别、图像识别、自然语言处理、智能传感、机器人和专家系统等。AI 技术在教育方面的应用主要有学习环境智能化、教师与人工智能协同化、个性化智能学习环境、智能化评价等。

元宇宙（metaverse）是一个脱胎于现实世界，又与现实世界平行、相互影响，并且始终在线的虚拟世界；使用者可在其中与其他人和科技手段生成的环境进行交流和互动。元宇宙吸纳了扩展现实（XR，包括 VR、AR、MR 等）、区块链、云计算、数字孪生等新技术，能够实现：① 沉浸式体验，低延迟和拟真感让使用者产生身临其境的感官体验；② 虚拟化分身，现实世界的使用者将在数字世界中拥有一个或多个 ID 身份；③ 开放式创造，用户通过终端进入数字世界，可利用海量资源展开创造活动；④ 强社交属性，现实社交关系链在数字世界中发生转移和重组；⑤ 稳定化系统，具有安全、稳定、有序的经济运行系统。

3. 教育技术的理论基础

教育技术的理论基础包括学习理论、传播理论、视听教学理论和系统科学理论等。

（1）学习理论

学习是学习者基于原有经验发生的自身知识及行为的相对持久的变化。学习理论是探究人类学习的本质及其形成机制的心理学理论，它着重说明学习是怎样产生的；学习经历怎样的过程，有哪些规律；学习的结果使学习者发生了怎样的变化，是外部的行为操作还是内部的心理结构发生了变化；如何才能进行有效的学习等问题。学习理论很多，表 1-1-2 列出了几种主要的学习理论的相关情况。

表 1-1-2　学习理论

理论	主要观点	主要教学策略	教师角色	学生角色
行为主义	学习是外在行为的变化；刺激—反应—强化	"小步子"、及时反馈、程序化教学	教学的控制者	知识的被动接受者
认知主义	学习是认知结构的变化；个体的认知、行为与环境相互作用，从而促进学习	"先行组织者"	教学的组织者、知识传授者	知识的接受者（主动或被动）
人本主义	学习是人的自我实现	自主学习	学习的服务者	学习的主导者
建构主义	学习是学习者主动建构自己对周遭事物认知结构的过程	支架式教学、抛锚式教学	学习的引导者、帮助者	知识的探索者、发现者
联通主义	学习是一个连续的知识网络形成的过程	联通式学习	资源的提供者、学习的服务者	学习的主导者
新建构主义	学习就是建构；建构孕育创新；学习—应用—创新	"零存整取"式学习	资源的提供者、学习的服务者	学习的主导者

（2）传播理论

传播是传播者运用一定的媒体和形式向受传者进行信息传递和交流的一种社会活动，传播理论是研究人类进行信息传递、交流和加工的科学，主要研究传播者、受传者与传播媒体三者之间的关系。

① 拉斯维尔提出的 5W 传播模式（如图 1-1-8 所示）。

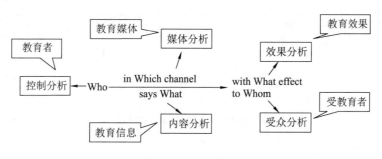

图 1-1-8　5W 模式

② 香农和韦弗提出的通信传播模式（如图 1-1-9 所示）。

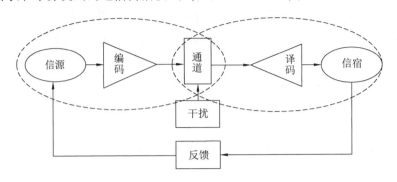

图 1-1-9　通信传播模式

③ 贝罗提出的 SMCR 模型（如图 1-1-10 所示）：S 代表信息源，即 source；M 代表信息，即 message，C 代表通道，即 channel，R 代表接受者，即 receiver。贝罗提出的传播模型将传播过程分解为四个基本部分：信源（传播者）、信息、通道和信宿（受传者），每一个基本部分都是由若干因素构成的。

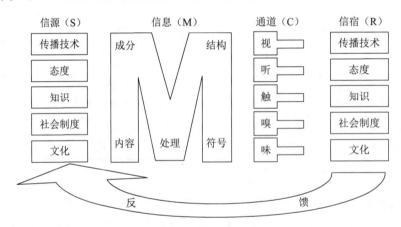

图 1-1-10　SMCR 模型

教育传播的一般过程（如图 1-1-11 所示）。

图 1-1-11 教育传播的一般过程

（3）视听教学理论

1）经验之塔

人类接收信息的主要途径是视和听，视听教学理论指出了各种视听媒体在教学中的地位与作用。最有代表性的就是美国教育学家戴尔在 1946 年出版的《教学中的视听方法》一书中提出的"经验之塔"理论（如图 1-1-12 所示）。

2）学习金字塔

美国缅因州的国家训练实验室通过进一步的研究，提出了"学习金字塔"理论（如图 1-1-13 所示）：采用不同的学习方式，学习内容平均留存率［指学习者在一段时间（通常为两周）后仍能记住的内容占所学内容的比例］是有很大差距的，其中"教授给他人"的学习内容平均留存率高达 90%，其次是"实践"，为 75%。这表明，对大部分人来说，最佳的学习方式是"输出"与"实践"。

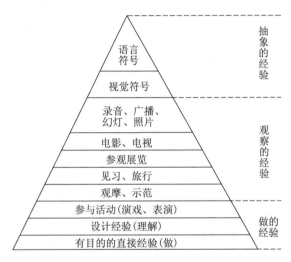

图 1-1-12　经验之塔

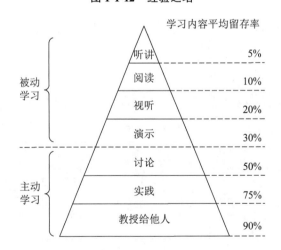

图 1-1-13　学习金字塔

◉ **课程思政**

学会分享

"学习金字塔"理论告诉我们，最佳的学习方式是主动学习。把学到的知识与技能教授给他人的学习效果最佳，所以知识与技能分享是最好的学习方式之一。分享也是数字时代重要的技能之一，因此，"好为人师"被赋予积极的意义。第一，我们要有分享的意识，明确分享能提升自己的学习效果，获得分享的快乐；第二，我们要善于分享，数字时代给予我们更多的分享平台（如短视频平台、公众号、美篇等）和方法（如图文、视频、动画、音频、课件、微课等多媒体），我们要掌握数字时代多媒体分享的方法和技能；第三，将来从事幼教工作的幼儿教师要掌握分享的知识与技能，以便指导儿童学会分享。

3）多媒体学习理论

基于佩维奥（Paivio）的双重编码理论、巴德利（Baddeley）的工作记忆模型、斯威勒（Sweller）的认知负荷理论和维特罗克（Wittrock）的生成学习理论等，理查德·E. 迈耶（Richard E. Mayer）提出了多媒体学习认知理论。

➤ 人类信息加工系统的三个相关原则

双通道原则：人们拥有单独加工听觉和视觉信息的通道。

有限容量原则：人们在每一通道中同时加工的信息数量是有限的。

主动加工原则：当人们在学习过程中进行了适当的认知加工时，有意义的学习才会产生。

认知加工包括注意相关信息，心理上把它们组成连贯的结构，将这些信息和其他结构与长时记忆中激活的知识进行整合。

➤ 迈耶的多媒体学习认知模型

这个模型很好地呈现了多媒体学习的发生过程（如图1-1-14所示）。

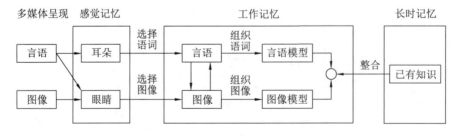

图1-1-14 迈耶的多媒体学习认知模型

➤ 多媒体教学原则

在多媒体学习认知模型的基础上，迈耶提出多媒体教学原则（如图1-1-15所示）。

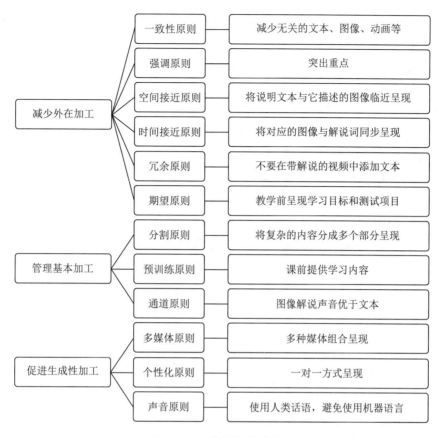

图 1-1-15　多媒体教学原则

（4）系统科学理论

教育教学是一个由多种要素及其关系组成的复杂系统，需要用系统科学的理论和方法来指导。系统科学的理论有"老三论"（系统论、控制论和信息论）和"新三论"（突变论、协同论和耗散结构论）。系统科学的方法是按照事物本身的系统性，把对象放在系统的形式中加以考察的一种科学方法，其基本步骤如下：① 通过需求分析确定问题；② 确定解决问题的方案；③ 从多种可能的解决方案中选择解决问题的策略；④ 实施解决问题的策略；⑤ 评价实施的效果并改进。

任务二　认识现代教育技术

1. 现代教育技术是什么

20 世纪 90 年代，我国教育技术领域工作者在 AECT1994 关于教育技术的定义的基础上，结合我国教育技术实践提出了"现代教育技术"这一概念，以与传统教育技术相区分。

现代教育技术是指以现代教育理论为指导，以系统方法为基础，以现代信息技术为手段，通过对教与学过程和教与学资源的设计、开发、利用、管理和评价，实现教学过程最优化的理论和实践。

在我国，现代教育技术是与教育技术并行的一个概念，两者在本质上没有区别，但现代教育技术带有更强烈的现代化、信息化色彩，它强调先进的现代教育思想和理论的指导作用，研究的对象是与信息化教育资源交织在一起的学习资源，而不是一切学习资源的设计、开发、利用、管理和评价。

2. 现代教育技术的内涵

（1）现代教育技术以现代教育理论为指导

现代教育技术的应用必须以先进的教育思想和教学理论为指导，树立应用现代教育技术推进素质教育、培养学生的创新精神和实践能力的教育思想，重视应用现代教育理论指导教与学的过程和资源的设计、开发及应用。

现代教育理论包括现代学习理论和现代教学理论。对现代教育技术影响较大的现代学习理论有行为主义学习理论、认知主义学习理论、人本主义学习理论、建构主义学习理论、联通主义学习理论、新建构主义学习理论等。对现代教育技术影响较大的现代教学理论有巴班斯基的教学过程最优化理论、赞可夫的发展教学理论、布鲁纳的学科结构课程理论、加德纳的多元智力理论等。

应用现代教育技术，还必须树立正确的师生观，即充分发挥学生的认知主体作用和充分体现教师的指导作用。

（2）现代教育技术以信息技术为主要手段

当前应用于教育中的信息技术以多媒体与网络技术为核心，还有人工智能技术、移动互联网技术和虚拟现实仿真技术等先进信息技术。充分利用和发挥各种信息技术的优势，根据教学实际需求选择合适的信息技术，开发数字教育资源，可促使教育教学效率提升。

（3）现代教育技术的研究对象是教与学的过程和资源

现代教育技术是以教与学的过程和资源为研究对象，并以优化教与学的过程和资源为目标，因此现代教育技术既要重视优化"教"，又要重视优化"学"；不仅仅要重视"资源利用"，更要重视"过程"的研究和开发。现代教育技术通过优化教与学的资源，建设信息化的教学环境，开发信息化教学软件，探索并建构信息化环境下的新型教学模式。

（4）现代教育技术的核心是系统方法

要将系统科学（包括信息论、控制论和系统论）与教育教学进行整合，运用教育设计的理论和方法分析和解决教学问题。现代教育技术重视教育教学过程中各个步骤的设计与实施，要求教学各要素有序发展，并随时进行评价和修正。

（5）现代教育技术的应用目标是实现最优化

现代教育技术以优化教与学的过程和资源为任务和目标，优化各个环节，包括设计（设计教学过程、教学软件、教学环境和教学模式）、开发（开发教学软件、教学资源、硬件、课程和教学模式）、利用（有效运用到实际教学过程中）、管理（过程管理和资源管理）和评价（总结性评价和形成性评价）环节。

3. 现代教育技术的作用

（1）有助于推进教育信息化，促进教育改革

现代教育技术应用于教学是教育信息化的必然要求。教育信息化是指在教育教学的各个领域，积极开发并充分应用信息技术和信息资源，促进教育现代化，以培养满足社会需求的人才。教育信息化的特征包括教材多媒体化、资源共享化、教学个性化、学习自主化、任务合作化、环境虚拟化、管理自动化等。

现代教育技术是促进教育教学变革的催化剂。教育改革和新课程标准中都强调学习方式的转变，倡导学生主动参与、乐于研究、勤于动手，培养学生搜集和处理信息的能力、获取新知识的能力、分析和解决问题的能力，以及交流和合作的能力。现代教育技术一方面可以为这一目标的实现提供多方面的技术支持，包括丰富的资源、虚拟仿真的环境和多种教与学的工具等；另一方面，教育技术应用于教学会逐渐改变师生的观念，引起教与学方式的变化。

（2）有助于优化教学过程，培养创新型人才

现代教育技术有效应用于教学，通过多媒体呈现学习材料、优化教学设计，有助于促进学生学习效率的提高、改善学生的学习态度、提高学生解决问题的能力。同时，由于现代教育技术的理论和实践活动都具有培养学生创新能力的作用，因而现代教育技术有效应用于教学还将促进创新教育的实施，有利于培养创新型人才。

（3）有助于教师专业素质的提升

现代教育技术能力是教师专业素质的重要组成部分，与教师的专业知识、专业技能和专业态度密切相关。教师提升现代教育技术素质，有利于形成与时代相符的教育理念与教育思想，掌握最先进的教育手段，实施现代教育与教学，从而促进自身综合素质的提高。

4. 数字化教育技术

（1）教育数字化

伴随着蒸汽机、电气化、计算机等引领性技术的突破，人类社会经历了从农业社会到工业社会、信息社会的时代变迁；而以人工智能、大数据、物联网、云计算为代表的数字技术的快速发展，将人类带入新的数字时代。新时代的数字技术革命推动经济社会进入了新的发展阶段，新发展阶段的教育信息化也融入了新的发展内涵，开启了教育数字化发展的新时代。

习近平总书记指出，数字技术正以新理念、新业态、新模式全面融入人类经济、政治、文化、社会、生态文明建设各领域和全过程，给人类生产生活带来广泛而深刻的影响。当今时代，数字技术作为世界科技革命和产业变革的先导力量，日益融入经济社会发展各领域和全过程，深刻改变着生产方式、生活方式和社会治理方式。面对

数字化带来的机遇和挑战，国际社会应加强对话交流、深化务实合作，携手构建更加公平合理、开放包容、安全稳定、富有生机活力的网络空间。国家发展必须抓住数字化发展机遇，应对数字化带来的挑战，使数字文明造福人民。

近年来，教育部工作要点提出要实施教育数字化战略行动，积极发展"互联网+教育"，改进课堂教学模式和学生评价方式，构建基于数据的教育治理新模式，加快推进教育数字化转型和智能升级。基于以人工智能、大数据、物联网、云计算为代表的数字技术与教育教学的深度融合，推动实现教育的数字化，成为新时代教育信息化发展的新内涵，教育信息化进入了以教育数字化为核心的新的发展阶段。习近平总书记在中国共产党第二十次全国代表大会上作的报告明确指出，要"推进教育数字化"。教育数字化是数字中国的重要组成部分，教育数字化转型正成为当前我国教育发展的重要任务。

1）数字化

数字化是将各类信息转变为数字形式的过程，即一种形式化过程。

信息化本质上可看作以信息技术处理信息（内容）的过程，即一种内容化过程，这里的信息技术包括传统信息技术和现代信息技术。

数字技术是现代信息技术的基础性关键技术，而数字化是信息化最主要的技术手段，是信息化技术介入教育教学应用的最关键要素。

2）数字化转型

数字化转型是一种面向业务的数字形式转换过程，是数字技术元素介入业务体系的系统重构，最终呈现数字化业务新形态。

教育数字化转型是面向教育教学业务的数字化转换过程，也是教育教学系统要素及结构的整体数字化转换过程。教育数字化转型必然要解构和重构教育教学系统，形成教育新生态。数字化最终会使教育转型。

3）教育数字化与教育信息化

教育数字化是教育信息化发展的新阶段，也是教育信息化发展的新形态。

信息技术与教育教学的融合，推动了教育教学的变革发展，实现了教育的信息化，并且不断推进教育现代化。教育信息化是指在教育教学过程中，深入广泛应用现代信息技术，改进教育教学，优化教育过程，培养和提升学生的信息素养，促进实现教育现代化。教育信息化的发展离不开现代信息技术的发展，以及信息技术与教育教学的深度融合。现代信息技术的快速发展及其在教育教学中的普及应用，推动了教育信息化的快速发展，并不断赋予教育信息化新的内涵和特征。

在20世纪90年代之前近半个世纪的发展过程中，以幻灯片、投影、录音、录像、广播、电视为代表的视听技术在教育中得到推广应用。利用这些视听技术，可以创设教学情境、优化教育活动和教学过程，从而丰富教育内容，激发学生学习的兴趣，强化学生对知识的理解和认知，这种形式的教育被称为视听教育。基于视听技术，可以突破时空限制，开展远程教育。这一阶段被称为教育信息化发展的探索起步阶段。

从 20 世纪 90 年代中期开始，以计算机技术、多媒体技术、电子技术等为代表的信息技术开始进入快速发展阶段，并在教育中得到广泛应用，开启了信息技术与学科教学相整合阶段。信息技术与学科教学相整合，可改变教师教的方式、学生学的方式和师生的互动方式，利用信息技术可以丰富教育教学内容，为课堂教学提供丰富多样的教学工具。这个阶段被称为信息技术教育阶段，它开启了教育信息化的大规模实践应用。

进入 21 世纪以来，以人工智能、大数据、物联网、云计算为代表的数字技术得到了快速发展和普及应用，并实现了与教育教学的深度融合，它能够赋能教育变革与发展，成为推动教育现代化发展的内生变量，教育信息化进入了以教育数字化为特征的发展新阶段。教育数字化是教育信息化发展的新阶段，也是教育信息化发展的新形态，数据在教育数字化发展中的作用日益凸显，以人工智能为代表的数字技术在赋能教育、实现教育数字化的过程中起着关键性作用。在教育数字化发展的新阶段，数字技术的"智能性"更加凸显，技术应用更加"智能"，数字技术使得教育教学更加"智慧"。"智慧"成为教育数字化的典型特征，实现智慧教育成为教育数字化的发展目标。发展数字教育，数字技术赋能教育教学，推动教育信息化进入了创新发展的新阶段。

相较于之前的教育信息化，由于数字技术的加持与赋能，教育数字化逐渐显现出数据化、智能化、个性化和泛在化等新的内涵与特征，并且实现了数字技术与教育教学的深度融合，推动了教育的创新发展。

教育数字化至少包含 4 个子系统，用通俗的话说，这 4 个子系统分别是"路、车、货、驾驶员"："路"是教育数字化实施的硬件设施；"车"是教育数字化实施的软件平台（如各类教学与学习平台、数据管理平台、资源管理平台等）；"货"是教育数字化实施的各级各类教育教学资源；"驾驶员"是教育数字化中的人，包括教师、其他教育管理者和学生。

（2）数字化教育技术

数字化教育是信息化教育的新形态，数字化教育技术是当代教育技术中的关键技术，也是目前现代教育技术中最主要的技术。

数字化教育技术是指充分合理运用数字技术来促进教育改革与发展、实现教育教学过程的优化，包括数字化教育资源获取、处理及制作技术，数字化教育教学工具运用技术，数字化教育教学设计技术和数字化教育教学应用技术，等等。

教师是教育数字化转型中的主"驾驶员"，其要根据学生的需要，选择合适的"货"，用管用的"车"将"货"运送给学生。"货"的适切度及能否安全送达，取决于"驾驶员"的素养。因此，要对教师进行数字化素养培训，使其具有极强的数字化意识，具有必备的数字化知识，掌握数字化教育技术，具有熟练的数字化教育教学工具应用能力，并随着数字化教育教学工具的迭代升级，持续提升数字素养，满足数字化教育教学的需要，使数字化教育教学落到实处。

5. 极简教育技术

极简教育技术是极简主义与教育技术实践相结合的产物，它是倡导在学校教学工作中有效提高师生工作学习效率的实用、易学、易用的技术。极简教育技术是教师利用工具辅助教学过程的一种思路，它并不特指某种技术，而是在极简理念引导下，教师快速精准地利用工具提高教育教学效率的方法。

极简教育技术具备三大特点：一是掌握简便，即易学、易用、方便、省时；二是解决问题，即实用、有效，能够解决工作中的实际问题；三是提高效率，即可减轻工作强度，提高教学效率和质量（如图 1-1-16 所示）。

极简教育技术"掌握简便"的特点可大幅提高教师在课堂中的技术应用率；其"解决问题"的特点可精准帮助师生突破教学难点，呈现某些传统课堂无法展示的细节；其"提高效率"的特点体现为高效地实现师生互动，启发学生智慧。

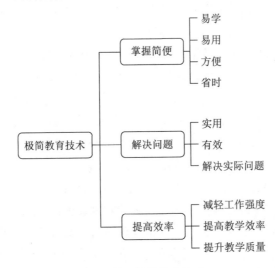

图 1-1-16 极简教育技术

💻 **实训任务**

任务一　熟悉实训环境

1. 考察学校教学环境，熟悉现代教育技术设备

考察学校的普通教室、机房和专业实训室、智慧教室及现代教育技术实训室等，列出与现代教育技术或数字化相关的设备名称，通过上网查询、询问教师及与同学交流，明确这些设备的作用，并填写表 1-1-3。

表 1-1-3 学校的现代教育技术设备及其作用

现代教育技术设备	设备作用

2. 熟悉实训环境

（1）开启计算机了解软件情况

根据教师的安排找到自己所用的计算机并开启（若无特殊情况，在本课程以后的实训中，每个人将固定使用一台计算机），检查计算机中安装了哪些软件，明确这些软件有哪些主要用途，评估自己对软件的掌握程度（掌握程度：学过、基本会用、熟练掌握），以及哪些软件与本课程相关。请填写表 1-1-4。

表 1-1-4 调查计算机中的软件情况

软件	主要用途	掌握程度

（2）使用耳麦

区分计算机的耳（耳机）、麦（MIC，麦克风）接口，将耳、麦插头正确插入相应的接口中，并尝试使用。

使用 3.5 mm 接口标准的手机用耳机，其耳、麦插头集成在一个插头上，对于耳、麦接口分离的台式电脑只能当耳机用，麦克风无效；对于具有耳、麦集合的标准接口的笔记本电脑，则耳、麦都可以使用。

（3）使用移动存储设备

将自己所带的 U 盘、移动硬盘或其他移动存储设备正确接插到相应接口中，并进行文件管理和传输操作。

（4）在手机与电脑之间传输文件

可以用数据线连接手机与电脑来传输文件，也可以通过 QQ 或微信进行文件传输。

任务二　学习在线课程

安装超星
学习通 App

1. 进入在线课程平台

电脑端：打开浏览器，在地址栏输入网址 http://i. mooc. chaoxing.com，进行注册并登录（校内用户输入网址 http://zjc.fanya. chaoxing.com/portal）。

手机端：应用商店搜"超星学习通"或扫二维码安装 App。

用手机号注册并登录。校内用户可以选择其他登录方式，进入平台登录页面，输入学校/单位、学号/工号、密码，登录。登录后绑定手机号，以后可以通过手机号登录。

2. 进入在线课程

在手机端学习通 App 首页右上角输入邀请码（请联系 QQ 号 1953774116 获取），加入课程后即可进入课程学习。校内用户由授课教师统一加入课程，学生登录后即可进入课程学习。

3. 使用在线课程

电脑端和手机端都可以学习在线课程，浏览和下载课程资源，完成作业、测验和考试，进行交流，等等。

在线课程的使用

巩固练习

1. 名词解释

（1）教育技术（AECT1994 定义）：_____
_____。

（2）现代教育技术：_____
_____。

（3）数字化教育技术：_____
_____。

2. 填空题

（1）教育技术发展包含两条平行的线索：一条是_____，另一条是_____。

（2）教育技术的四大理论基础包括_____、_____、

_____　、_____。

（3）拉斯维尔提出的 5W 传播模式中的 5 个 W 分别指_____　、

_____　、_____　、_____　、_____。

3. 画图题

画出"学习金字塔"。

4. 简答题

（1）教育技术的新发展主要体现在哪些方面？

（2）结合平时对幼儿园实习教师开展幼教活动的观察与思考，谈谈自己对现代教育技术及其应用的理解和认识。

项目 1.2 理解信息化幼教

项目导图

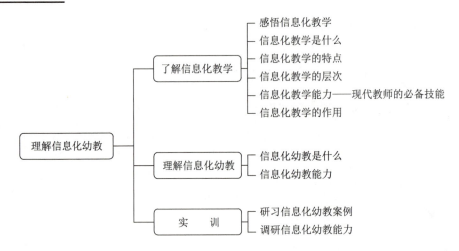

理解信息化幼教

- 了解信息化教学
  - 感悟信息化教学
  - 信息化教学是什么
  - 信息化教学的特点
  - 信息化教学的层次
  - 信息化教学能力——现代教师的必备技能
  - 信息化教学的作用
- 理解信息化幼教
  - 信息化幼教是什么
  - 信息化幼教能力
- 实 训
  - 研习信息化幼教案例
  - 调研信息化幼教能力

学习目标

1. 了解信息化教学；
2. 理解信息化幼教；
3. 明确幼儿教师必备的信息化幼教能力。

学习任务

任务一 了解信息化教学

1. 感悟信息化教学

观看视频"未来教室"。

思考：

① 视频中信息化教学环境有哪些设备？教师采用了哪些信息

视频"未来教室"

化教学手段？和传统教学环境相比，发生了怎样的变化？

② 视频中的教学采用了 PBL（project-based learning，项目学习）及学生分组研讨，两种教学方式各有什么特点？

③ 师生角色发生了什么变化？

④ 教与学的方式方法发生了什么变化？

⑤ 教师和学生运用了什么样的技术、工具和资源来支撑其角色和教学方式的转变？

讨论：通过观看视频，从以下几个方面谈谈你对信息化教学的认识。

① 信息化教学环境中的平台和设备；

② 信息化教学手段；

③ 信息化教学的内容设计；

④ 信息化教学中如何进行学习效果评价；

⑤ 师生角色的转变；

⑥ 信息化教学的流程设计；

⑦ 与信息化教学相关的你的所思所想。

2. 信息化教学是什么

（1）信息化

信息化是 20 世纪末以来中文中使用频率非常高的词语之一，指充分利用信息技术，开发、利用信息资源，促进信息交流和知识共享，提高经济增长质量，推动经济社会发展转型的历史进程。"信息化"用作名词时，通常指现代信息技术应用，特别是促成应用对象或领域（比如企业或社会）发生转变的过程。"信息化"用作形容词时，常指对象或领域因信息技术的深入应用所达成的新形态或状态。

（2）教育信息化

教育信息化是指教育领域的各个方面与信息技术深度融合，以推动教育的全面改革与发展，促进实现教育现代化的过程。

教育信息化重在应用，用于支持教师的教、学生的学、教学管理和社会服务。

（3）信息化教育

教育信息化是信息技术与教育融合的过程，其结果必然是形成一种全新的教育形态——信息化教育。所以，信息化教育是信息技术与教育融合的表现形态，而教育信息化可以看作追求信息化教育的过程。

信息化教育，就是在现代教育思想和理念的指导下，主要运用现代信息技术，开发教育资源，优化教育过程，以培养和提升学生信息素养为重要目标的一种新的教育方式。其中，现代教育思想和理念包括素质教育观、创新教育观、终身教育观、双主体（学生为主体、教师为主导）教育观、"四大支柱"教育观等。

信息化教育的主要特征，是在教育教学过程中广泛地应用信息技术。技术层面上表现为数字化、多媒体化、网络化、智能化；教育层面上表现为资源多媒体化和共享化、教学个性化、学习自主化、任务合作化、环境网络化和虚拟化、评价和管理智能化等特征。

信息化教育是具有中国特色的一个概念，其前身是电化教育。电化教育是我国20世纪90年代中期以前流行的概念，主要指传统的视听教育（幻灯投影、录音录像、电影等）；20世纪90年代中期以后，电化教育被教育技术（现代教育技术）替代；21世纪人类进入信息时代，信息技术尤其是数字技术飞速发展，信息化教育（教学）成为现代教育发展的必然选择，也是现代教育技术的主流和发展必然。

信息化教育、现代教育技术和电化教育三者的目的和研究对象相同，本质是一样的，都是在现代教育思想和理论的指导下，运用现代信息技术，优化教育教学，提高教育教学的效率和质量，因此可以互换。信息化教育更体现时代性和发展性，更能反映出现代教育的本质和内涵特征，而目前数字化转型时代提到的数字化教育技术更能体现信息技术的最新发展成果，是信息化教育的主流技术，也更具有可操作性。

（4）信息化教学

信息化教学是信息化教育的主体和核心。信息化教学在优化教学效果、提高教学效率、改变学习方式、促进教学改革等方面有着显著优势。当前，信息化教学能力已经成为师范生和一线教师必须具备的基本技能，也是各级各类教师教育教学培训的重要内容。

相对于传统教学，信息化教学突出强调现代信息技术的应用和先进教学理念的指导。

学者对信息化教学的定义有诸多观点。

南国农认为，信息化教学是指教育者和学习者借助现代教育媒体、教育信息资源和方法进行的双边活动，它既是师生运用现代教育媒体进行的教学活动，也是基于信息技术在师生间开展的教学活动。该定义相对简明，重点强调了"技术"因素在教学中的突出作用和地位，明确指出信息化教学的关键特征是技术的应用。

祝智庭认为，相对于传统教学，信息化教学是现代教学的一种表现形态，它以信息技术的支持为显著特征，涉及现代教学理念的指导和现代教学方法的应用。该定义不但强调了"技术"对教学的支持，还提出了"现代教学理念和方法"的重要性。它赋予了信息化教学技术与理念双重变革的内涵，使得信息化教学的意义更加深刻且丰富。

张筱兰认为，信息化教学指在现代教学理念的指导下，重视现代信息技术，如现代网络技术、计算机及多媒体技术、卫星通信技术等在教学中的作用，充分利用现代教育技术手段，应用现代教学方法，运用多种教学媒体、信息资源，构建良好的教学与学习环境，并在教师的组织和指导下，充分发挥学生的主动性、积极性、创造性，使学生能够真正成为知识、信息的主动建构者，从而达到良好的教学效果。该定义在强调现代教学理念和信息技术的基础上，进一步突出学生在信息化教学中学习动机与态度、认知策略与学习方式的转变。

　　蔺淑芳指出，信息化教学是以现代教育技术为基础的新教育体系，包括教育观念、教育组织、教育内容、教育模式、教育技术、教育评价、教育环境等一系列的改革和变化。该定义从更加宏观的角度指出信息化教学是一个系统工程，涉及一系列环节，是一种信息化环境下的新型教育体系。

　　从上述信息化教学的定义可以看出，对信息化教学内涵的理解经历了从工具论、教学论到系统论的逐步深入和延展的过程。

　　综上所述，信息化教学是相对于传统教学的一种现代教学形态，它以促进学生发展为根本目的，以信息技术应用和现代教学理念指导为主要特征，强调学生中心地位并重视教学效果、效率、效益的整体性提升。

3. 信息化教学的特点

　　信息化教学，是以现代教学理念为指导，以信息技术为支持，应用现代教学方法的教学。在信息化教学中，要求将观念、组织、内容、模式、技术、评价、环境等一系列因素信息化。

　　信息化教学的特点：教材数字化、资源网络化、教学个性化、教技多样化、学习自主化、管理自动化、环境虚拟化。

　　和传统教学相比，信息化教学以学生为中心，学生在教师创设的情境、协作与会话等学习环境中充分发挥自身的主动性和积极性，对当前所学的知识进行意义建构，并用所学知识解决实际问题。

　　在教学中，教师由知识的传授者、灌输者转变为学生主动获取信息的帮助者、促进者；学生由外部刺激的被动接受者和知识的灌输对象转变为信息加工的主体、知识体系的主动建构者；教学过程由讲解说明的过程转变为情境创设、问题探究、协商学习、意义建构等以学生为主的过程；教学方式从纯线下转变为线上线下混合教学，学生随时随地可以学习。

4. 信息化教学的层次

　　信息化教学从本质上看是信息技术与课程教学相互作用、逐渐融合、催生创新的过程。

　　随着技术的进步和人们对技术与教学关系认识的不断深入，技术的教学应用先后经历了计算机辅助教学、信息技术与课程整合、信息技术与学科教学融合等不同发展阶段，催生出许多创新性的信息化教学产品和信息化教学模式。随着社会的进步、时代的发展，信息技术融入教学，促使教育变革的步伐越来越快。

　　从信息化教学实践的现状看，信息化教学主要可以分为 3 个层次：

　　（1）运用信息技术优化教学手段

　　运用信息技术优化教学手段是信息技术进入教学的最原始、最简单、最直接的方式，也是当前教育中应用比较广泛的一种方式。用 PPT 呈现教学内容要点，用音频、视频创设教学情境，用即时通信软件辅助课堂互动，用教学平台收集作业并快速得出量化数据，等等，这些技术手段的运用主要是为了支持教师的教学活动，提高教学的效率。技术应用的主动权掌握在教师手中，学生基本处于传统学习模式下的被动状态。

（2）运用信息技术改变学习方式

运用信息技术改变学生的学习方式是信息技术教育应用的进阶状态。这个阶段的应用要求把学生作为技术应用的行为主体，学生能够使用台式计算机、笔记本电脑、平板、电子书包、手机等不同形式的信息终端，自主查找学习资源，学会使用认知工具，拥有个人学习空间，开展网络交互协作，等等。在技术的支持下，学生获取知识、内化知识、应用知识的方式都不同程度地发生改变，信息化教学的重心由教师的"教"转向学生的"学"。基于资源的学习、PBL、WebQuest、混合式学习等都是这种应用方式的典型代表。

（3）运用信息技术变革教学系统结构

信息技术对教学更深层次的作用和影响在于催生教学系统的结构性变革。随着信息社会的快速发展，信息技术对教学系统的各个要素都产生了深远的影响：① 教师，大部分属于信息时代的"移民"，基本熟悉数字化工作和学习方式；② 学生，信息时代的"原住民"，数字化生存方式已深入其灵魂；③ 教学内容，数字化、网络化、多媒体化已经成为趋势，传统文本教材不再"一统江山"；④ 教学媒体，新技术、新设备、新媒介层出不穷，一支粉笔和一块黑板早已不能满足需求。在教学系统的各个要素都发生深刻变化的同时，我们需要对教学系统各个要素的地位、作用进行重新思考和定位，对教学系统的结构进行深入分析和探讨。教学系统结构变革的方向必定是从"教"走向"学"，从"被动"走向"主动"，从"封闭"走向"开放"。

5. 信息化教学能力——现代教师的必备技能

21世纪以来，我国先后出台了多个有关教师信息技术应用能力的标准，并且积极开展相关培训。2004年我国出台的《中小学教师教育技术能力标准（试行）》从意识与态度、知识与技能、应用与创新、社会责任4个维度对教学人员、管理人员和技术人员的教育技术能力进行了明确规定。2012年教育部发布的《幼儿园教师专业标准（试行）》《小学教师专业标准（试行）》《中学教师专业标准（试行）》要求教师掌握所教学科课程资源开发与校本课程开发的主要方法与策略，拥有适应教育内容、教学手段和方法现代化的信息技术知识，合理利用教学资源和方法设计教学过程，将现代教育技术手段整合应用到教学中。2014年教育部发布的《中小学教师信息技术应用能力标准（试行）》规定中小学教师应在技术素养、计划与准备、组织与管理、评估与诊断、学习与发展5个维度达到相应标准。同年12月，教育部发布的《中小学校长信息化领导力标准》明确规定中小学校长是学校信息化工作的带头人、组织者和践行者，应通过规划设计、组织实施、亲身实践和评价，组织教学人员、技术人员和管理人员进行协同创新，推动学校的信息化发展。

2018年4月13日，教育部正式发布《教育信息化2.0行动计划》，标志着我国进入教育信息化 2.0 时代。文件中提出到 2022 年基本实现"三全两高一大"的发展目标，"三全"指教学应用覆盖全体教师、学习应用覆盖全体适龄学生、数字校园建设覆盖全体学校；"两高"指信息化应用水平和师生信息素养普遍提高；"一大"指建成"互联网+教育"大平台。

2019 年 4 月 2 日，教育部发布《关于实施全国中小学教师信息技术应用能力提升工程 2.0 的意见》，着力推动全国中小学（含幼儿园、普通中小学、中等职业学校）教师提升信息技术应用能力，广大教师的信息素养必须与教学环境、教学方式、教学模式、现代教育制度等同步升级（如图 1-2-1 所示）。

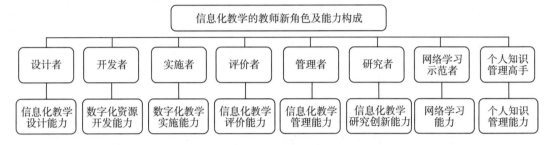

图 1-2-1　信息化教学的教师新角色及能力构成

6. 信息化教学的作用

信息化教学的作用可以从不同的角度去认识，从教学实践的角度出发，信息化教学的作用体现在优化教学效果、提高教学效率、增加教学效益 3 个方面。

（1）优化教学效果（从学生的角度）

教学效果是信息化教学追求的首要目标。教学效果也可以理解为学生的学习效果。学是教的根源和目的，是一切教学活动的逻辑起点和最终归宿。因此，在本质意义上，教学目的和学习目的是一致的。从教的角度看，好的教学效果可以理解为有效、高效的教学活动和优质的教学成果；从学的角度看，好的教学效果可以理解为学习过程的最优化、学习成果的最大化；从教育的角度看，好的教学效果可以理解为培养出高水平、高质量的人才。

美国著名的教学设计专家梅瑞尔曾经指出，虽然开发新的和令人兴奋的技术是值得的，但是我们绝不能忽视这个最根本的目标，即站在学生的角度促进学习。

结合教学实践，优化教学效果体现在以下几个方面：

1）认知建构：促进深度学习

1976 年，弗伦斯·马顿（Ference Marton）和罗杰·萨尔乔（Roger Saljo）在发表的文章《学习的本质区别：结果和过程》中提出了深度学习和浅层学习的概念。相对于无关联、孤立的浅层学习，深度学习是学生能积极主动将新旧知识加以关联，进而达到更高的思维层次的学习。在传统教学中，受各种因素的影响，只注重记忆不注重理解、只触及表层不深入内涵的浅层学习大量存在，这样的学习既不利于认知体系的建构，也不利于学习主动性的培养，还非常容易引发学习倦怠。信息化教学的目的之一是利用技术创设学习情境，提供认知工具和可视化知识结构，以促进学生主动建构，实现深度学习。

我国新课程改革中所提倡的抛锚式教学、基于问题的学习、基于项目的学习、基于设计的学习等众多现代教学模式，在一定程度上也都有深度学习的理念。借助信息技术，这些学习模式能够更加顺利地得到运用。

2）智慧技能：培养高阶能力

众所周知，随着社会的进步和技术的发展，社会对人才培养的要求越来越高。知识基础牢固、实践技能扎实已经不能满足社会需求，信息素养、核心素养、创新精神、创业能力等更高阶的培养目标被明确提出，这些目标都直接指向学习者的高阶能力。

布鲁姆（Bloom）在其提出的教学目标分类体系中把认知领域的学习目标分为记忆、理解、应用、分析、评价、创新6个层次，一般认为记忆、理解、应用属于低阶能力目标，分析、评价、创新属于高阶能力目标。与此同时，乔纳森（Jonassen）认为，高阶思维能力主要由基本思维、批判性思维及创造性思维三大能力构成。

信息化教学的目的不能仅仅局限于基础知识的记忆和理解、基本技能的练习和应用等低阶能力目标的达成，而要致力于分析、批判、评价、质疑、创新、创造等高阶能力的培养。显然，相对于低阶能力，高阶能力的培养难度更大，需要更加丰富的资源、更加真实的任务、多样化的工具和方法，以及面向过程的发展性评价等一系列要素的配合。信息化教学环境下，这些条件相对容易满足，高阶能力培养有广阔的空间。

3）学习策略：转变学习方式

信息化教学要达成的重要目标之一是帮助学生转变学习方式。传统教学模式强调"以课堂为中心、以教材为中心、以教师为中心"，学生的学习主要分为课前预习、课中听讲、课后作业3个阶段，围绕"课堂、教材、教师"开展学习活动，虽然在新教学理念的指导下有一些教学改革的实践，但是目前占据主导地位的学习方式依然是相对被动的接受型学习。不可否认，在需要大规模培养技能型人才的工业时代，传统教学模式起到非常重要的作用，直至今天，以赫尔巴特"五段教学法"为标志的传统教学法依然在学校教育中占据重要地位。但是，信息时代的教学不能无视技术带来的变化和挑战，信息化教学要帮助学生主动适应信息时代的特征，用符合信息时代特征的方式学习。正如诺贝尔奖得主赫伯特·西蒙（Herbert Simon）指出的，知识的意义已经从能够记忆和重复某些信息，转变为能够搜索和使用信息。

具体而言，在学习动机上，信息化教学要引导学生从被动性学习转变为主动性学习；在学习方式上，帮助学生从接受式学习转变为探究式学习；在学习资源上，从基于单一教材转变为基于丰富的网络资源；在学习途径上，从单纯基于课堂的学习转变为面对面和在线学习相结合的混合式学习。此外，信息时代的数字化学习具有移动性、碎片化等特点，需要引导学生逐渐适应数字化学习的特点。

4）思维模式：形成互联网思维

信息时代的重要基础是互联网，互联网给人类社会带来的不仅仅是信息的互联互通，它能够在更深层面上改变社会的运行方式，促进经济的全球化发展。网络购物、共享单车、电子支付、MOOC 等基于互联网的创新性发明正在改变着人们的生活和学习方式。《世界是平的》一书描述了互联网给全球经济带来的巨大变化，呼吁每个人积极应对挑战，找准自身定位并选择个人发展方向。

互联网具有开放、共享、互联互通、非线性、跨时空等特征，互联网思维的特征包括开放性、共享性、联通性、非线性、系统性。互联网思维模式有利于开阔学生的视野和胸襟，创新解决问题的思路和方法；有利于训练学生的全局性思维，使其养成系统思维的习惯。

采用互联网思维能够在信息时代以恰当的方式解决问题。例如，一般来说，撰写论文的学者会担心论文发表前自己的观点被他人剽窃，中山大学的王竹立老师却在《学习与创新——互联网时代如何做教师》一书中介绍自己的论文写作经验：互联网时代，防止他人剽窃的最好方法不是将自己的观点藏起来，而是第一时间在网络上公之于众，让所有人都知道这是属于你的原创性观点。这是典型的互联网思维在工作实践中的成功应用。如今，"互联网+"已经成为时代的潮流，培养互联网思维模式成为信息化教学的目标之一。

（2）提高教学效率（从教师的角度）

教师是信息化教学的直接设计者、执行者，将先进教学理念和现代教育技术转变为日常教学实践离不开一线教师的参与、支持和认可。信息技术能够融入日常教学、实现常态化使用的重要原因之一是，技术能够有效帮助教师减轻教学工作负担，减少简单的重复性劳动，切实提高教学效率。

技术接受模型（TAM）理论解释了影响新技术应用的 2 个主要因素：有用性和易用性。简而言之，一项新技术能够被教师接受并积极使用主要基于 2 个原因：第一，该技术能够有效解决教师的工作问题，有利于提升工作效率；第二，该技术的技术门槛不高，易学易用，教师需要花费的时间和精力成本较少。符合这 2 个条件的技术容易为一线教师所接受并迅速转入常态化应用，如 PPT 就是一个典型代表。PPT 有效节约了教师手写板书的时间、丰富了教学内容呈现的形式、减少了备课过程中的重复劳动、方便教学资源交流共享，能够为教师教学带来便利，切实提高教学效率。

有专家指出，数字鸿沟或信息鸿沟不单是指一种技术硬件上和软件资源上的不均衡表现，还体现在学习者获取信息的能力和行为意识上的差距。事实上，这种能力和意识上的差距才是造成数字鸿沟的主要原因。一般情况下，习惯于传统教学环境和方式的教师在面对新媒体、新技术时容易本能地产生怀疑和排斥，除非事实能够很快证明新技术确实有用且容易掌握，否则新技术很容易被忽视。因此，运用新技术需要教师具备一定的冒险精神，需要教师离开自己熟悉的教学经验"舒适区"，需要教师付出一定的时间学习并掌握技术。一旦跨越技术门槛，克服初期困难，教师就能够体会技术带来的便利，开启一种全新的教学体验。

信息化教学的重要目标之一是帮助学校和教师减少重复劳动，提高工作效率。为了达到这个目的，在教学中选用技术时一定要以"适用""好用"为标准，不应过分追求技术的高、精、尖。

（3）提高教育效益（从管理的角度）

通过技术的运用提高教育教学的效益一直是国家推广教育信息化的重要目标之一。利用现代信息技术，可以促进优质教学资源共享，提高资源使用效率，增加学生受益人数，缩小教育鸿沟，促进教育公平。

习近平总书记在致首届国际教育信息化大会的贺信中提出，"坚持不懈推进教育信息化，努力以信息化为手段扩大优质教育资源覆盖面"，"通过教育信息化，逐步缩小区域、城乡数字差距，大力促进教育公平，让亿万孩子同在蓝天下共享优质教育、通过知识改变命运"。

《教育信息化"十三五"规划》也明确提出要"不断扩大优质教育资源覆盖面，优先提升教育信息化促进教育公平、提高教育质量的能力"，"依托信息技术的'优质学校带薄弱学校、优秀教师带普通教师'模式"，要求"各级教育行政部门要保障基础性数字教育资源的供给，并发挥好已有资源的作用，利用以互联网为主的多种手段将资源提供给各类教育机构，尤其是农村、边远、贫困、民族地区的学校免费使用"。

针对职业教育，2011 年 11 月教育部出台《关于实施国家示范性职业学校数字化资源共建共享计划的通知》，强调教学资源共建共享，提高应用效益。2017 年 8 月颁布的《教育部关于进一步推进职业教育信息化发展的指导意见》中再次明确提出"推动优质数字教育资源共建共享"，"进一步扩大优质资源覆盖面，强化优质资源在教育教学中的实际应用"。

信息化教学实施过程生成的大量数字化教学资源、信息化教学案例等都是可共享的教学资源，借助网络技术可以让这些资源服务更多学习者，提高使用效率，从而增加信息化教学的社会效益。当前的网络公开课、MOOC 及各级各类教学资源平台都为增加教育效益作出了积极贡献。

任务二　理解信息化幼教

1. 信息化幼教是什么

从广义上说，信息化幼教指依据幼儿发展规律，在幼儿园各个部门、领域广泛运用信息技术手段和方法，以提升园所管理（园所层面）、优化幼教活动（幼儿层面）、促进专业发展（幼师层面）和实现家园共育（家长层面），包括建设信息化基础设施、配备适合的信息化幼教资源、充分合理利用信息技术优化幼教活动、培养幼儿园教师和幼儿的信息素养、利用信息技术促进幼儿园与家庭和社区的合作、制定幼教信息化政策法规制度和标准等内容。

狭义的信息化幼教指在幼儿教育教学活动中恰当地运用信息技术，开发适宜幼儿学习的数字化教育资源，优化幼儿教育教学活动，培养幼儿的信息素养，促进幼儿的学习和发展，实现幼儿教育教学的最优化。具体内容包括将信息技术深度融入学前教育五大领域课程（健康、语言、科学、社会、艺术）及各类教育活动中，创设适宜幼儿的数字化学习环境，开发支持幼儿学习与认知的数字化资源、设计合理的信息化幼教活动并实施和评价等。这也是本课程学习的主要内容。

2. 信息化幼教能力

（1）信息技术应用能力提升工程

教育信息化给幼儿教育带来了一场深刻的革命，幼教工作者只有具备良好的信息素养和良好的信息化幼教能力，才能应对这场挑战，使信息技术更好地应用到幼儿教育教学活动中，优化幼教活动过程，提升幼教质量。

2013 年 10 月 25 日教育部发布《关于实施全国中小学教师信息技术应用能力提升工程的意见》，决定实施全国中小学教师信息技术应用能力提升工程。2014 年 5 月 27 日，教育部颁布了《中小学教师信息技术应用能力标准（试行）》（以下简称《能力标准》），教育部门明确指出这里的"中小学教师"包含幼儿园教师，所以该文件也适用于幼教工作者，但要根据幼教特点进行适度调整。

《能力标准》对教师的信息技术应用能力提出了基本要求和发展性要求，要求教师充分利用信息技术优化课堂教学、转变学习方式，以支持优质、创新的课堂实践与个性、灵活的学习为价值取向，通过应用信息技术优化课堂教学和转变学习方式 2 个维度，从技术素养、计划与准备、组织与管理、评估与诊断、学习与发展 5 个方面展开具体内容。

（2）信息技术应用能力提升工程 2.0

2018 年 4 月，教育部启动实施教育信息化 2.0 行动计划，提出大力提升教师信息素养。

2019 年 3 月，教育部制定并发布《关于实施全国中小学教师信息技术应用能力提升工程 2.0 的意见》，着力推动全国中小学教师（含幼儿园、普通中小学、中等职业学校）提升信息技术应用能力。能力提升工程 2.0 突出以学校信息化教育教学改革发展引领教师信息技术应用能力培训，从过程与成果两方面进行，包括学校"整校推进"实施成效考核和教师信息化教育教学能力提升考核。

能力提升工程 2.0 明确了中小学教师信息化教育教学能力发展框架（见表 1-2-1）。

表 1-2-1　中小学教师信息化教育教学能力发展框架

维度	信息技术应用环境		
	多媒体教学环境	混合学习环境	智慧学习环境
学情分析	A1 技术支持的学情分析	B1 技术支持的测验与练习	

续表

维度	信息技术应用环境		
	多媒体教学环境	混合学习环境	智慧学习环境
教学设计	A2 数字教育资源获取与评价 A3 演示文稿设计与制作 A4 数字教育资源管理	B2 微课程设计与制作 B3 探究型学习活动设计	C1 跨学科学习活动设计 C2 创造真实的学习情境
学法指导	A5 技术支持的课堂导入 A6 技术支持的课堂讲授 A7 技术支持的总结提升 A8 技术支持的方法指导 A9 学生信息道德培养 A10 学生信息安全意识培养	B4 技术支持的发现与解决问题 B5 学习小组组织与管理 B6 技术支持的展示交流 B7 家校交流与合作 B8 公平管理技术资源	C3 创新解决问题的方法 C4 支持学生创造性学习与表达 C5 基于数据的个别化指导
学业评价	A11 评价量规设计与应用 A12 评价数据的伴随性采集 A13 数据可视化呈现与解读	B9 自评与互评活动的组织 B10 档案袋评价	C6 应用数据分析模型 C7 创建数据分析微模型

华东师范大学开放教育学院研究团队依据《幼儿园教师专业标准（试行）》《3—6岁儿童学习与发展指南》，在《中小学教师信息技术应用能力标准（试行）》《全国中小学教师信息技术应用能力提升工程校本应用考核指南（征求意见稿）》《教育部关于实施全国中小学教师信息技术应用能力提升工程2.0的意见》等基础上，分析了幼儿园信息技术应用的客观需求，针对幼儿园教师工作特点，将测评能力点分为活动优化、家园共育、发展评价、专业成长4个情景，以及应用信息技术开展一日活动、家园沟通与合作、幼儿评价、教师专业发展等18项微能力点，其中多情景适用能力4项，幼儿园及教师可根据实际需求选择（见表1-2-2）。

表1-2-2　幼儿园教师信息化教育教学能力发展框架

应用情景	测评能力点	
活动优化	H1 技术支持的情境创设 H2 技术支持的重难点突破 H3 技术支持的幼儿参与	
家园共育	J1 技术支持的学情分析 J2 技术支持的家园共育活动组织 J3 技术支持的展示交流	Y1 数字教育资源获取与评价 Y2 演示文稿设计与制作 Y3 数字教育资源管理 Y4 微课程的设计与制作
发展评价	F1 评价量规设计与应用 F2 技术支持的幼儿行为观察与分析 F3 电子档案袋评价 F4 数据可视化呈现与解读	
专业成长	Z1 技术支持的专业自主学习 Z2 技术支持的教育反思 Z3 技术支持的教研参与 Z4 新媒体新技术应用研究	

（3）信息化幼教能力的内容

综上所述，新时代的幼教工作者必须具备的信息化幼教能力包括：

① 数字幼教资源获取、评价与管理能力；

② 信息化幼教活动设计与评价能力；

③ 课件设计与制作能力；

④ 微课设计与制作能力；

⑤ 信息化幼教活动实施与评价能力。

实训任务

任务一　研习信息化幼教案例

1. 下载和解压资源

（1）下载资源

在在线课程中通过打开链接或扫二维码下载本项目所需要的资源包。

信息化幼教案例

（2）解压资源

资源包中包含实训所需要的案例、素材、软件、课件等文件和文件夹。资源包以压缩包形式提供，使用之前必须先解压。

如果所用计算机中没有安装压缩软件，可通过搜索引擎搜索并下载压缩软件（如 7-Zip、WinRAR、WinZip、好压等），下载压缩软件后可按提示一步步进行安装。安装好压缩软件后，选择需要解压的文件，右键菜单中可以找到解压选项，如图 1-2-2 所示，一般解压到以文件名命名的文件夹中。打开解压后的文件夹，找到相应的文件并打开就可以使用资源了。

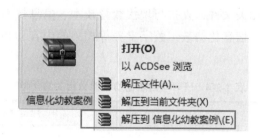

图 1-2-2　WinRAR 解压选项

2. 案例研习

观看信息化幼教案例并分析、记录，填写表 1-2-3。

表 1-2-3　案例分析记录

分析项目	分析内容
教师应用了哪些教学媒体和教学方法	
哪些教学媒体和教学方法使用恰当(简要说明原因)	
哪些教学媒体和教学方法使用不恰当(请提出改进意见)	
总结信息化幼教的作用	

任务二　调研信息化幼教能力

1. 研习相关文件和文献

扫描二维码阅读相关文件，查找与现代教育技术、信息技术应用能力、信息化教学、信息化幼教、数字素养等相关的内容，并记录在表 1-2-4 中。

信息化幼教
相关文件

表 1-2-4　研习与信息化幼教能力相关的文件

文件名称	相关内容
《幼儿园教师专业标准(试行)》	
《中小学教师教育技术能力标准(试行)》	

文件名称	相关内容
《中小学教师信息技术应用能力标准（试行）》	
《师范生信息化教学能力标准》	
《关于实施全国中小学教师信息技术应用能力提升工程 2.0 的意见》	
《全国中小学教师信息技术应用能力提升工程校本应用考核指南》	
《幼儿园教师信息技术应用能力测评指南（试用版）》	
《教师数字素养标准》	

2. 实地或在线采访幼儿园教师

实地或在线采访自己熟悉的幼儿园老师，调研现今幼儿园老师必须具备的信息化幼教能力。可从以下几个方面调查具体的内容：

① 数字幼教资源获取、评价与管理能力；

② 信息化幼教活动设计与评价能力；

③ 课件设计与制作能力；

④ 微课设计与制作能力；

⑤ 信息化幼教活动实施与评价能力。

也可从以下幼儿园主要的教育教学活动的角度调研相关内容：

① 园所管理；

② 幼教活动；

③ 家园结合；

④ 专业成长。

3. 讨论总结

围绕"当今幼儿园教师必须具备的信息化幼教能力"进行讨论交流，列出当代幼儿教师必须具备的信息化幼教能力。

☑ 巩固练习

1. 名词解释

（1）信息化教学：_____

_____。

（2）信息化幼教：_____

_____。

2. 填空题

（1）信息化教学的三个层次是_____、_____、

_____。

（2）信息化幼教的作用主要体现在_____、_____、

_____、_____四个方面。

（3）信息化教学的特点是_____、_____、_____、_____、

_____。

3. 画图题

用图示的方式列举学前教育专业学生应具备的信息素养。

单元 2
获取与处理数字幼教资源

信息化幼教需要合适的数字幼教资源支撑。本单元从认识数字幼教资源开始，分类研究各种数字媒体资源的搜索、获取、加工处理和制作等方法。

本单元通过 6 个项目来实施：

项目 2.1　认识数字幼教资源

项目 2.2　数字文本资源

项目 2.3　数字图像资源

项目 2.4　数字声音资源

项目 2.5　数字动画资源

项目 2.6　数字视频资源

项目 2.1　认识数字幼教资源

项目导图

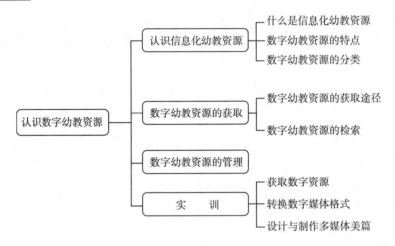

认识数字幼教资源
- 认识信息化幼教资源
  - 什么是信息化幼教资源
  - 数字幼教资源的特点
  - 数字幼教资源的分类
- 数字幼教资源的获取
  - 数字幼教资源的获取途径
  - 数字幼教资源的检索
- 数字幼教资源的管理
- 实　训
  - 获取数字资源
  - 转换数字媒体格式
  - 设计与制作多媒体美篇

学习目标

1. 认识信息化幼教资源和数字幼教资源；
2. 了解数字资源搜索与获取的一般方法；
3. 学会数字资源的管理。

学习任务

任务一　认识信息化幼教资源

1. 什么是信息化幼教资源

　　AECT1994 教育技术定义中把教学资源定义为教学材料、教学环境及教学后援系统，指可以帮助教学的任何东西。所以，幼教资源可认为是为保证幼教活动正常进行而使用的人力、财力、物力的总和，包括一切为幼教服务的人、财、物和信息等。

广义的信息化幼教资源，指一切支持幼教活动的信息化资源及支撑环境。本单元主要研究狭义的信息化幼教资源——数字幼教资源，指经过数字化处理或者数字化制作的、可以在多媒体计算机与网络环境下运行的、能够展现相关幼教内容的教学材料。

本单元学习的主要内容为各种多媒体数字幼教资源的搜索、获取、加工处理、应用和管理等方法。

2. 数字幼教资源的特点

与传统幼教资源相比，数字幼教资源具有如下特点：

① 多媒体呈现：利用多媒体技术存储、传输、处理各种多媒体资源，包括文本、图形图像、音频、视频、动画、交互及混合媒体等方式。

② 数字化处理：数字化技术处理、存储和传输各种多媒体教学资源信息，处理方式多，效率高，存储容量大，安全性和可靠性更高。

③ 组织超链化：以超媒体形式将各类资源链接和组织起来，可以通过人机交互对话实现更便利灵活的使用，获得更好的学习效果。

④ 检索快速化：多种方式实现数字资源的检索和搜索，能够更快更好地搜索到合适的幼教资源，实现资源共享。

3. 数字幼教资源的分类

数字幼教资源类型丰富，有多种分类方法，根据资源的组织方式，可分为以下8类：

（1）媒体素材

媒体（media）也称媒介，指信息传递过程中从信息源到接收信息者（受信者）之间承载、加工并传递信息的介质或工具（如图 2-1-1 所示）。

图 2-1-1　媒体的定义

媒体素材有两层含义：一是指信息的物理载体，即存储和传递信息的实体，如书本、挂图、幻灯片、磁盘、光盘及相关的播放设备；二是指信息的呈现和传播形式，如文字、声音、图像、动画等。本单元研究的媒体素材指后者，主要研究数字媒体素材，包括数字文本、数字图像、数字音频、数字视频、数字动画等，它是数字教学资源的基本元素，也是开发多媒体课件和网络课程最基本的资源形式。

多媒体是多种媒体的组合体，也称混合媒体、富媒体，它采用多媒体技术将各种数字媒体有机整合于一体，而多媒体技术是一种把文本、图形、图像、音频、动画及视频等运载信息的媒体结合在一起，通过数字设备进行综合处理和控制，将多媒体各个要素进行有机组合，并完成一系列交互式操作的信息技术。制作多媒体，首先要准备各类数字媒体素材，这些素材也称为多媒体素材。表 2-1-1 列出了常见数字媒体素材的文件格式，看到扩展名就能知道多媒体素材是哪种类型的媒体。

表 2-1-1　常见数字媒体素材的文件格式（扩展名）

媒体类型	扩展名	说明
文本	txt	纯文本文件
	rtf	丰富格式文本文件，大多数文字处理软件都支持
	doc、docx	文字处理软件 Word 文件，2007 版本后格式为 docx
	wps	WPS 文字文件
音频	wav	标准 Windows 声音文件
	mid	乐器数字接口 MIDI 的音乐文件
	mp3	MPEG-1 Layer 3 数字声音压缩文件
	wma	Windows 平台的压缩声音文件
图形图像	bmp	Windows 位图文件
	jpg	最常用的 JPEG 压缩的位图文件
	gif	网络上常用格式，最高 256 色
	png	网络图像文件，支持渐变透明
	webp	网络图像格式，有损或无损压缩
	psd	包含 Photoshop 处理信息的源文件
动画	gif	动态图像格式文件
	swf	Flash 动画文件
视频	avi	Windows 视频文件
	mpg	MPEG 视频文件
	wmv/asf	Windows 流媒体视频文件
	rm/rmvb	Real 流媒体视频文件
	flv	Flash 流媒体视频文件
	mp4	便携设备常用视频文件
	mov	QuickTime 视频文件
多媒体	ppt/pps/pptx	PowerPoint 文件/演示文件，2007 版本后格式为 pptx
	exe	可执行程序文件
	htm/html	网页文件
	pdf/chm	电子书文件格式
	rar/zip	压缩文件

（2）多媒体课件

多媒体课件是开展信息化幼教活动中最常用的一种资源形式，是根据幼教活动的需要，经过严格的幼教活动设计，并以多种媒体有机结合的表现方式和超媒体结构制作而成的课程软件。按制作方式不同，常见的有 PPT 课件、白板课件、Flash 课件、H5 课件、网页型课件等。

（3）微课

微课是经过精心的信息化教学系统设计，以流媒体形式展示的围绕某个知识点或教学环节的简短、完整的教学活动，具有短小精悍的特点。其通常以视频方式呈现。

（4）题库

题库是按照一定的教育测量理论，将某个课程的题目按照一定的结构组织起来的教育测量工具。它不仅具有试题录入的功能，还具有查询、智能组卷、自动批阅与分析反馈的功能。

（5）资源网站或资源库

资源网站是通过收集、整理、存储各类资源，建立相应的资源库，并提供资源检索、共享服务的网站。

（6）网络课程

网络课程是基于一定的教学目标，通过网络将某门课程的教学内容及实施的教学活动按一定的教学策略有机组织和呈现，并提供开展教学的支撑环境的课程，也称在线课程。

（7）工具性软件

工具性软件指支持、服务于教与学活动的各种数字化工具软件，如课件开发工具、认知工具、效能工具、通信交流工具等，主要形式有计算机软件、手机 App、小程序等。

（8）生成类资源

生成类资源指真实幼教活动中产生的教育教学资源，一般通过在摄录的真实幼教活动中选取片断进行加工处理而成，可作为活动案例，也可供示范和教师教研使用。

任务二　数字幼教资源的获取

幼儿教师在幼儿教育教学、幼儿评价、家园共育、专业成长等活动中需要各种幼教资源的支持，数字幼教资源有多种形式，主要的媒体形式包括文本、图像、声音、动画、视频、课件等，幼儿教师可根据不同媒体呈现形式，利用电脑、平板和手机等设备，通过网络搜索下载、截取、拷贝、自制等方式获取，通过移动存储、打印设备或网络分享和应用。

由于数字资源数量庞大、种类丰富、来源复杂，幼儿教师在选用时需要评估数字幼教资源的科学性，可从资源发布机构的权威性和可信度，内容的安全性、合理性、契合度、时效性、教育意义等方面判断和选择。

1. 数字幼教资源的获取途径

数字幼教资源可以自己制作，但工程量很大，因而更多的是通过一些方法获取现成的数字资源，并根据实际需要对数字资源进行合理的取舍和加工处理。

（1）利用网络获取

网络上有大量的多媒体幼教资源和素材，如各类教育资源网站、素材网站、网盘、资源共享论坛和搜索引擎等，如何从网络上海量的资源中找到自己需要的数字幼教资源和素材并下载下来为自己所用，是本单元要解决的主要问题之一。除本项目外，本单元后几个项目将分别研究文本、图像、声音、动画和视频等数字资源的搜索和下载方法。

（2）利用工具软件截取

有些数字资源不是直接以使用者需要的数字文件的形式出现的，有些数字资源因技术保护不允许下载，此时可以通过工具软件截取，如通过识别转换软件可以获取文本；通过图像截取软件和视频截图可截取屏幕图像；通过录音可截取音频；通过动态截图可以获取屏幕动态过程；通过视频采集卡和视频截取可获取视频。

（3）利用设备获取

利用设备可以将现实资源转换为数字资源文件，如用 OCR 文字识别技术可以得到文本；用扫描仪扫描可将照片、图片、书页等转换成数字图像；利用数码相机拍摄实际景象可得到数字图像；利用摄像头或数码摄像机拍摄实际动态景象可得到数字视频；利用数码录音机录制实际声音可得到数字音频等。

（4）通过拷贝获取

U 盘、移动硬盘、光盘（各种资源光盘或教学光盘）等可存储大量的多媒体数字资源文件，可用其直接拷贝相应文件到电脑中使用。

（5）利用智能手机或平板获取

现在的智能手机和平板，配备触摸屏，可以通过手写获取文本、绘制获取图像；配备前置和后置摄像头，可以通过拍摄获取图像、扫描获取图像和识别文本、摄像获取视频；配备麦克风，可以录制声音，也可以录制系统声音；通过 App 或小程序可以截图、录音和录屏；通过移动上网可以搜索和获取各类网络上的数字资源，搜索和下载方式更多、更方便。所以在今天，智能手机或平板就是一个可移动上网的多媒体计算机，操作更快捷方便，已经成为获取数字幼教资源的利器（如图 2-1-2 所示）。

摄录视频、录屏
录音
拍摄照片、扫描
网络搜索、微信搜索
手写、绘制
App、微信小程序
文本输入
AI人工智能

图 2-1-2 智能手机（平板）获取数字资源的途径与方法

（6）利用软件制作

如果找不到现成的数字资源，可以通过相应的多媒体制作软件制作，如艺术字制作、绘制图形图像、合成声音、合成视频、动画制作等。也可以利用 AI 快速生成或合成各类数字资源。

2. 数字幼教资源的检索

（1）检索工具

最主要的检索工具是搜索引擎，它是根据一定的策略，运用特定的程序从互联网搜集信息，并对信息进行组织和处理后，为用户提供检索服务，最后将相关的信息展示给用户的系统。

搜索引擎包括全文搜索引擎、目录搜索引擎和元搜索引擎 3 种。

常用的搜索引擎有百度（https://www.baidu.com）、搜狗（https://www.sogou.com）、必应（https://cn.bing.com）、360 搜索（https://www.so.com）、谷歌（https://www.google.cn）等。

现在手机端的搜索引擎更多，使用更便利，功能更强大，常用的有百度、微信搜索、夸克浏览器、QQ 浏览器等。

利用人工智能工具搜索，如 360AI 搜索、秘塔 AI 搜索、Kimi 等。

（2）资源平台和网站

每个资源平台和网站都带有自己的检索工具，可以按多种方式检索到所需要的数字资源。

文献数据库收录多种文献，以期刊论文、学位论文、会议论文、政府出版物、研究报告、法律条文和案例、商业信息等内容为主。目前常用的全文数据库有中国知网（CNKI）、万方数据知识服务平台、维普期刊资源整合服务平台等。

数字图书馆是用数字技术处理和存储各种图文并茂的文献的图书馆，它把各种不同载体、不同地理位置的信息资源用数字技术存储，便于快速查询、传播和阅读。目前常用的数字图书馆有中国国家图书馆（https://www.nlc.cn）、超星汇雅电子书（https://www.sslibrary.com）、浙江图书馆（https://www.zjlib.cn）等。

教育专题网站是汇集教育教学信息和资源的专题网站，可以高效搜索各种数字教育教学资源和素材。目前常用的幼教专题资源网站有幼儿教育资源公共服务平台（http://www.todayyj.com）、幼儿教育网（http://www.zgyejy.net）、幼教资源站

（http://ziyuan.baby611.com）；常用的教育资源有国家智慧教育公共服务平台（https://www.smartedu.cn）、学习强国（https://www.xuexi.cn）、爱课程（https://www.icourses.cn）、中国数字科技馆（https://www.cdstm.cn）等，这些资源不仅有网站，有的还有手机 App，可以多终端使用，使用更便利快捷；微信公众号也成为教育资源的重要来源，常用的幼教类微信公众号有幼师口袋、明师课堂、幼师必看、幼师宝典资源库、学前教育杂志社、日敦社幼师学园、金苹果学前教育、幼师宝、中国学前教育研究会公众号等。

素材类网站是汇集各种多媒体数字资源的网站，常用的有第 1PPT（https://www.1ppt.com）、51PPT 模板（https://www.51pptmoban.com）、黑罐头（https://www.heycan.com/home）、HiPPTer（https://www.hippter.com）等。

另外，各种短视频平台如抖音、西瓜、B 站、微信视频号等也能提供各种数字资源。

（3）检索策略和技巧

网络上蕴含海量的数字资源，而且在不断更新和变化，想要迅速而准确地获取有用的资源，需要掌握一定的检索策略和技巧。

一般情况下，首先要选用一个合适的搜索引擎、资源平台或网站，再采取有效的搜索策略和技巧，正确应用逻辑运算符，并熟悉所搜索的领域的知识，才能事半功倍地获得一个比较令人满意的检索结果。

技巧 1：把检索范围限定在特定站点中——site

如果知道某个站点有需要的资料，可以把检索范围限定在这个站点中。

方法：关键词　site:站点域名

注意：域名还要带"http://"，"site:"与站点域名间不要留空格。

技巧 2：把检索范围限定在网页标题中——intitle

网页标题通常是对网页内容提纲挈领式的归纳，将检索范围限定在网页标题中，有时能获得良好的检索效果。

方法：intitle:关键词

技巧 3：精确匹配——双引号和书名号

如果输入的检索词过长，可能检索结果中的检索词会被拆分，给检索词加上双引号或书名号，可以实现精确匹配。

技巧 4：检索结果排除特定检索词——减号

用减号可以排除含有特定关键词的网页。

方法：检索关键词　-排除特定关键词

注意：检索关键词与减号之间必须有空格，否则减号会被当成连字符处理，从而无法发挥减号的作用。

技巧 5：专业文档检索——filetype

很多有价值的资源如教案、课件等是以文档文件如 doc、ppt、pdf 等形式存在的。

要检索这类文档，可以在检索关键词后面加上"filetype："，并加上限定文档类型即可。

技巧 6：使用逻辑运算符

逻辑与，用"+"或"AND"来表示，只有连接的关键词全部出现时，所搜索到的结果才符合条件。

逻辑或，用"，"或"OR"或空格来表示，只要有一个关键词出现即满足搜索条件。

逻辑非，用"−"或"NOT"来表示，排除某个关键词。

通配符，用"＊"来表示若干个字符。

◉ **课程思政**

提升搜商

信息爆炸时代，在海量信息的重重包围下，决定人生成败的关键因素是什么？除了智商、情商外，还应该加上"搜商"。搜商指通过工具获取新知识、技能和解决问题的能力——搜索能力。搜索有两层意义：一是搜寻到；二是索取，即能得到。搜商强调的是所获知识、技能、解决问题的能力与所花费时间的比值，解决的是智商和情商悬而未决的遗留问题——效率问题。所以有人也把搜商称为人类的第三种能力，它是信息时代人们必须提升的关键能力之一，也是数字素养的重要组成。

任务三　数字幼教资源的管理

日积月累搜集与获取的各种数字幼教资源，只有经过有效的组织与管理，才能快捷地找到并运用。如果不加以有效管理，大量的资源就会因存放无序难以找到、重复存储增加存放空间，造成"需要的找不到，没有用的一大堆"的现象出现，费时费力还无法获取有效资源。

数字资源管理的目的是快速查找到并运用资源，可以通过合理分类、建立合理的文件夹系统、合理命名、压缩存储、备份、快速检索等方法来达到这一目的。

（1）**数字资源的分类管理**

数字资源管理的第一步是将资源合理归类，进行模块化分类管理。一套合理的资源文件分类管理体系，能帮助使用者易于查找、方便分享、妥善保存。只有在这样的体系下，才能言及提高效率，并且在关键时刻保护资源、避免损失。众多分类体系中，按应用场景分类是比较合理的方式。

如幼教数字资源根据应用场景可分为幼教活动、园所管理、家园结合、专业发展等，幼教活动可按活动项目分类，再按活动任务分类，再按资源作用分类，依此类推。

又如学生个人资源管理可分为学习、工作、生活、爱好等，其中，"学习"可按课程分类，依此类推。

再如本课程学习的资源可分为项目、考试、拓展等，项目中再按教案、作业、资料等分类，依此类推。

有了合理的分类管理体系，就可以建立相应的文件夹系统，文件夹命名时可按分类顺序先加上序号（两位数以上）再合理命名；接着分门别类地将相应文件放入相应的文件夹中，这样在以后应用时就能很快定位到相应的文件夹，快速地找到需要应用的文件资源。

数字资源管理还应该遵循这样的原则：没有用的文件可以直接删除。对于有价值但暂时不确定是否有用的资源，可以建立一个临时文件夹暂时存放；以后定期整理时，根据资源情况，有用就加入资源体系，没有用就删除。

（2）数字资源文件（夹）的合理命名

为便于查找资源，要对数字资源文件和文件夹合理命名。

1）序号命名法

按照事项顺序+事项名称进行命名，如课程中资源按课时顺序命名、学生作品按学号顺序命名等。

2）时间命名法

时间+事项+其他辅助信息，如：20230306+第三周课程+小班语言活动。

3）版本命名法

事项+版本号+说明，如：课件01初版、02修改版、03正式版等。

（3）数字资源的压缩、存储、备份、传输与分享

同一种资源往往包含许多文件和文件夹，为便于存储、备份、传输和分享，可以将数字资源进行压缩。注意使用前需要先解压缩，一般解压缩到相应的文件夹中较为方便。

数字资源可以在电脑硬盘、U盘、移动硬盘等实体存储器中存储和备份，也可以存储和备份到云盘，常用的云盘有百度网盘、超星云盘、阿里网盘、夸克网盘等。

（4）数字资源的快速检索

有了合理有序的文件系统和文件命名，可以通过一层层文件夹找到需要的数字资源，但这种方式效率不是太高。利用文件搜索工具如 Everything、Listary、uTools、Total Commander 等可以更快速地找到需要的数字资源文件。

以 Everything 为例。Everything 是基于名称实时定位文件和目录的一款本地文件搜索工具（https://www.voidtools.com），它完全免费，体积小巧，界面简洁易用，能快速建立索引，快速搜索，同时对系统资源的占用率极低，可实时跟踪文件变化，还可以通过 http 或 ftp 形式分享搜索结果。

打开 Everything，在搜索框输入关键词将会快速筛选显示的文件和文件夹，从而快速找到需要的数字资源文件，只要文件或文件夹的命名合理（包含与数字资源文

件相关的完整信息），用 Everything 就可以"秒搜"到它（如图 2-1-3 所示）。也可以通过逻辑运算符、通配符、文件类型等方式搜索，集成到资源管理器中。

图 2-1-3　Everything 快速搜索数字资源文件

（5）资源的收藏和分享

资源网站、微信公众号、视频网站等包含大量的数字资源，可以通过收藏网站、网页、链接及记笔记等方式保存这些资源，通过设置收藏夹或标签实施分类管理，并通过链接或二维码等方式分享给他人。

1）网站收藏

在浏览器中浏览到好的资源网站或网址，可以将其添加到相应的收藏夹。只要注册浏览器的账号并登录，就可以在不同的设备中调用收藏的网站。

2）微信收藏

使用微信浏览微信公众号、视频号、笔记等信息时，可以随时收藏好的资源信息，收藏时可以添加多个标签将信息分类，这样可以按标签分类浏览，也可以快速搜索到需要的资源。

3）资源分享

可以将浏览的资源直接分享给他人，如微信、QQ 等，也可以分享链接，用二维码分享则效果更佳。

将网址等信息转换为二维码的常用工具有草料二维码［网页版 https://cli.im（如图 2-1-4 所示）或微信小程序］、二维码生成器（App 或微信小程序）等。

图 2-1-4 草料二维码将网址生成二维码

◉ 课程思政

良好习惯养成

叶圣陶先生说过："什么是教育？简单一句话，就是养成良好的习惯。"习惯的力量是巨大的，人一旦养成一个习惯，就会不自觉地在这个轨道上运行。因此，坏习惯一旦养成，要改正就非常难。幼教工作者和幼儿家长肩负着培养幼儿良好生活、学习、社交等习惯的重任，同时自身也要养成良好习惯。如在管理数字资源时，幼教工作者要养成合理分类和命名资源、定期整理和取舍、合理存放和备份、乐于分享等好习惯。

💻 实训任务

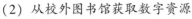

任务一　获取数字资源

1. 获取文献图书类数字资源

（1）从校内图书馆获取数字资源

进入学校图书馆网站，找到数字资源或电子资源入口，浏览相应版块，搜索并获取期刊论文、图书等资源，通过搜索幼教资源掌握搜索技巧。

（2）从校外图书馆获取数字资源

**从图书馆获取
数字资源**

有很多图书馆提供免费数字资源，如浙江图书馆（https://www.zjlib.cn）的数字资源，中国国家图书馆（https://www.nlc.cn）的特色资源，广西壮族自治区图书馆（https://www.gxlib.org.cn）的数字资源，等等，注册账号或领取读者账号登录后就可以获取数字资源如期刊论文、数字图书等。另外，从国家哲学社会科学文献中心（https://www.ncpssd.org）、全国图书馆参考咨询联盟（www.ucdrs.superlib.net）也可以免费获取期刊论文。

（3）获取超星数字资源

在手机上打开超星学习通 App，登录后首页第一行就是搜索框，填入搜索的关键词就能搜索到相关的数字资源，包括课程、词条、学术趋势、期刊文章、图书书目、学术视频、专题、电子书、学位论文、会议论文、报纸文章、期刊导航、专利、标准等。

实训：以"现代教育技术或信息化教学""教师信息素养""绘本教学"等为搜索主题，搜索并下载若干期刊论文等数字资源，填写表 2-1-2。

表 2-1-2　文献搜索与下载情况

资源网站	搜索主题及搜索结果

2. 从专业资源库中获取数字资源

进入智慧职教网站（https://www.icve.com.cn），注册并登录。

（1）学前教育专业资源库

单击网站主菜单中的"资源库"—"专业"，在打开页面的搜索框中搜索"学前教育"，搜索到学前教育专业资源库，有 1 个国家级和若干省级、校级资源库。

进入国家级资源库，可浏览或搜索学前教育数字资源，包括专业、课程、微课、保教、培训、教研、素材等方面的资源，并可下载使用（如图 2-1-5 所示）。

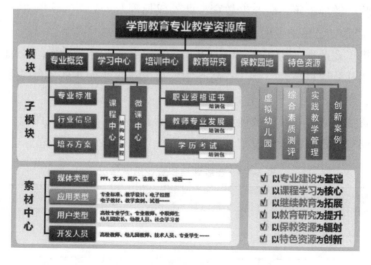

图 2-1-5　学前教育专业资源库结构

（2）搜索资源

在首页顶端的搜索框中可以通过输入关键词直接搜索资源，并浏览或下载；也可以在各个版块中搜索资源。

3. 学习在线课程

进入国家智慧教育公共服务平台（https://smartedu.cn），注册并登录。

国家智慧教育公共服务平台是教育部主办的集学生学习、教师教学、学校治理、教育创新等功能于一体的综合服务平台，于 2022 年 3 月 28 日正式上线。

（1）浏览平台各版块

国家智慧教育公共服务平台聚合了国家中小学智慧教育平台、国家职业教育智慧教育平台、国家高等教育智慧教育平台、国家大学生就业服务平台（就业指导）等，提供丰富的课程资源和教育服务。

（2）国家职业教育智慧教育平台

① 单击"智慧职教"，进入国家职业教育智慧教育平台，浏览各版块：

"专业与课程服务中心"，提供优质便捷的职业教育数字资源；

"虚拟仿真实训中心"，提供职业教育实训教学、技能鉴定和竞赛考试等应用需要；

"教师能力提升中心"，提供职业教育干部、职工培训；

"教材资源中心"，为职业教育教材开发、选用、监管和评价等提供服务；

"专题"，包括德育、体育、美育、劳动教育和树人学堂等。

② 进入"专业与课程服务中心"，搜索"学前教育"，找到学前教育资源库，浏览相关资源。可以搜索自己感兴趣的课程，如教育技术、绘本等进入学习。

（3）国家高等教育智慧教育平台

① 单击"智慧高教"，进入国家高等教育智慧教育平台，浏览各版块：课程、教材、虚仿实验、教师教研、研究生教育、课外成长等。

② 可以搜索自己感兴趣的课程，进入学习。

平台汇集了爱课程（中国大学 MOOC）、学银在线、学堂在线、智慧树、优慕、重庆高校在线开放课程平台、浙江省高等学校在线开放课程共享平台等多个在线教学平台的课程，数量高达 2 万多门。

也可以直接进入各在线开放课程平台，注册、登录，学习相关课程。

将在线课程和资源搜索情况填入表 2-1-3 中。

表 2-1-3　在线课程和资源搜索情况

资源平台	在线课程或资源搜索情况

续表

资源平台	在线课程或资源搜索情况

4. 搜索与绘本相关的资源

以"绘本与幼教"为主题，搜索相关资源。选择自己最喜欢、认为最适合幼教的绘本，搜索多媒体幼教绘本资源，包括文本、图像、音频、动画、视频、课件、微课、幼教教案、幼教活动实录等。可以通过搜索引擎、微信、短视频平台、AI 搜索等方式搜索。将幼教资源搜索情况填入表 2-1-4 中。

表 2-1-4　幼教资源搜索情况

搜索方式	绘本名称及其搜索情况

任务二　转换数字媒体格式

1. 另存法转换

通过软件中另存的方法，可以将文件保存为所需的格式。

文字处理软件可以将文档保存为各种格式，如可以将 Word 文档另存为 pdf 格式。

演示文稿软件可以将 PPT 文件保存为多种格式，如可以另存为 pdf、图像、视频等格式。

图像浏览或处理软件可以将图形图像文件保存为各种格式，如将 psd 格式另存为常用的 jpg、gif 或 png 等格式。

音频播放或处理软件可以将音频文件保存为各种音频格式，视频播放或处理软件可以将视频文件导出为各种视频格式。

2. 用软件转换

利用格式转换软件如格式工厂、万彩办公大师等可以实现数字媒体文件格式的转换。以格式工厂为例介绍软件的安装和使用。

（1）软件下载与安装

扫一扫

格式工厂

进入官网（http://www.pcfreetime.com/formatfactory），下载软件。

安装软件，并启动主程序。

在工具栏中单击"选项"，对软件做一些常规设置，如设置输出文件夹等。格式工厂主界面如图 2-1-6 所示。

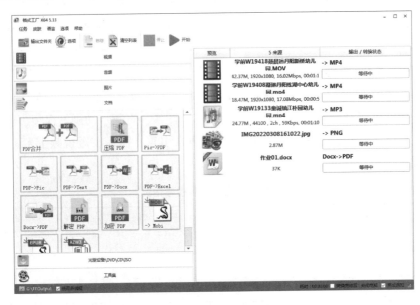

图 2-1-6　格式工厂主界面

（2）转换数字文件格式

①选择转换任务类型：主界面左侧列出了转换任务类型，分为视频、音频、图片、文档、光驱设备、工具集等六大类，每一类分别列出转换的各种格式。选择要转换的格式，打开转换任务对话框，图 2-1-7 所示为转换为 mp4 格式的对话框。

图 2-1-7　格式工厂转换任务对话框

② 添加文件或文件夹：在任务窗口中单击"添加文件"或其他添加按钮，将需要转换的文件添加进去。

③ 设置：以视频转换为例，可根据需要设置"输出配置""输出文件夹"，并对数字视频文件进行分割、剪辑等简单处理。单击"选项"，进入剪辑窗口，可以根据需要选择视频开始时间、结束时间，添加淡入、淡出效果，对画面进行裁剪，等等（如图 2-1-8 所示）。

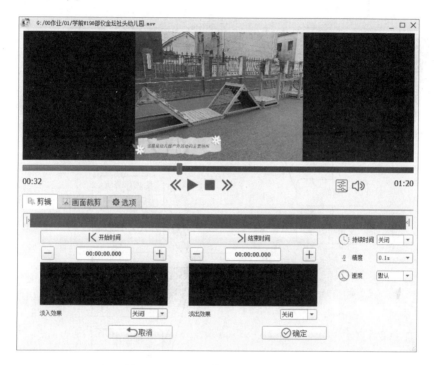

图 2-1-8 视频剪辑窗口

④ 转换：各窗口设置好后单击"确定"，回到主界面，单击"开始"按钮，所有转换任务按顺序开始。转换任务比较多或视频文件比较大时，往往需要花费很长时间，可以在空闲时间进行转换，并在主窗口的右下方勾选"转换完成后：关闭电脑"选项。

（3）其他功能使用

除了转换各种数字文件格式外，格式工厂还提供了一些实用工具，如视频下载、去除水印、屏幕录像、从光盘中提取音频视频、批量重命名等。

3. 其他转换方式

一些网站提供了格式转换服务，如文件转换器（https://convertio.co/zh）、在线格式转换（https://www.alltoall.net）、在线文件转换器（https://cn.office-converter.com）等，使用简单方便，大部分免费。在手机上也可以转换，如应用格式大师、文件格式转换工厂等 App，格式转换大师、格式工厂等小程序。

任务三 设计与制作多媒体美篇

任务要求：自选绘本，设计多媒体美篇，搜集多媒体资源并适当处理，制作多媒体美篇。图 2-1-9 所示为多媒体美篇设计与制作过程。

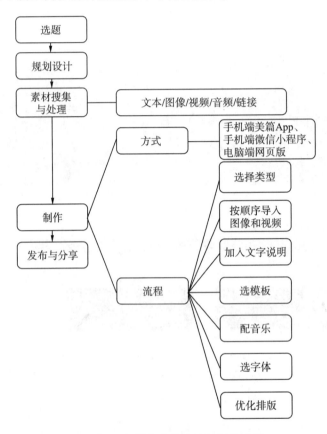

图 2-1-9 多媒体美篇设计与制作过程

1. 选题

（1）列出自己所知道的所有绘本名称

参考资源：

第 1PPT：http://www.1ppt.com/xiazai/huiben/

网盘：https://pan.baidu.com/s/1m5IpAKOwlDRi56DR6LNMUA　　提取码：zr9t

网站：PPT 绘本 https://www.69qy.com/ppt/

网站：快思网 http://www.banzhuren.cn

微信公众号：笑笑绘本馆、有声绘本故事屋等

专题：幼儿经典绘本导读 https://mooc1.chaoxing.com/zt/223056682.html

（2）确定选题

从上述众多绘本中，选出 3 本绘本，搜索相关资源，从适合幼教、自己喜欢程度、适合数字化展示等 3 个方面进行比较，选出最合适的一本绘本作为选题。

你的选题是：_____

选题理由：

2. 设计

设计的目的是更好地用多媒体方式展示绘本的方方面面，需要进行结构设计、内容设计和媒体设计等。

以《好饿的毛毛虫》绘本为例。

案例展示：https://www.jianpian.cn/a/7mti7x2

设计方案：

美篇《好饿的
毛毛虫》

（1）结构设计

1.绘本故事 ➡ 2.作者简介 ➡ 3.绘本赏析 ➡ 4.绘本应用

（2）内容和媒体设计

绘本故事：绘本所讲的故事（图文+动画方式）。

作者简介：绘本的作者（图文方式）。

绘本赏析：绘本价值、获奖情况和影响、教育意义等（图、文、音频、视频等方式）。

绘本应用：绘本在幼教中的运用，用绘本开展幼教活动的教案案例（pdf 格式，上传到云盘，并分享链接）。

背景音乐：适合本绘本故事情景的音乐。

3. 素材搜集与处理

通过多种方式搜索与绘本相关的资源并下载，对资源进行适当的处理，合理命名，并分类存放。

4. 制作

（1）电脑端制作

打开浏览器，进入美篇（https://www.meipian.cn），注册并登录，进入美篇网页版或美篇工作版（简篇）。

单击左上角"新建文章"，输入美篇标题。

按设计顺序添加文本、图片、音频、视频等，并进行适当设置和排版。

设置美篇背景模板，右侧单击"模板"，根据绘本故事情景选择一个合适的模板，并上传封面图像（也可选择美篇中的一幅图片作为封面）。

设置背景音乐，选择一个适合绘本故事情景的音乐用于烘托气氛，可以选择美篇提供的音乐，也可以自己上传音乐。

设置分享范围等，单击右上角"分享设置"，打开设置对话框，根据需求进行设置。

预览美篇观看制作效果，进行修改。

（2）手机端制作

在手机上安装美篇 App 或应用微信小程序，也可以设计与制作美篇。操作与电脑端相似。

5. 发布与分享

单击"分享"，可通过链接或二维码方式分享美篇。也可用草料二维码将链接转换为二维码并美化后分享。

注意：美篇完成发布后，如果需要修改，可以登录美篇账号，找到该美篇，进行编辑。编辑完成后不必再发布，原来的链接或二维码仍有效。

巩固练习

1. 填空题

（1）多媒体素材的类型主要有_____、_____、_____、_____、_____等。

（2）数字媒体格式转换的方法有_____、_____、_____。

2. 单选题

（1）搜索引擎中搜索 PPT 文件格式是（　　　）

A. 关键词　filePPT B. 关键词　filetype：ppt

C. 关键词　filetypePPT D. 关键词　filetype：doc

（2）下列不属于文本类型的数字文件扩展名的是（　　　）

A. mpg B. txt C. docx D. rtf

（3）下列不属于音频类型的数字文件扩展名的是（　　　）

A. wav B. wma C. gif D. mid

（4）下列不属于图像类型的数字文件扩展名的是（　　　）

A. gif B. pdf C. psd D. jpg

（5）下列不属于动画类型的数字文件扩展名的是（　　　）

A. swf B. gif C. mp4 D. rtf

（6）下列不属于视频类型的数字文件扩展名的是（　　　）

A. ppt B. avi C. mov D. wmv

E. mpg F. flv

（7）下列不属于多媒体课件类型的数字文件扩展名的是（　　　）

A. ppt B. pptx C. txt D. pps

3. 连线题

将数字文件与其相应的扩展名连线。

文本　　　　　　　　　　ppt

音频　　　　　　　　　　mp4

图像　　　　　　　　　　swf

动画　　　　　　　　　　mp3

视频　　　　　　　　　　txt

多媒体　　　　　　　　　png

项目 2.2　数字文本资源

项目导图

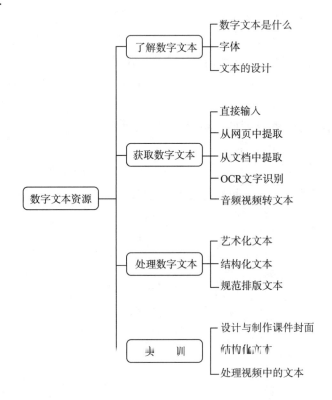

数字文本资源
- 了解数字文本
  - 数字文本是什么
  - 字体
  - 文本的设计
- 获取数字文本
  - 直接输入
  - 从网页中提取
  - 从文档中提取
  - OCR文字识别
  - 音频视频转文本
- 处理数字文本
  - 艺术化文本
  - 结构化文本
  - 规范排版文本
- 实　训
  - 设计与制作课件封面
  - 结构化文本
  - 处理视频中的文本

学习目标

1. 了解数字文本资源的特点、格式及作用；
2. 掌握数字文本资源的获取技术；
3. 掌握数字文本的处理技术；
4. 学会视频中的文本处理技巧。

📖学习任务

任务一　了解数字文本

1. 数字文本是什么

人类文明是从文字创造开始的，所以文字是最重要的信息表达手段之一。

在计算机中，日常使用的书面文字由一系列称为"字符"（character）的书写符号表示。常用字符的集合叫作"字符集"，包括西文（ASCII 码）字符集和中文（汉字）字符集。通过文字编码可以将文本转换为数字信息，文字编码方式包括输入码、区位码、国标码、内码、地址码和字形码等。

由一系列文字字符组成的数字文本，简称文本；和其他媒体形式相比，文本最主要的特点是能准确表达信息内容，减少歧义；而艺术化排版的文本——艺术字是多媒体版面设计的重要元素。

2. 字体

字体，又称书体，是指文字的风格式样，如汉字的楷书、行书、草书等，它们拥有统一风格的字形，是设置艺术字的基础。在计算机中，通常用字体文件来存储和调用。常用的字体文件扩展名有 ttf、fon 和 font 等。

（1）字体文件的搜索与下载

可以通过搜索引擎搜索字体并下载，注意字体文件的使用权限（免费、付费、可商用、不可商用等）。

可以到专门的字体网站搜索并下载，如找字网（https://www.zhaozi.cn）、求字体网（https://www.qiuziti.com，该网站不仅有大量字体供下载，还提供字体识别功能，可识别中、英、日、韩、法、德等多国语言字体）。

可以通过字体软件获取，如字由（软件下载：https://www.hellofont.cn），它收集了国内外上千款字体，可以和 Photoshop 等设计软件协同工作，并为每款字体提供简介及专业的字体文章分享。

（2）字体文件的安装

在电脑中找到要安装的字体文件，右键菜单单击"打开方式"—"Windows 字体查看器"（如图 2-2-1 所示），在打开的窗口（如图 2-2-2 所示）中单击"安装"即可。

图 2-2-1　字体打开方式

图 2-2-2　字体安装

（3）使用字体

在软件中选中文本，选择"字体"窗口或打开"字体"对话框，找到相应的字体应用。

如果找不到安装的字体，可能是因为字体软件在安装之前就已经被打开了，可以先关闭软件，再重新打开使用，这样就可以找到安装的字体了。所以在安装字体软件前，先不要打开任何软件，安装好后再打开其他软件使用。

（4）异机使用时的字体问题

将已设置好字体的文件在另一台电脑上打开时，如果这台电脑中没有这种字体，系统将用默认字体替代，这样会造成文本异常显示，影响设计效果。

下面以 PPT 课件为例，介绍三种解决方法：

方法 1：安装字体，也就是在另一台电脑中安装相应的字体。

方法 2：保存 PPT 文件时嵌入字体。

在保存 PPT 文件时，在打开的保存窗口中，单击"工具"—"保存选项"—"保存"，勾选"将字体嵌入文件"，如图 2-2-3、图 2-2-4 所示，根据需要选择"仅嵌入演示文稿中使用的字符（适于减小文件大小）"或"嵌入所有字符（适于其他人编辑）"。

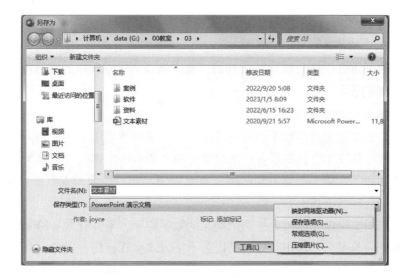

图 2-2-3　单击"工具"—"保存选项"

图 2-2-4　勾选"将字体嵌入文件"

方法 3：将文本转换为图片。

选择文本，"剪切"（或"复制"）—"选择性粘贴"为图片格式。

这种方式的缺点是文本不能修改，因为文本已经被转换成图片了。

（5）字体转换

有一些网站和工具，不需要安装字体文件就可以设置文本的字体，直接获取设置好字体的文本，通常以图片格式输出，如艺术字体生成器（https://www.qt86.com）、字体转换器在线转换（https://www.diyiziti.com）、书法迷（http://www.shufaziti.com）、剪映的花字等。

（6）手机中的字体

手机中的字体可以在"设置"中找到，在主题商店可选择添加新的字体。

3. 文本的设计

（1）文本的设计原则

有人说，文本是多媒体数字资源的杀手，因为多媒体是用来观看的，不是用来阅读的。太多太小的文本会让观看者产生视觉疲劳而影响多媒体的展示效果。因此，文本设计的原则如下：第一，要准确简炼、富有逻辑；第二，要画龙点睛、突出重点；第三，要布局合理、美观大方。

幼儿认识的文字极少，因此提供给幼儿的数字资源，不宜有太多的文本。幼教资源中的文本，一是起引导作用，通常是以艺术字方式呈现标题、引导词，所以不能有大篇幅的文字或者很小的文字；二是让幼儿对文字产生兴趣，如象形文字本身具有美感，因此可以对幼儿进行启蒙教育，潜移默化地让幼儿爱上识字和阅读，实现良好的幼小衔接；三是给幼儿教师、家长等使用者观看，方便他们较好地运用数字资源指导幼儿学习。设计时应注意文本不能喧宾夺主，不能影响画面信息，通常以字幕、标注等方式呈现。

（2）文本的设计技巧

1）简化和结构化文本

对于大段的文本，可以先将文本按逻辑进行层次化、结构化处理，再提取关键内容，删除不重要的、描述性的内容；呈现时可以用项目符号，通过采用不同字体、字号、粗细，不同颜色、色块、边框等形式加以区分，使呈现的文本层次分明、结构清晰、一目了然。

2）让文本便于辨认

选用笔画较粗的字体（无衬线字体如黑体、微软雅黑、艺术字体等），将文本加粗；文本选用与背景色对比明显的颜色，在背景色复杂时文本可以使用与填充色对比强烈的颜色描边（称花字）。

有多行文本时，可以适当加宽字距、行距，便于阅读。

3）文本排列整齐

运用对齐和分布方式，使文本对象对齐、分布均匀，避免杂乱无章。

4）利用表格、结构化图形呈现文本

利用表格、SmartArt（智能图形）、思维导图等工具实现文本可视化、结构化。

5）文本呈现动态化

可以设置合适的进入、强调、退出等动画方式呈现文本，更好地吸引观看者的注意力，激发观看者的学习兴趣。

◉ 课程思政

提升美感

"美感"指对于美的感受或体会，即审美活动中对于美的主观反映、感受、欣赏和评价。著名雕塑家罗丹说过，生活中不缺少美，只是缺少发现美的眼睛。这里发现美的眼睛指的就是审美能力，阅读、赏析、体验美学作品可以提升美感，而进行美学设计实践是更好的提升手段。在各种媒体设计与制作中，要有意识地融入美的设计，如选用美的元素、符合美的原则等。对美感最朴素的理解就是能够让人产生愉悦感，如有规律地排布和呈现能让人愉悦，平面设计中的"亲密、对齐、对比、重复"就是呈现美感的 4 项基本原则。

任务二　获取数字文本

获取数字文本的主要途径有以下几种：

1. 直接输入

直接输入包括键盘输入、语音输入、手写输入等。键盘输入法可分为拼音、笔画、五笔、混合等输入法。

2. 从网页中提取

在网页中选中需要的文本，鼠标右键菜单中选择"复制"，再到其他软件如记事本、Word、PPT 页面中右键菜单中选择"粘贴"即可。为保证格式的统一，可以选择"选择性粘贴"中的"无格式文本"或"只保留文本"进行粘贴。

有些网页文本选中后，右键菜单不显示，可以用快捷键【Ctrl+C】实现复制，再到目标文档中用快捷键【Ctrl+V】实现粘贴。

有些网页对文本进行保护，不能复制。可以采用"禁用脚本""查看页面源代码""网页另存"等方式解除保护后复制。如果这样还不能复制文本，可以采用 OCR 识别的方法获取文本。

3. 从文档中提取

数字文档或数字图书有多种格式，如 doc、pdf、caj、pdg、exe、chm 等，可以安装相应的软件打开这些文件后复制、粘贴文本，如用 Word 打开 doc 文件，用 Adobe Reader 打开 pdf 文件，用 CAJViewer 打开 caj 文件，等等。如果不能复制、粘贴，可以用 OCR 识别获取文本。

4. OCR 识别

OCR（optical character recognition，光学字符识别），指将图片中的文字、数字等字符信息转换为文本信息。现在 OCR 工具无处不在，电脑端有 OCR 软件（如天若

OCR、PandaOCR)、浏览器 OCR 插件、软件中 OCR 模块（如 QQ 中截图的识图功能）等，手机平板端有 App（如白描、扫描全能王、布丁扫描等）、小程序（如夸克扫描王、传图识字等），而更多 App 应用（如微信、QQ、支付宝）将 OCR 融入"扫一扫""长按图片"，操作后就会出现 OCR 功能（提取文字），便于即时识别图片中的文本，有的还融入了即时翻译的功能。

5. 音频、视频转文本

可通过语音输入法（如讯飞输入法）即时将语音转换为文本，通过软件、网站、App 或小程序将音频或视频的语音提取为相应的文本，如微信的语音转文本、文案提取、讯飞语记、飞书妙记、网易见外、剪映中的识别字幕等。

任务三　处理数字文本

1. 艺术化文本

艺术化文本也称艺术字、美术字、花字等，是运用装饰手法美化的文字。艺术化文本的方法有选择字体、字形、字色，装饰，变形，排版，等等。除了手工绘制外，还可以利用软件快速制作。

艺术化文本设计与制作过程中，要遵循 3 个原则：一是适应性，要根据文字的内容、使用的场合（欢快的或者严肃的），对文字进行艺术加工，使之概括、生动，突出文字精神，加强气氛；二是可读性，要容易辨认，一目了然，不能忘记文字的最主要作用是表意；三是艺术性，在统一中求变化，在变化中求统一，达到整体的美观协调。

（1）Office 中的艺术字

在 Office 软件中，可以从"插入"选项卡上的艺术字库中选择艺术字样式，也可以在选择的文本上添加艺术字样式，然后根据需要对文本自定义设置字体、字形（如加粗、斜体等）、填充、轮廓、效果（如阴影、映像、发光、棱台、三维旋转、转换，如图 2-2-5 所示）等。

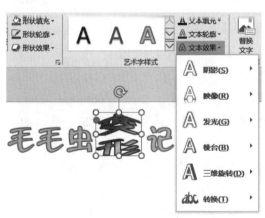

图 2-2-5　艺术字设置

（2）花字

视频软件中的艺术字一般称为花字。如剪映中提供了很多花字模板，可以根据需要套用到文本或字幕中，而剪映素材库网站——黑罐头（https://www.heycan.com/home）更是提供了大量的花字模板（如图 2-2-6 所示），可以收藏后到剪映中选用。

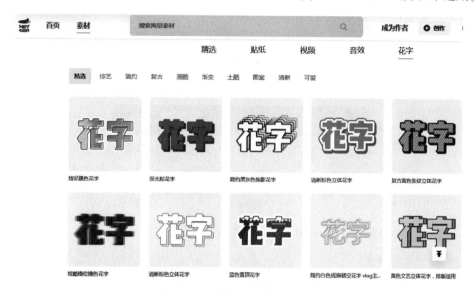

图 2-2-6 黑罐头网站中的花字

另外，剪映中还提供了大量字体，不用安装字体就可以给文本或字幕添加各种艺术字体，提供的"文字模板"带有字体、装饰和动态效果等，可以直接套用到文本中。

（3）变形艺术字

利用路径工具，如 Office、Photoshop 等软件中的形状工具可以实现文字变形。

（4）幼儿园环创中的文字设计与应用

每个幼儿园，在进行主题墙、区域标志、进区牌、家园栏、值日生区、卫生间、活动通知制作等环创中，都会涉及大字制作，文字设计装饰是必备项目。

幼儿园环创
中的文字设计

除了直接书写外，最常用的方法是在计算机中利用软件设计与制作好，然后打印并裁剪获取，也可以在此基础上进行进一步的描摹和装饰。

2. 结构化文本

大段文本是多媒体的"杀手"，需要对文本内容进行简化和结构化处理才能达到好的展示效果。简化就是提取大段文本中的关键词和重要内容；结构化是分析大段文本内容的逻辑结构，然后进行处理，并用适当的结构图进行可视化展示。常用的工具有 Office 中的 SmartArt，WPS 中的智能图形、思维导图等。

3. 规范排版文本

教案、论文、公文等都有一定的格式要求，应规范排版。

下面以 Word 论文排版为例进行说明。

（1）排版步骤

1）设置页面布局

文档的页面布局是排版的第一步，通过页面布局可以规范文档使用的幅面纸张、文档的书写范围、装订线等。在"布局"选项卡（如图 2-2-7 所示）中可设置文档的页面布局。

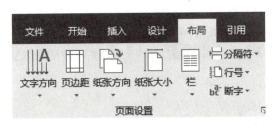

图 2-2-7 "布局"选项卡

2）设置文档样式

样式是文档中文字的呈现风格，通过定义常用样式，可以使相同类型文字的呈现风格高度统一，同时可以对文字快速套用样式，简化排版工作。而且，Word 中许多自动化功能（如目录）都需要使用样式功能。

Word 中已经定义了大量样式，一般在使用中只需要对预定义样式进行适当修改即可满足需求。样式的设置方法：选中"开始"选项卡，在需要修改的样式名上右击，选择"修改"，即可进入"修改样式"对话框。在"修改样式"对话框中，可以修改样式名称、样式基准等，单击左下角的"格式"，可以定义该样式的字体段落等格式，常用的设置如图 2-2-8 所示，可以根据具体要求进行适当修改。其中，可以为某样式设置快捷键，以后只需要选中文字并按快捷键即可快速套用样式。需要注意的是，"正文"样式是 Word 中最基础的样式，不要轻易修改它，否则将会影响所有基于"正文"样式的其他样式。另外，尽量利用 Word 内置样式，尤其是标题样式，可使相关功能（如目录）更简单。

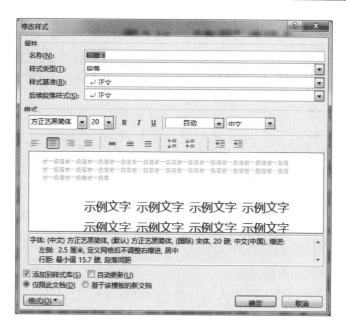

图 2-2-8　"修改样式"对话框

3）制作各级标题

一般论文等长篇文档需要在各章节前加上编号，定义章节编号的功能可通过单击"开始"—"段落"面板中的"定义新多级列表"按钮打开"定义新多级列表"对话框（如图 2-2-9 所示）。一般定义到级别 3 即可，这样就能在"开始"面板的样式中看到定义好的带编号的多级标题，只需要对标题文字应用相应的标题样式，即可自动编号。

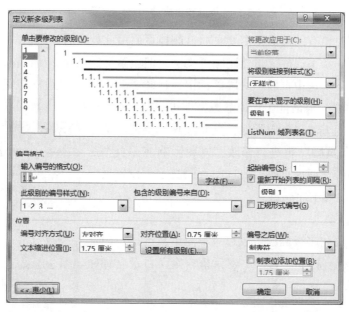

图 2-2-9　"定义新多级列表"对话框

若论文篇幅不是很长，也可以不定义多级列表，手动直接输入即可。

4）设置页眉和页脚

首先要为各章分节。分节为设置页眉和页脚的基础，有关页眉和页脚的要求一般都要通过分节才能实现，如奇偶页不同等，同时，分节也是很多其他操作的基础，如纵向版面与横向版面混排。选择"布局"—"分隔符"，单击相应的"分节符"即可插入（如图 2-2-10 所示）。此处顺便说一下纵向版面与横向版面混排的问题，有的图片或表格可能太大，在纵向版面中放不下，需要临时切换成横向版面，具体操作如下：在该图片或表格前后各插入一个分节符，在页面设置中设置该页版面为横向即可。

然后插入页眉和页脚。回到文档开始，选择"插入"—"页眉"（也可以双击页眉区域），出现"设计"选项卡（如图 2-2-11 所示），第一页一般不需要页眉，直接单击"下一条"，先单击"链接到上一条页眉"，取消选中，避免修改后第一页页眉跟着修改。

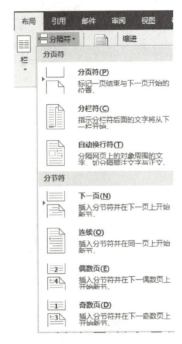

图 2-2-10　分隔符

图 2-2-11　页眉和页脚"设计"选项卡

插入页眉时，有的页面不需要页眉，删掉页眉后此处会有一条横线，这实际是为页眉文字加了一条下边框，虽然删除了文字，但段落符号还在，所以横线还在。去除横线的方法如下：选中页眉中的段落标记，选择"开始"—"边框与底纹"，在打开的"边框与底纹"对话框中去掉下边框即可。

插入页脚的方法与页眉类似，只要注意，要先取消"链接到前一条页脚"再进行修改，以免影响前一页页脚的内容。另外，插入页码时要选中页码文字，设置页码格式（如图 2-2-12 所示）。

5）生成目录

利用定义好的多级标题生成目录很简单，选择"引用"—"目录"，打开"目录"对话框自定义目录（如图 2-2-13 所示）。

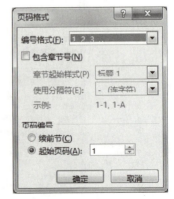

图 2-2-12　"页码格式"对话框

图 2-2-13　自定义目录

（2）利用模板快速排版

如果有现成的模板，排版就简单了。可以按照顺序，用论文中的文字替换模板中的文字，方法如下：按标题、段落、页眉、页脚等选择论文中的相应文字，复制，然后到模板中的相应位置选中要替换的文字，右键菜单"粘贴选项"中选择"只保留文本"（如图 2-2-14 所示）。

图 2-2-14　选择"粘贴选项"—"只保留文本"

最后在论文模板的目录区域单击鼠标右键，选择"更新域"，在打开的目录对话框中选择"更新整个目录"即可。

实训任务

任务一　设计与制作课件封面

本实训任务的目的是掌握 PPT 中艺术字的设计与制作方法。课件封面如图 2-2-15 所示。

设计与制作课件封面

图 2-2-15　课件封面

1. 安装字体

搜索适合幼教和多媒体展示的字体并下载安装，如毡笔黑、熊孩子体等。

2. 素材搜集或下载

本案例的素材有"黑板"背景、"毛毛虫"和"蝴蝶"图片，也可以下载课程提供的现成素材。

3. 制作过程

（1）设置背景

打开 PowerPoint，新建空白幻灯片，右键菜单（或在"设计"选项卡中）选择"设置背景格式"，在右侧打开的对话框（如图 2-2-16 所示）中，选择"图片或纹理填充"，单击"插入"，找到"黑板"背景图片打开即可。如果图片与背景大小不符，可以勾选"将图片平铺为纹理"，再取消勾选，就可以将图片整体作为背景。单击"应用到全部"选项，所有幻灯片将使用该背景。"隐藏背景图形"指隐藏 PPT 模板上原有的背景图形。

（2）制作标题艺术字

标题艺术字有 3 种类型，分别是形状变形字"毛毛虫"、效果字"变形"和艺术字"记"。首先插入 3 个横排文本框，分别输入"毛毛虫""变形""记"，设置字体、字号、字色、加粗等，可以先设置其中一个，再用格式刷对其他文本做相同设置。

图 2-2-16　"设置背景格式"对话框

① 制作形状变形字"毛毛虫"：选择"插入"—"形状"—"矩形"，设置矩形大小覆盖文本框"毛毛虫"，拖动鼠标将矩形和文本框一起选中，在"格式"选项卡中单击"合并形状"，在下拉列表中选择"相交"（如图 2-2-17 所示），此时文本变成形状，右键菜单中选择"编辑顶点"，调整各顶点，将第一个"毛"字按设计变形（如图 2-2-18 所示），并对形状进行填充和轮廓设置。

图 2-2-17　合并形状类型　　　　图 2-2-18　通过顶点调整制作变形字

② 制作效果字"变形"：将鼠标指针定位于"变"和"形"之间，按回车键【Enter】，使文字从横排变成竖排。

选中文本框，切换到"格式"选项卡，选择合适的"文本效果"，如"转换"中的"三角"（如图 2-2-19 所示），也可设置一些阴影等。选择"文本填充"，填充方式为"渐变填充"（如图 2-2-20 所示），选择"其他渐变"，打开"渐变"设置框，将渐变设置为多种色彩组成的渐变色。

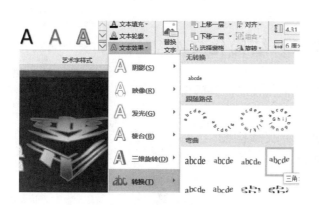

图 2-2-19　选择文本效果　　　　图 2-2-20　渐变设置

③ 制作艺术字"记"：选中文本框"记"，设置"文本填充"为"图片或纹理填充"、新闻纸，并设置深色描边。

剪切文本框"记"，并粘贴为图片格式。在"格式"选项卡中，选择"艺术效果"中的"粉笔素描"，这样"记"字就变成粉笔书写效果的艺术字了。

④ 将3组字适当排版，要求整齐美观。

（3）制作印章

印章可以用微信小程序"电子印章"快速制作，也可以在PPT中制作。

在PPT中制作印章的方法如下：

① 插入形状"椭圆"，按住【Shift】键拖动，画出一个正圆，设置填充为"无"，设置适当的轮廓颜色和粗细。

② 插入文本框，输入单位名字，并设置"文本效果"—"转换"：跟随路径，拖放到上面的正圆中，适当调整使文本与正圆相符。

③ 插入形状"五角星"，拖放到正圆的正中。

④ 插入文本框，输入姓名，拖放到正圆中的合适位置。

⑤ 选中所有对象，右键菜单"组合"（或按快捷键【Ctrl+G】），将印章所有对象组合到一起。剪切，并粘贴为图片格式。在"格式"选项卡中设置"艺术效果"—"胶片颗粒"，模拟印章效果。

（4）装饰

插入"蝴蝶"图片并改变大小，拖放到"记"字左上角的点上作为点缀。

插入"毛毛虫"图片（白色背景），在"格式"选项卡选择"颜色"—"设置透明色"，在白色背景上单击，设为透明，将毛毛虫进行抠图，并拖放到合适位置。

（5）设计与制作者信息

插入文本框，输入设计与制作者单位和姓名，设置字体、字色、大小、位置等。

4. 保存与发布

可以保存为PPT文件（保存时嵌入字体），并另存为图片格式（保存类型：gif、jpg或png格式），也可以用截图软件截取幻灯片页面为图片格式。

任务二　结构化文本

本实训任务的目的是掌握文本结构化技能，包括SmartArt（智能图形）和思维导图工具的使用。

1. 用SmartArt设计与制作层次结构图

说课课件设计结构图如图2-2-21所示。

使用 SmartArt

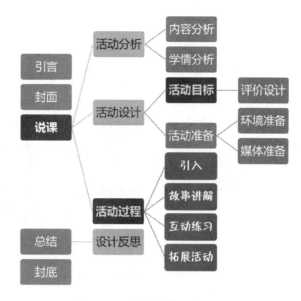

图 2-2-21　说课课件设计结构图

（1）了解 SmartArt

Office2007 开始加入 SmartArt 图形，在 WPS 软件中被称为智能图形。它提供了丰富精美的图形模板，可以快速轻松地创建各种图形图表并美化，以更有效地传达信息。图 2-2-22 所示为 Office 软件中的 SmartArt 图形对话框，包含列表、流程、循环、层次结构、关系、矩阵、棱锥图和图片等八大类型 185 种布局。

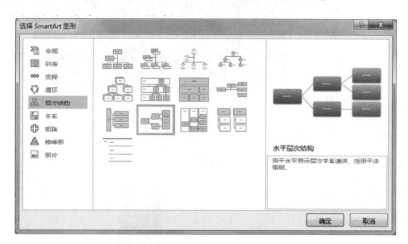

图 2-2-22　SmartArt 图形

（2）制作过程

① 在 PowerPoint 中新建一个空白版式的幻灯片，在"插入"选项卡中单击"SmartArt"，打开"选择 SmartArt 图形"窗口，选择"层次结构"中的"水平层次结构"；发现初始布局与所要展示的内容布局不符（如图 2-2-23 所示），如果在现有

的布局中做增减或修改，制作效率不高，思路也不清晰。因为层次结构是按主次顺序组织的，所以制作时也应该按主次顺序制作，这样才能清晰、高效。

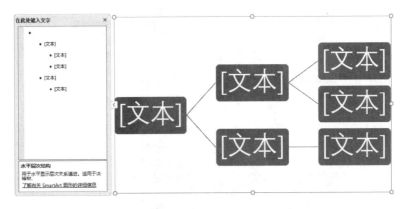

图 2-2-23 "水平层次结构"初始布局

② 删除所有分支：打开 SmartArt 图形左侧的文本输入窗口（如图 2-2-23 所示），鼠标定位于最上方第一项文本输入处，按键盘上的【Delete】键多次，将所有的"［文本］"删除，直到只剩下最后一个（如图 2-2-24 所示）。

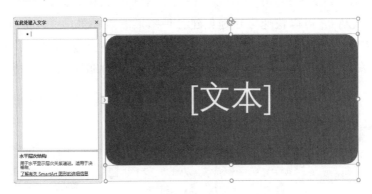

图 2-2-24 删除所有分支

③ 输入第一层次内容（如图 2-2-25 所示）。

图 2-2-25 输入第一层次内容

④ 输入第二层次内容：鼠标定位于"说课"处，按回车键【Enter】，添加"活

动分析",发现其处于第一层次。选中它,在右键菜单中选择"降级"(如图 2-2-26 所示),此时"活动分析"位于第二层次。逐一输入第二层次的其他内容(如图 2-2-27 所示)。

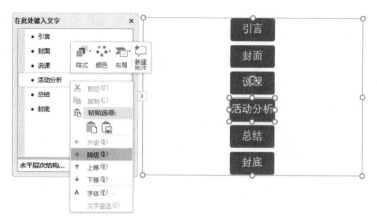

图 2-2-26　降级

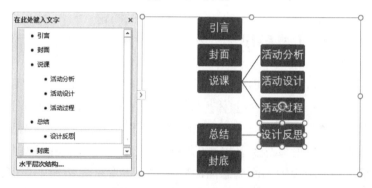

图 2-2-27　输入第二层次内容

⑤ 输入其他层次内容:按设计内容应用"降级"等逐一输入其他层次内容(如图 2-2-28 所示)。

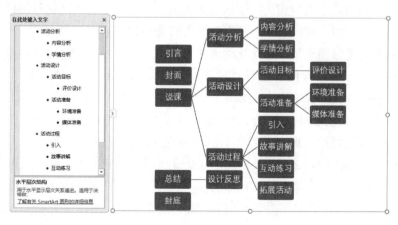

图 2-2-28　输入其他层次内容

⑥ 美化和优化：选中 SmartArt 图形，在"设计"选项卡中设置"更改颜色"—"样式"，如果觉得布局不合理，可以在"版式"中选择其他布局，浏览后选择最佳布局。

通过"格式"选项卡中的形状和文字的填充、轮廓、效果等，以及对文本字体、字号、样式等的设置，可以突出说课设计中的重点，使之一目了然，以优化结构图（如图 2-2-21 所示）。在设置中要注意对比和统一原则的运用。

（3）将 SmartArt 保存为图片

选中 SmartArt 图形，右键菜单中"另存为图片"，可以将 SmartArt 图形保存为图片格式，也可以用截图软件截取为图片格式。

2. 用思维导图软件设计与制作层次结构图

（1）了解知识可视化

知识可视化是一种用来构建和传递复杂知识的图形图像手段，其主要目的是改进知识的传播方式，并帮助他人正确地重构、记忆和应用知识。语言文字表达的知识具有"碎片化"特征，不利于理解和记忆；而通过可视化表达的知识具备强烈的"整体性"特征，并善于呈现关系，解决了"碎片化"的问题。

知识可视化的方法有关系可视化、场景可视化和过程可视化。

1）关系可视化

关系可视化指通过分析知识之间的关联性，将碎片化的知识建立联系，形成结构，并与原有知识结构形成更大的整体，最终转换成长时记忆，从而更好地理解并掌握知识。常用的表示方式有概念图、思维导图、思维地图、SmartArt、语义网络、图表等。

概念图是某个主题的概念及其关系的图形化表示，是用来组织和表征知识的工具，常用于呈现知识结构中不同概念间的联系和学习者认知结构中新旧概念间的联系。利用概念图，教师可以更好地呈现知识的建构过程和联系，学习者可以更好地把握知识结构，找到新旧知识间的联系，从而更好地理解和记忆知识。

思维导图是一种将发散性思考具体化的思维工具。它运用图文并茂的方法，把各级主题的关系用相互隶属与相关的层级图表现出来，通过主题关键词与图像、颜色等建立记忆链接。它用一种放射状的辐射性的方式来呈现关系。

概念图和思维导图都是用层次化的方式来呈现关系，因此在外观和制作方式上相似。可以用手绘、电脑软件（如百度脑图、幕布、XMind、MindManager、Inspiration等）、手机 App 和小程序（如 MindLine 思维导图、Gitmind 等）制作。

思维地图是 David Hyerle 博士在 1988 年开发的一种帮助学习的语言工具，是用来构建知识、发散思维、提高学习能力的可视化工具。它提出 8 种图示类型（简称"八大图形"），如图 2-2-29 所示，包括圆圈图（用于联想）、气泡图（用于描述）、双气泡图（用于对比）、树形图（用于分类）、括号图（用于拆分）、流程图（用于顺序）、复流程图（用于因果关系）、桥形图（用于类比），分别对应人在思考时的8 种思维过程。八大图形可以培养阅读、写作、数学、逻辑思考等方面的能力。

图 2-2-29   八大图形

2）场景可视化

场景可视化指通过图像化的方式产生"画面感"，让学习者身临其境、感同身受、记忆深刻。

3）过程可视化

过程可视化指采用一些动图或视频动画，使学习者易于理解相关知识。

（2）用百度脑图设计与制作层次结构图

百度脑图是一款在线的思维导图制作软件，不用下载安装，只要在浏览器上打开网站（https://naotu.baidu.com），用百度账号登录后即可使用。图 2-2-30 是用百度脑图制作的说课课件设计结构图，其具体制作方法如下：

使用百度脑图

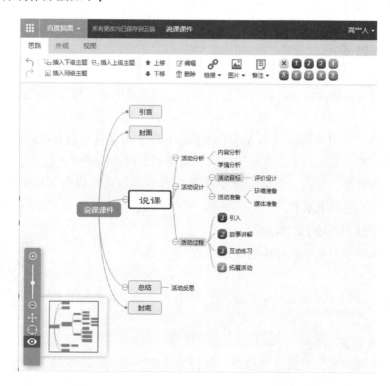

图 2-2-30   百度脑图界面和说课课件设计结构图

① 单击"新建脑图",进入脑图制作和编辑界面,双击文本框,输入"说课课件";

② 按层次顺序输入相应内容:

单击"插入同级主题"(或按回车键【Enter】),输入同一层次内容;

单击"插入下级主题"(或按快捷键【Insert】),输入下一层次内容。

③ 设置外观,美化和优化:切换到"外观",设置为"逻辑结构图"和"紧凑蓝",选中相关内容,设置填充色和字色、字体等用于突出重点,为相关内容编号。

④ 导出:单击左上方"百度脑图",在下拉菜单中选择"另存为"—"导出",将制作好的结构图导出为 png 格式的图片。

任务三　处理视频中的文本

本实训任务的目的是掌握视频中的文本处理和制作技能,包括文案提取、提词器的使用、标题和字幕制作等操作。

1. 视频文案提取

视频文案提取有 3 种方法:一是下载视频后,利用视频文本提取软件(如飞书中的飞书妙记、网易见外、剪映中的识别字幕等)提取文案;二是提取视频中的音频,用语音转文字软件(如讯飞语记、微信小程序等)提取文案;三是复制视频链接,粘贴到提取文案 App 或微信小程序中提取文案,该方法不用下载视频。

2. 提词器使用

提词器是一种简单的文字辅助工具,主要用于台词、文字、歌词等内容的提示,避免在直播或者视频录制的时候因说错台词、忘词导致尴尬,保证讲解连贯、自然。

除了专门的提词器工具外,现在常用提词器软件,如电脑端的芦笋提词器(https://tcq.lusun.com)、手机中的提词器 App 和微信小程序、剪映等中也有提词器功能。

使用提词器,要注意不能完全依赖它,避免照读提示词让听者感觉生硬,应该利用提词器避免紧张、忘词,在提词器支持下从容不迫地自然讲解。提词器起辅助作用,熟悉文案和讲解更重要。

3. 视频软件中的文本功能

以剪映为例学习视频软件中的文本功能。

(1)输入文本

单击文本标签,进入文本功能选项,单击"新建文本",输入文本。

剪映中的文本功能

(2)文本设置

双击输入的文本,对其进行编辑,如设置字体、样式、花字等,套用文字模板,设置动画等,拖动以调整位置、大小和角度。

（3）识别字幕

利用识别字幕功能可以将音频、视频中的语音转换为文本并将其设置为字幕，字幕可以设置成各种样式。识别歌词功能可以识别歌曲中的歌词并将其设置为字幕。电脑端剪映专业版还能导入和导出字幕文件。

巩固练习

1. 名词解释

（1）SmartArt：_____

_____。

（2）OCR：_____

_____。

2. 单选题

（1）多媒体设计与制作中，关于文本素材的说法不正确的是（　　）

A. 和图像素材相比，文本素材能够更准确地表达内容

B. 文本可以作为页面美化元素

C. 为了更完整地表达内容，页面上文本越多越好

D. 为了更好地表达，文本需要结构化处理

（2）下列选项中与文本相关的功能，剪映中没有的是（　　）

A. 对文本可以设置字体、样式、花字等

B. 文本和字幕可以套用文字模板、添加动画

C. 文本样式中可以设置描边、发光、背景、阴影、弯曲、排列等

D. 所有文本功能都是可免费使用的

3. 多选题

（1）为了保证 PPT 异机使用时字体显示正常，可采取的方法有（　　）

A. 在使用 PPT 的电脑中安装 PPT 中用到的字体

B. 将 PPT 文件和字体文件一起拷贝到使用 PPT 的电脑中

C. 将使用特殊字体的文本剪切后选择性粘贴为图片

D. PPT 保存时使用"将字体嵌入文件"功能

（2）PPT 文本设计原则有（　　）

A. 准确简练　　　B. 画龙点睛　　　C. 布局合理　　　D. 美观大方

4. 判断题

微软 Office 能够通过 SmartArt 结构化组织文本，国产办公软件 WPS 也具有这个功能，名为智能图形。文本结构化也可以用思维导图工具来实现。　　　　　（　　）

项目 2.3 数字图像资源

项目导图

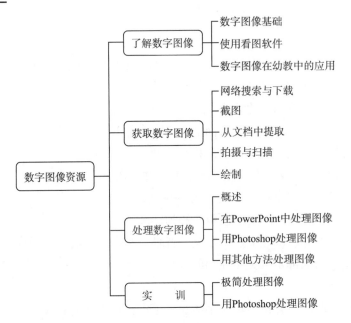

学习目标

1. 了解数字图像资源的类型、格式及作用；
2. 学会数字图像资源的获取方法；
3. 掌握数字图像的处理技术。

📖学习任务

任务一　了解数字图像

1. 数字图像基础

数字图像就是以数字形式进行存储和处理的图像。

（1）数字图像的类型和格式

数字图像有两类：

一类是点阵图（或位图），它由许多颜色不同、深浅不同的小像素点组成。点阵图色彩丰富，适合呈现自然逼真的画面，缺点是图像文件体积较大，拉大时由于像素点方块放大，会出现马赛克失真现象。通过数码相机（DC）、数码摄像机（DV）、手机或平板等设备拍摄，扫描仪扫描及网页中下载等获得的图像一般都是点阵图。不同分辨率的点阵图如图 2-3-1 所示。

图 2-3-1　不同分辨率的点阵图

注意：为了提高多媒体中图像的质量，在搜索图像素材时，应尽量选择高质量的大图下载。如果下载的是小图片，在使用时往往需要放大，此时图像会产生马赛克失真，严重影响观看效果。

另一类是矢量图或图形，它由一些基本的几何图形（图元）组成，这些图元包括点、线、矩形、多边形、圆和弧线等。由于矢量图是采用数学描述方式的图形，因此将它放大、缩小和旋转时，不会像点阵图那样产生失真，它的缺点是色彩相对比较单调。矢量图通常通过软件的绘图工具绘制。矢量图放大前、后效果如图 2-3-2 所示。

常用的位图图像格式有 jpg（最常用）、gif（有静态和动态）、png（支持透明背景）、psd（Photoshop 的源文件）、bmp（适合各种场合）、tif（用于印刷）等；常用的矢量图格式有 wmf（剪贴画格式）、svg、ai、cdr 等。

图 2-3-2 矢量图放大前、后效果

（2）数字图像的色彩模式

数字图像常用的色彩模式有黑白模式（黑白图像、线条图）、灰度模式（常说的黑白照片实际上是灰度模式的照片）、彩色模式（双色调、索引、RGB、CMYK、Lab、多通道等多种）。由于多媒体通过显示器展示，因此图像一般为 RGB 模式。

（3）数字图像的属性

尺寸是指数字图像的大小，一般用图像横向与纵向像素相乘表示，如 800×600、1024×768。常用的比例有 16∶9（横屏）、9∶16（竖屏）、4∶3 或 16∶10 等。

分辨率表示图像数字信息的数量和密度，一般用像素/英寸（dpi）作为单位。

图像深度指描述图像中每个像素的数据所占的位数，其代表图像中每个像素颜色种类的多少。如图像深度为 24 位，表示色彩数为 2^{24} 种。

外观包括亮度、对比度、色相（饱和度、色调）等。

2. 使用看图软件

看图软件也称图像查看器，能够快速浏览各种格式的数字图像并查看属性，具有图像文件操作、管理和简单的数字图像处理功能，常用的有 ACDSee、ImageGlass、IrfanView、2345 看图王、Windows 照片查看器等。以 ACDSee 为例学习看图软件的使用。

安装看图软件时会自动关联常用图像文件，执行"工具"—"文件关联"菜单命令，在打开的对话框中可以设置关联更多的图像文件格式。

（1）浏览图像

① 图像显示方式：双击图像文件时，ACDSee 用窗口整屏显示选择的图像（如图 2-3-3 所示）。单击"缩小"或"放大"按钮，可缩放显示图像全貌或局部放大；单击"上一个""下一个"按钮或滚动鼠标滚轮可以观看同一文件夹中的其他图像；单击"幻灯显示"按钮，将自动间隔一段时间切换图像显示（间隔时间可在"工具"—"选项"中设置），执行"查看"—"全屏幕"菜单命令，图像将以幻灯片方式全屏自动播放。

②　查看图像属性：关注窗口下方的状态栏，它显示图像的各个主要属性，右键菜单选择"属性"，可得到该图像的更多信息。

图 2-3-3　ACDSee 的图像显示方式窗口

③　图像浏览方式：在图像显示方式窗口工具栏最左侧单击"浏览"按钮切换到图像浏览方式，这时显示 3 个窗口（如图 2-3-4 所示）。左上文件夹窗口，显示电脑中的文件夹情况；左下显示窗口，显示选择的图像；右侧浏览窗口，显示所有图像的缩略图，可以根据需要调整窗口的大小。这种方式可以帮助用户快速找到需要的图像。

图 2-3-4　ACDSee 的图像浏览方式窗口

（2）图像文件操作（以下操作在图像浏览方式下进行）

转换图像文件格式：选择需要转换格式的图像文件（可多选），执行"工具"—"格式转换"菜单命令，在对话框中选定转换格式并确定。另外，也可通过菜单"文件"—"另存为"，在"保存类型"中选择相应格式实现格式转换。

图像文件的复制或移动：通过拖动的方式复制或移动，与资源管理器的操作相似。

批量文件改名：选定需要批量重命名的一系列图像，执行"工具"—"重命名系列"菜单命令，在对话框中进行合理的设置并确定即可（网络上下载的一系列图像若没有重新命名保存，可以用这种方式将全部图像快速重命名）。

（3）图像的简单处理

在图像显示状态下，单击工具栏中的"编辑器"进入图像编辑状态。ACDSee 的图像编辑器菜单和工具栏如图 2-3-5 所示。

图 2-3-5　ACDSee 的图像编辑器菜单和工具栏

调整图像大小：单击"调整大小"按钮，进入"调整尺寸"对话框，在其中可以更改图像的尺寸。在多媒体课件制作中，由于图像主要用于屏幕显示，因此图像尺寸一般设置为宽度在 1440 以下（如 1440、1280 等）即可，不需要更大的尺寸（大尺寸图像会增大课件的文件体积）。在调整大小时应注意图像比例关系，如果是有人物的图像，在改变比例时会产生人物变胖或变瘦等与现实不符的变形现象，这时需要借助专业图像处理软件如 Photoshop 等来解决。

调整图像方向：单击"旋转"按钮，在"旋转"对话框中进行相应设置。

调整图像影调：通过"自动色阶调整""色阶调整""颜色均衡"将图像的影调调整为正常。

特殊效果处理：通过工具栏中的相应工具或菜单中的相应命令对图片进行模糊、锐化、消除斑点、去除红眼、各种图像效果、彩色图像去色等处理。

注意：由于上述图像处理是在原图像的基础上操作的，如果直接单击"保存"按钮，编辑过的图像会覆盖原来的图像，造成原始图像丢失，因此编辑完成后应执行"文件"—"另存为"菜单命令，将编辑过的图像以与原来图像不同的名称保存，使原始图像素材得以保留。

3. 数字图像在幼教中的应用

由于幼儿的思维具有直观形象性的特征，因此幼教中要多以图像、音频、视频、动画等媒体形式来呈现信息，而数字图像是数字视频、动画的基础，所以数字图像在幼教中起着举足轻重的作用。

字不如图，图像能够给幼儿带来更加直观的体验。例如，用再多的语言文字来描述一头大熊猫长什么样子，都不如直接给幼儿呈现一张大熊猫的图像更能增进幼儿对大熊猫特征的理解。对于一些抽象的内容，可以用图像并设置动画的方式展示，如可以将静态绘本中的一些情节进行动态化展示，这种生动直观的展示方式，幼儿喜闻乐见，利于激发幼儿的学习兴趣，吸引幼儿注意，幼儿更易理解和接受。

在幼教中选取和使用图像时，应避免选取的图像分散幼儿的注意力，否则会使幼儿陷入思维困境，同时应减轻幼儿的学习负荷，提升幼儿的学习兴趣。应遵循以下原则：

（1）宜简不宜繁

如引领幼儿认识城堡时，图 2-3-6 中（a）比（b）合适，因为（a）简单、简洁、直接，很好地展现出城堡的特征，符合幼儿的认知特征；而（b）虽然色彩丰富，但画面复杂，除城堡外，还有气球、白云、草地、花朵等干扰因素，多个兴趣点容易分散幼儿的注意力，使幼儿产生困惑，不能将思维聚焦于关键内容，影响幼儿对重点内容的把握。

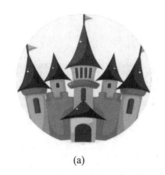

(a)   (b)

图 2-3-6   宜简不宜繁

（2）宜具象不宜抽象

如认识塔松时，图 2-3-7 中（a）比（b）合适。因为（a）生动形象，幼儿能够很快认识到塔松的特征；而以直观思维为主的幼儿很难从抽象的（b）中认识塔松，如会认为（b）是 3 个三角形。所以在选择图像时，应首先选择直观的具象图片，慢慢发展幼儿的抽象能力。

(a)   (b)

图 2-3-7   宜具象不宜抽象

（3）宜直接不宜间接

如果主题是认识苹果，图2-3-8中（a）比（b）合适；如果主题是认识秋天丰收的景象，（b）比（a）更合适。但单单用（b）来展现秋天丰收的景象比较抽象、间接，选用多张不同的图片来展现效果更好。

(a)　　　　　　　　　　　　(b)

图 2-3-8　宜直接不宜间接

（4）宜少不宜多

如让幼儿认识苹果时，图2-3-9中（a）比（b）更合适。

(a)　　　　　　　　　(b)

图 2-3-9　宜少不宜多

（5）注意相关性、适用性、有效性和生活化

在选取图像时还应注意：选取与幼教活动内容和领域相关的图像；符合各学段幼儿的认知和思维发展水平，能激发幼儿的兴趣；要求图像清晰、明了，能有效传达相关信息，引发幼儿主动观察和探究，从而实现活动目标；贴近幼儿生活。如给幼儿讲解冰遇热融化的现象时，图2-3-10中（a）比（b）更合适。

(a) 冰淇淋融化　　　　　　　　　　(b) 冰川融化

图 2-3-10　生活化

◉ **课程思政**

《幼儿园教师专业标准（试行）》中提出，幼儿教师要树立师德为先、幼儿为本、能力为重和终身学习的基本理念。幼儿为先，要做到尊重幼儿权益，以幼儿为主体，充分调动和发挥幼儿的主动性；遵循幼儿身心发展特点和保教活动规律，提供适合的教育，保障幼儿快乐健康成长。我们在选取多媒体资源开展幼教时，一定要遵循幼儿的身心发展特点，选取的多媒体资源要符合幼儿认知和思维特点。

任务二　获取数字图像

获取数字图像的主要途径有网络搜索与下载、截图、文档中提取、拍摄与扫描、绘制等。

1. 网络搜索与下载

（1）搜索数字图像

搜索数字图像的方法包括利用搜索引擎的"图片"搜索功能通过关键词搜索；根据图片属性分类搜索，包括尺寸、颜色、类型等（如图 2-3-11 所示）；"以图搜图"，即通过上传图片或输入图片的网址，搜索网络上与这张图片相似的其他图片资源和相关信息。

除上述方法外，还可以到专门的图像素材网中搜索。如图 2-3-12 所示，通过 Office 软件中的"插入"—"联机图片"，可以搜索到相应的图片并将其插入文档中，也可以通过设置尺寸、类型、布局、颜色等找到更合适的图片。WPS 的"在线图片"功能与之相似。

常用的图片素材网还有免费正版高清图片素材库（https://pixabay.com/zh）、免费素材图片（https://www.pexels.com/zh-cn/）、觅元素（https://www.51yuansu.com，提供免抠元素和高清背景）、剪映的素材库等。

图 2-3-11　百度图片搜索的分类

图 2-3-12　Office 软件中的"联机图片"

（2）网页中下载数字图像

右击搜索网页上的图片，选择"图片另存为"，可以将图片保存到电脑中。长按手机浏览器搜索图片，在出现的菜单中选择"保存图片"，可以将图片保存到手机相册中。

如果右键菜单没有"图片另存为"或右键菜单打不开，可以尝试用 360 安全浏览器的快速存图工具（如图 2-3-13 所示）或安装浏览器插件"图片下载助手"保存图片。如果实在无法下载，可以用截图的方法截取图片。

图 2-3-13　360 安全浏览器的快速存图工具

2. 截图

用截图的方法可以截取屏幕上显示的所有图像。

（1）按拷屏键【PrintScreen】

① 在屏幕上显示需要截取的画面。

② 按一下键盘上的【PrintScreen】键（有些键盘上表示为【PrtScr】），此时屏幕上的画面被截取存放到剪贴板中。

③ 打开其他软件，如 Word、PPT 或画图等，右击鼠标选择"粘贴"（或按快捷键【Ctrl+V】）。

④ 用这些软件中的裁剪工具对图像进行适当的裁剪，另存为图片。

（2）Office 软件的屏幕截图工具

① 在屏幕上显示需要截取的画面。

② 在 Office 软件如 PowerPoint 中选择"插入"—"屏幕截图"（如图 2-3-14 所示）；可根据需要选择截取打开的窗口或自定义截图范围。

③ 用裁剪工具进行适当的裁剪。

图 2-3-14　PPT 的"屏幕截图"功能

（3）QQ 截图

① 登录 QQ 账号，打开任意聊天窗口。

② 单击"截图"按钮或用快捷键【Ctrl+Alt+A】（快捷键可通过 QQ 设置或修改），按住鼠标左键在屏幕上拉出截图范围，此时出现截图工具栏（如图 2-3-15 所示）；根据需要对截图进行适当处理，单击"下载"按钮，将截图保存到电脑中（双击"下载"按钮会出现图片"另存为"对话框）。

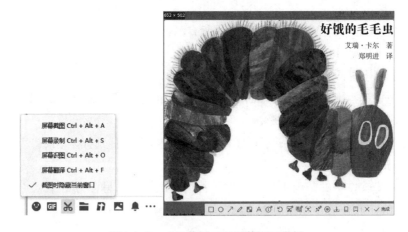

图 2-3-15　QQ 截图工具和截图工具栏

注意：QQ 截图工具除截图外，还可以进行屏幕录制、屏幕识图（或截取后识图——识别图中的文字，即 OCR 功能）和屏幕翻译。

（4）截图软件截图

常用的截图软件有 FSCapture、PicPick、Snipaste、屏幕截图精灵等，也可以使用浏览器的"截图"插件。这里以 FSCapture 绿色版为例介绍其操作步骤。

使用 **FSCapture** 截图

① 搜索并下载相应的文件压缩包，在右键菜单中选择"解压到文件夹"。

② 在文件夹中找到"FSCapture. exe"双击运行。此时会打开截图工具组，如图 2-3-16 所示。

图 2-3-16　"FastStone Capture"截图工具组

③ 设置：单击工具组最右侧按钮，在打开的菜单中选择"设置"，设置捕捉、快捷键等。

④ 截图：当屏幕出现需要截图的对象时，单击工具组中相应截图按钮或按下热键，此时光标变成"+"形，按住鼠标左键拖动截图区域，松开鼠标时 FSCapture 会打开预览编辑窗口，对截图进行适当编辑后保存为合适的格式即可。

⑤ 长截图：单击"捕获滚动窗口"按钮，单击鼠标，此时长网页或窗口会自动滚动，按【Esc】键停止滚动，此时截取的图像为长截图。

（5）用 QQ 影音进行视频截图

对于视频，还可以用视频播放软件提供的截图功能截图。这里以 QQ 影音为例介绍其操作步骤。

① 从网络上搜索并下载 QQ 影音，按说明进行安装。

② 用 QQ 影音播放视频文件。

③ 播放到需要截取的画面时暂停播放（在播放画面中单击即可）。

④ 单击播放器右下角"影音工具箱"中的"截图"按钮（如图 2-3-17 所示）或右键菜单的"工具"—"截图"（或按快捷键，默认是【Alt+A】），此时视频画面被截取保存到设定的文件夹中（可通过软件的"设置"功能自定义截图保存的文件夹位置）。

图 2-3-17　QQ 影音的影音工具箱

⑤ "连拍"功能：单击"影音工具箱"中"连拍"按钮或右键菜单中"工具"—"连拍"（或按快捷键，默认是【Alt+S】），此时会等时段截取视频中的若干幅图像，组成一幅介绍视频整体情况的图像并保存在设置好的文件夹中，这种截图方式常用来介绍视频简况。

（6）手机截屏

利用手机的截屏功能可以截取手机屏幕图像。手机截屏有 3 种方式：全屏幕、局部和长截屏。

截屏方法包括同时按下电源键和音量"–"键、三指下滑快速截屏等，有的手机可以设置指关节截屏、手势截屏。也可以安装相关的 App 或小程序进行更多功能的截屏。

3. 从文档中提取

在文档中选中要提取的图像，右键菜单中单击"另存为图片"可以将图像保存到电脑中。

Word 文档可以另存为网页格式，在保存位置打开网页文件夹，可以提取文档中的所有图片。

pptx 格式的 PPT 文档可以将扩展名更改为压缩文件格式，如 rar 或 zip，然后解压到相应的文件夹，在解压的文件夹中依次打开子文件夹 ppt\media，这个文件夹中存放着 PPT 中所有的多媒体素材，包括图片、音频和视频。

注意：ppt 格式是 PPT 早期版本的格式，需要用 PowerPoint2010 以上版本打开后另存为 pptx 格式才可以使用上述方法。上述方法对 docx、xlsx 同样适用。

4. 拍摄与扫描

利用手机、平板、数码相机等可以拍摄实际景物获取真实数字图像；利用扫描仪、手机中的扫描 App 或小程序如布丁扫描、扫描全能王等可以将纸质文件资料、照片、证件、实物等转变为数字图像。这些工具除扫描外，还具备数字图像调整处理、文字表格识别、翻译等多种功能。

5. 绘制

利用绘图和绘画软件中的图形工具可以绘制图像和图形；利用 AI 绘画工具可以将文字描述转换为数字图像作品，或者对图像设置其他图像效果。

任务三　处理数字图像

1. 概述

通过各种方式获取的数字图像往往存在一些缺陷需要修正，如对明暗和色彩不正、比例不符合要求、画面模糊质量差、有水印和瑕疵等的图像进行适当处理；图像合成和制作动画时需要将部分图像对象抠出进行透明化处理，即抠图；对图像进行各种美化修饰如加框、阴影、映像、立体化、变形等；对图像进行艺术化处理；等等。这些都属于数字图像处理的范畴。

数字图像处理的工具有 PowerPoint 的图片工具（最方便），小软件、网站和手机 App、小程序（最简捷），专业图像处理软件如 Photoshop（功能最强、最全面）等。

处理数字图像时，首先要根据需求对图像进行观察和分析，明确处理目的，选择最佳的方式方法进行处理。

2. 在 PowerPoint 中处理图像

PowerPoint 提供了实用的图形图像处理功能，制作课件时用它处理图像快捷方便。

在幻灯片中插入图片，选中图片，右上方出现"图片工具"选项菜单，如图 2-3-18 所示。

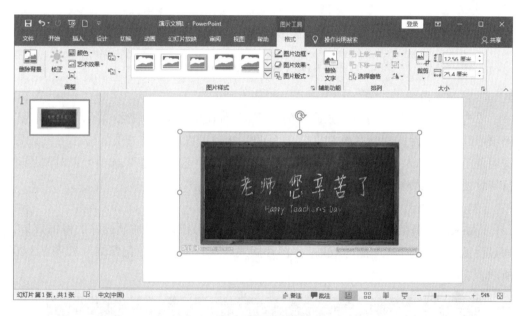

图 2-3-18   PowerPoint 图片工具

（1）裁剪图片

如果图片边缘有水印，可以通过裁剪将其去除。

选中图片，单击"格式"—"图片工具"—"裁剪"（如图 2-3-19 所示），此时图片四周出现裁剪边框（8 个），根据需要按住鼠标拖动相应裁剪边框到合适位置，可对图片进行裁剪。

单击"裁剪为形状"，可以将图片裁剪成各种形状。

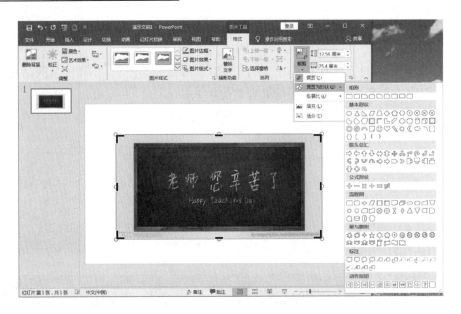

图 2-3-19 PowerPoint 裁剪工具

（2）调整图片

单击"校正"选项可以调整图片的"亮度/对比度"和"锐化/柔化"；"颜色"选项可以调整图片的"颜色饱和度"；"色调"选项可以对图片"重新调色"；"设置透明色"选项可以将图片中的某种颜色设置为透明；"艺术效果"选项可以对图片进行特效处理，如模糊、加马赛克、处理成绘画效果等。

（3）图片样式

PowerPoint 提供了 28 种图片预设样式，可以快速为图片添加预设好的修饰效果，通过设置"图片边框""图片效果""图片版式"可以实现个性化修饰（如图 2-3-20 所示）。

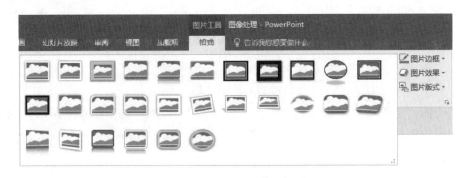

图 2-3-20 PowerPoint 图片预设样式

（4）抠图

选中要抠图的图片，单击"格式"—"图片工具"—"背景消除"（如图 2-3-21 所示）。此时图片上出现选择框和紫色区域，紫色遮盖的图片区域是被删除的部分，没有被紫色遮盖的图片区域是要抠出保留的部分。拖动选择框四周改变选择的区域，根据具体情况，用 ➕ 在图像相应位置画一下，标记出要保留的区域，再用 ➖ 在图像相应位置画一下，标记出要删除的区域，单击 ✓ 即可抠出所需要的图片。

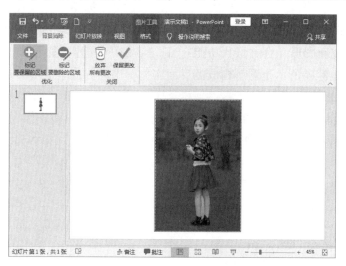

图 2-3-21　PowerPoint 删除背景工具

如果抠出的图片在单一颜色的背景中，可以单击"颜色"—"设置透明色"（如图 2-3-22 所示），再用鼠标单击背景颜色即可。

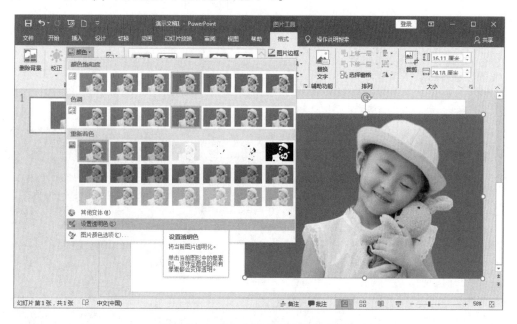

图 2-3-22　单一背景色图片的抠图操作

（5）图形绘制

许多软件都带有绘图功能，可以绘制图形。这里以 PowerPoint 中的绘图功能为例介绍图形绘制技术。

1）图形绘制

通过标签"插入"下的"插图"可以实现不同的绘图功能，包括"形状""图标""SmartArt""图表"等；选中图形，在"格式"标签中可以设置形状的填充、轮廓和效果；图形可以编辑，多个图形可以通过逻辑运算如结合、组合、拆分、相交、剪除等形成新图形（合并形状功能）。图 2-3-23 所示的各种形状，是组成图形的基本元素；图 2-3-24 所示是图形构成的界面实例，中间方框里显示的是整体效果。

2）图形编辑

① 执行"插入"—"联机图片"菜单命令，在右侧的搜索窗口中输入关键词（如"幼儿　矢量图形"），搜索后选择一幅合适的图形插入（在 Word 中处理前应将原图形的"嵌入"版式改为其他版式，如四周型），也可以插入矢量图形（如 wmf、svg 等格式的文件）。

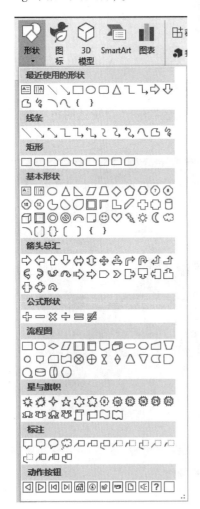

图 2-3-23　图形基本元素——"形状"

图 2-3-24　由各种形状构成的界面

② 右击图形，在快捷菜单中选择"组合"—"取消组合"选项，将图形分解成多个部分（有些图形需要多次操作）。

③ 根据需要，删除多余部分，并对部分图形进行填充和边线设置，或通过编辑顶点调整形状等（如图 2-3-25 所示）。

④ 在绘图工具栏中选择"选择对象"工具 ，在图形范围拖放，选中所有图形，在右键菜单中选择"组合"—"组合"，使图形成为一个整体。

图 2-3-25 编辑图形

3）图文框构建

在图形中添加文字并通过各种形状的组合可以更好地展示内容，使各对象之间的关系可视化。上网用关键词"PPT 图表"或"PPT 素材"进行搜索并下载相关内容，选择一些页面加以修改以满足自己的需求。

图文框构建内容关系如图 2-3-26 所示。

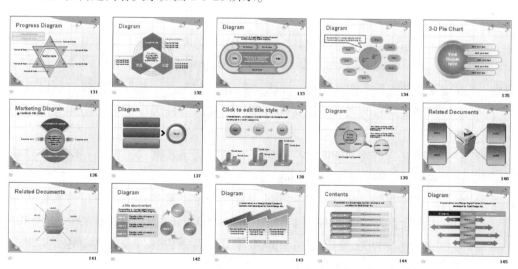

图 2-3-26 图文框构建内容关系

3. 用 Photoshop 处理图像

Photoshop 是一款专业图形图像处理软件，能对数字图像进行调整、处理、合成等操作，能绘制图形、进行图文排版、制作动画等，是多媒体素材编辑处理的重要工具。

Photoshop 的工作界面由菜单栏、工具箱、功能选项栏、调板、文件窗口等组成（如图 2-3-27 所示）。

图 2-3-27　Photoshop 的工作界面

（1）Photoshop 基本操作

打开 Photoshop，通过菜单"文件"中相应命令完成操作。

- 打开图像：Photoshop 有 3 种打开方式，一是单击菜单"文件"—"打开"，找到要处理的数字图像文件，单击"打开"按钮；二是在文件窗口空白处双击，找到要处理的数字图像文件打开；三是从文件夹中把数字图像文件拖入文件窗口。

- 存储、存储为：处理图像时一般先"存储"为 psd 格式，再"存储为"其他适合应用的文件格式如 jpg、png、gif 等。

- 新建：新建文件时注意图像尺寸的设置。用于屏幕展示的图像以像素作为单位，大小设置为 1024×768（4∶3）、1600×900（16∶9）、1280×800（16∶10）等，分辨率设为 72 像素/英寸，RGB 模式。背景内容可设置为单色，如果是抠图，背景内容应设置为透明。

（2）图像调整

① 调整色调、亮度、明暗。色调、亮度、明暗是图像显示的三要素，也是图像处理的关键。执行"图像"—"调整"菜单命令，浏览相关功能（如图 2-3-28 所示）。

- 快速调整照片的影调：拍摄的数码照片、下载的图片等图像素材往往由于曝光不正确，影调偏暗、偏亮或者偏色等，这时可以用 Photoshop 的自动调整功能进行快速调整。利用"图像"菜单中的"自动色调""自动对比度"命令可以很快地使图像的明暗正常；利用"自动颜色"命令可以使偏色的图像色彩恢复正常。

- 将彩色图像转换为灰度图像：平常说的黑白照片准确地说应该称为灰度照片。通过执行"调整"菜单中的"去色"命令可以快速得到灰度图像。

- 图像色调变化：利用"调整"菜单中的"色相/饱和度"或"变化"命令可以直观地调整图像的色调。利用"匹配颜色"可以让图像的色调与其他图像色调相似。在课件界面制作中，为了保证多个图像合成时的色调一致，常常需要调整图像色调使它们相互和谐。

注意：多媒体课件中用到的图像在处理前首先应进行影调调整，让它明暗和色调正常，一般用自动命令即可，如果不行，可以使用专业调整命令，如色阶、曲线等来调整。数码照片的调整还可通过执行照片滤镜、阴影/高光、曝光度等命令进行。调整菜单中其他调整命令可以实现一些特殊效果。

② 调整图像大小。Photoshop 在调整图像大小方面有多种方法，如"图像大小""画布大小""裁切"等（如图 2-3-28 所示）。

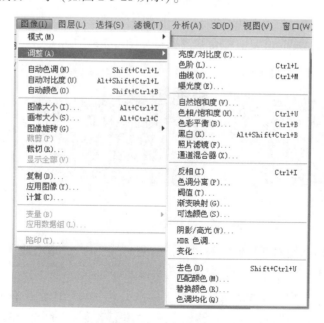

图 2-3-28　图像调整菜单

在课件制作中，往往需要改变图像大小，但直接通过拖动调整框的边缘或角的方式改变会使图像中的对象变形，形成不自然的视觉效果。可以根据需要改变画布大小或用裁切的方法保持图像的比例。

注意： Photoshop CS5 开始加入了"内容识别比例"（菜单"编辑"—"内容识别比例"命令），这个功能可以在改变图像比例时智能保证重要内容区域（人物或选区）不变形。

（3）图像修复

① 认识修复工具。工具箱中有几组工具（如图 2-3-29 所示），利用它们可以对图像进行局部修整和局部复制。例如，污点修复画笔工具、修复画笔工具、修补工具等可以去除图像中不需要的东西；红眼工具可以去除照片中人物的红眼；内容感知移动工具可以将图像中某部分内容移动到其他地方并对移动处进行修复；模糊、锐化、涂抹工具可以对图像局部进行模糊、清晰和柔化等处理；减淡、加深、海绵工具可以对图像局部进行淡化、加浓、减色等处理。

图 2-3-29　修复工具

② 用修复工具去除图像水印。打开有水印的图像，在水印处用"污点修复画笔工具"涂抹；或在工具箱中找到"修复画笔工具"，在属性栏中设置修复画笔的大小，按住【Alt】键在合适的替代区域单击，松开鼠标，再到有水印的区域按住鼠标左键拖动，松开鼠标可以发现水印区域被替代区域的图像内容替换并被适当地处理了；或选择水印区域，单击工具箱中的"修补工具"，将水印区域拖放到合适的替代区域中。

③ 对图像进行综合修复。综合修复实例如图 2-3-30 所示。

Photoshop
修复图像综合实例

修复前

修复后

图 2-3-30　综合修复实例

- 去除水印：使用工具箱中的"污点修复画笔工具"，适当改变笔头大小，按住鼠标在水印处涂抹，松开鼠标即可去除水印。
- 去除多余人物：使用工具箱中的"套索工具"套选住女孩右上方的男人（草地上的阴影不选），执行"编辑"—"填充"菜单命令，在打开的对话框的

"内容"中选择"内容识别"（如图 2-3-31 所示），单击"确定"后即可去除人物，执行"选择"—"取消选择"菜单命令，取消选区。用"污点修复画笔工具"将草地上的阴影去除。

图 2-3-31　去除多余人物

- 移动或复制人物：使用工具箱中的"套索工具"套选住图片中的小男孩，选择工具箱中的"内容感知移动工具"，如图 2-3-32 所示，选择"模式："—"移动"则移动对象，选择"模式："—"扩展"则复制多个对象。按住鼠标拖动小男孩到合适位置，松开鼠标即可。

图 2-3-32　移动或复制人物

（4）图像的特效处理

结合 Photoshop 的"滤镜"功能（如图 2-3-33 所示）与其他工具可以对图片进行特效处理，增强图像的感染力。

图 2-3-33　Photoshop 的"滤镜"功能

如图 2-3-34 所示，将数码照片处理成油画作品。

用 Photoshop 将数码
照片处理成油画

图 2-3-34　将数码照片处理成油画作品

① 去除水印。打开 Photoshop 软件，并打开在网络上下载的适合做油画的数码照片图像，图像右下角有水印，用"修复画笔工具"或"修补工具"将水印去除。

② 模糊处理。数码照片拍摄太清晰，而油画以块状颜料展示形象，清晰度没有照片那么高，因此要对照片进行模糊处理。执行"滤镜"—"模糊"—"高斯模糊"

菜单命令，设置模糊半径为 1.0 左右。

③ 模仿油画笔触。油画以块状颜料展示形象，执行"滤镜"—"艺术效果"—"干画笔"菜单命令，设置合适的参数。

④ 模仿画布纹理。油画一般在画布或板上绘制，因此会出现一些纹理效果。执行"滤镜"—"纹理"—"纹理化"菜单命令，选择"画布"作为纹理。

⑤ 添加文字说明。文字说明要求醒目、易懂、吸引人。在工具箱中找到文字工具 **T**，在上方的属性栏中设置字体、大小和颜色等文字属性，在图像合适位置单击，切换输入法，输入文字说明。在"图层"面板中找到该文字图层，执行右键菜单中的"混合选项"命令打开图层样式菜单，可以为文字添加阴影、发光、浮雕等效果。

⑥ 给油画加框。执行"窗口"—"动作"菜单命令，打开"动作"面板（如图 2-3-35 所示）。单击"默认动作"左侧的三角箭头，在展开的动作列表中选择"木质画框"，单击动作面板下方的播放按钮 ▶，油画就被加上了木质画框（也可以利用图像合成方法将油画合成到画框中）。

图 2-3-35　"动作"面板

（5）数字图像的选择与透明图像制作

在实际应用中，我们可能只需要图像的一部分；或者进行图像处理时，可能只对图像某部分进行处理，这就需要掌握选择技术。

① 使用选择工具。工具箱中包括 3 组选择工具（如图 2-3-36 所示），可结合选择属性工具栏进行选择操作。

Photoshop 抠图技术

- 规则选取工具：用"矩形选框工具"拖选矩形区域，用"椭圆选框工具"拖选椭圆形区域，等等。

- 套索工具：用"套索工具"自由绘制选择区域，用"多边形套索工具"自由绘制多边形选择区域，用"磁性套索工具"选择边缘轮廓明显的不规则选择区域，等等。

- 快速选择工具：用"快速选择工具"可以快速涂画出选择区域，用"魔棒工具"在合适位置单击，可选择与该位置颜色相同或相近的邻近区域。

图 2-3-36　选择工具组

② 使用"选择"菜单。"选择"菜单如图 2-3-37 所示，包括选区修改和操作的一些功能。

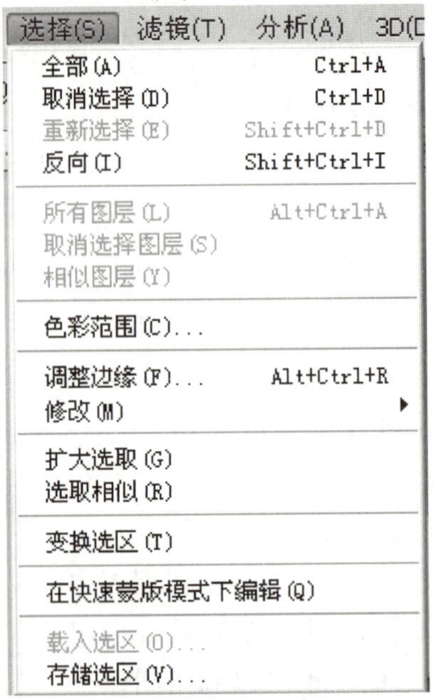

图 2-3-37 "选择"菜单

- "色彩范围"：选择图像中色彩相同或相近区域。
- 选区的保存：执行"选择"—"存储选区"菜单命令，可以将选区以某个名称保存。
- 载入选区：执行"选择"—"载入选区"菜单命令，可以将保存好的选区重新载入进来。

③ 修改选区。

- 快速蒙版修改选区：工具箱最下方  按钮是标准模式与快速蒙版模式切换按钮，在快速蒙版模式下，图像未选择部分称为蒙版区域，以"蒙纱"（一定透明度的颜色，默认为50%的红色）显示，图像选区则正常显示。用户可以用画笔工具添加蒙纱，或用橡皮工具擦除蒙纱，从而实现对选区的修改，还可以配合放大和缩小图像（放大镜功能）对选区进行细致修改。

注意：修改完后应切换到标准模式下对图像进行处理。

- 利用"选择"菜单修改选区："选择"菜单中包含对选区的多种编辑命令，"全选"可选择整个图像；"取消选择""重新选择"可实现对选区的取消和重选；"反选"可使原来未选择的区域变成选区，原来的选区变成未选择区域；"修改""变换选区"等可以改变选区大小、形状等；"存储选区""载入选区"可以实现对选区的存储和加入、运算等。
- 选区的运算：在图像有选区的情况下，利用"选择"工具属性栏中  按钮可以实现对选区的叠加、相减、交叉等运算，从而得到新

选区。

- 选区的移动：在"选择"工具选出选区的情况下，将鼠标移到选区内，按住左键并拖动即可移动选区。

④ 边缘柔化技术：柔化能够使选区边缘产生柔和效果，使图像合成自然。Photoshop 有 3 种方法使边缘柔化：一是在建立选区前设置羽化，在"选择"工具属性栏的羽化属性中设置相应羽化值的大小（羽化值为 0 时不羽化，选区边缘生硬）；二是在菜单"选择"—"调整边缘"中设置；三是切换到快速蒙版模式，在选区边缘用柔化画笔涂抹。

⑤ 制作透明图像：常用的图片格式中，bmp、jpg 等格式的图片不能保存透明信息，系统会默认为白色背景。gif 格式的图片虽然可以保存透明信息，但 gif 格式的图片最多只能有 256 种颜色，因而只能在对图片要求不高的场合使用。比较理想的是png 格式图片，它具有真彩色，支持图片的透明信息，包括半透明。

- 根据要求对图像进行合理的选区操作，选择图像中所需要显示的部分。
- 执行"编辑"—"拷贝"菜单命令（快捷键【Ctrl+C】）。
- 执行"文件"—"新建"菜单命令（快捷键【Ctrl+N】），在"新建"窗口中选择"透明"背景内容（如图 2-3-38 所示），单击"确定"按钮。

图 2-3-38　在"新建"窗口中设置透明格式

- 执行"编辑"—"粘贴"菜单命令（快捷键【Ctrl+V】）。
- 执行"文件"—"存储"菜单命令（快捷键【Ctrl+S】），注意选择存储格式为 png。

（6）图像合成技术

通过拷贝、粘贴或拖动，可以将多个图像对象组合到一个图像中，这就是图像合成。图像对象可以移动、变换、排布、添加蒙版和效果等。

① 对象变换。

- 对象的移动：单击工具箱中移动工具 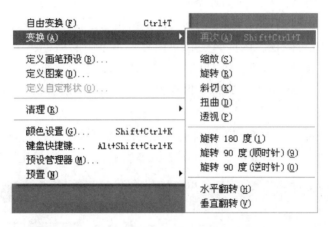 按钮，可以拖动图像对象到合适位置，也可将选区中的图像对象拖放到其他图像中。
- 对象的复制：按住【Alt】键，用移动工具拖动图像对象，可以在其他位置复制一个图像对象。
- 对象的变换：执行"编辑"—"自由变换"菜单命令可以实现更改对象的大小、形状变化和旋转等操作。在"变换"菜单中可以按相应命令进行缩放、旋转、扭曲、翻转等操作（如图 2-3-39 所示）。

自由变换 (F)	Ctrl+T
变换 (A) ▶	再次 (A) Shift+Ctrl+T
定义画笔预设 (B)...	缩放 (S)
定义图案 (D)...	旋转 (R)
定义自定形状 (D)...	斜切 (K)
	扭曲 (D)
清理 (R) ▶	透视 (P)
颜色设置 (G)... Shift+Ctrl+K	旋转 180 度 (1)
键盘快捷键... Alt+Shift+Ctrl+K	旋转 90 度 (顺时针) (9)
预设管理器 (M)...	旋转 90 度 (逆时针) (0)
预置 (N) ▶	水平翻转 (H)
	垂直翻转 (V)

图 2-3-39　"变换"命令

② 图层操作。每一个图像对象占据一个图层，对其中一个图层的操作，不会影响其他图层的图像。Photoshop 有普通图层、背景图层、文本图层、调整图层、填充图层等多种类型的图层，适合不同需求，且图层可以转换类型。图层操作可通过"图层"调板和"图层"调板菜单进行。

- 图层调板："图层"调板中列出了图像中所有图层及类型。通过下方的命令按钮可以实施图层的建立、复制、删除、添加图层效果、添加调整图层、添加图层蒙版等操作。每一图层左侧按钮可设置图层对象的隐藏显示和链接。上方可设置图层叠加模式和改变图层对象的透明度。单击右上角 ，在出现的"图层"调板菜单中可以实施更多的操作（如图 2-3-40 所示）。

图 2-3-40 "图层"调板及"图层"调板菜单

- "图层"调板菜单："图层"调板菜单（如图 2-3-40 所示）中包含了所有对图层操作的命令，利用它们可以对图层进行各种操作。另外，选择对象后，右键快捷菜单中也有一些常用的操作命令。

- 图层蒙版：通过图层蒙版可以使图层中的图像根据要求显露一部分，在图像合成中非常有用。蒙版中白色部分表示图层内容显现；蒙版中黑色部分表示该图层内容不显现而透露出下面图层内容；若为灰色，则表示部分显现、部分透露（如图 2-3-41 所示）。在"图层"调板下方单击"添加图层蒙版"按钮，可在相应图层中增加"图层蒙版"，可用描绘、填充等方法对蒙版进行合理的编辑。

图 2-3-41 通过图层蒙版合成图像

- 多个对象对齐：在"图层"调板中，将需要对齐的多个图层对象链接起来，选择移动工具，在工具属性栏中选择合适的对齐和分布设置。

（7）综合实例：界面设计与制作

课件封面设计
与制作综合实例

这里以《三国演义赏析》课件封面（如图 2-3-42 所示）的设计与制作为例。

① 封面设计。封面是进入课件的第一个页面，起到揭示主题、激发观众兴趣等作用，需要精心设计和制作。可以选择一个合适的底图作为背景，底图不宜变化太大或太复杂，色调选用上应符合课件主题，在背景基础上可添加主图、点缀对象和文字。应注意配色合理，如前景对象与背景应有对比以突出主题；各对象排列应均衡合理；课件界面不宜杂乱，应该简洁清爽。

图 2-3-42　《三国演义赏析》课件封面

② 素材准备。首先准备好素材，包括背景底图、主图、人物等图像和系统没有的字体文件（如本例中的"简启体"），在系统中可先安装相应的字体。

③ 制作。

- 新建、保存：打开 Photoshop，新建像素为 800×600、分辨率为 72 dpi、白色背景的新图像文件，执行"文件"—"存储为"菜单命令，将文件保存为"封面 .psd"。
- 背景制作：打开背景底图图像，用移动工具将图像拖到封面图像中，执行"编辑"—"变换"—"缩放"菜单命令，将图像调整到合适大小（注意保持比例），将它作为背景。

- 主图制作：打开主图原始图像（如图 2-3-43 所示），用前面学过的去水印方法去除画面中多余或杂乱的部分。用移动工具将图像拖到封面图像中，将图像调整到合适大小，并放置在画面中心位置。

图 2-3-43　主图原始图像

- 点缀图像制作：打开人物原始图像（如图 2-3-44 所示）。由于该图像背景是白色，可用"魔棒工具"单击选择白色背景，再切换到快速蒙版模式进行适当修改，切换到标准模式，将选区反选（也可用"磁性套索工具"加快速蒙版直接选取人物）。用移动工具将图像拖到封面图像中，将图像调整到合适大小。给该图层添加发光效果（将发光范围调大一些）。

图 2-3-44　人物原始图像

- 标题文字制作：添加标题文字"三国演义赏析"，并添加样式效果（阴影、浮雕等）。

④ 保存和输出文件。单击"存储"按钮，保存为 psd 文件，为便于在课件中使用，将文件"存储为" jpg、gif 或 png 格式以备使用。

⑤ Photoshop 和 PPT 结合制作封面。上述方式得到的封面是一个整体，不利于演示时对象一个一个出现。可以先用 Photoshop 处理好图像对象，输出为透明的 png 格

式，再将其分别插入 PPT 页面中，并分别设置自定义动画。对于上述例子，由于背景和主图都是矩形的，因此可直接使用，而人物呈不规则形状，可先在 Photoshop 中选择好，然后复制、粘贴到透明背景中，存储为 png 格式后再插入 PPT 中，文字样式可以用 PPT 软件中的艺术字实现。

4. 用其他方法处理图像

通过使用工具软件可以快速实现对图像的处理，如去水印、改变图像比例、抠图等；利用手机的图像处理 App，也可以处理图像。这些方法使用简单，快捷方便。

（1）用 Inpaint 软件去除图像水印

在 Inpaint 软件中打开要去除水印的图像，用左侧工具箱中的"选择"工具（包括魔术笔、套索工具、多边形套索工具、魔术棒等）选取水印（如图 2-3-45 所示），单击"处理图像"按钮，水印即可消除。该软件也可以快速去除图像中的多余对象。

图 2-3-45　用 Inpaint 软件选择图像中要去除的水印

（2）用 iResizer 软件去除多余对象并改变图像尺寸比例

在 iResizer 软件中打开要处理的图像（如图 2-3-46 所示），用左侧工具箱中的"标记"工具（包括标记笔、套索工具、多边形套索工具、橡皮等）标记需要保护的部分（用绿色标记，调整后不变形）和需要去除的部分（用红色标记，调整后被去除），单击"调整"按钮，设置调整后的尺寸、比例，即可去除多余对象并改变图像尺寸、比例，被保护的图像区域大小、比例不变。

图 2-3-46   用 iResize 软件打开要处理的图像

（3）用 PhotoScissors 软件抠图

在 PhotoScissors 软件中打开要抠图的图像，此时会出现 2 个窗口，左侧窗口是原图，右侧窗口是抠图后的效果预览（如图 2-3-47 所示）。单击左侧工具箱中的"绘制"工具，用绿色笔在需要抠出的图像对象上随意画几笔，用红色笔在不需要的图像部分画几笔，根据预览效果进行一些修整（如用橡皮工具擦除笔画，用笔工具添加笔画），满意后执行"文件"—"另存为"菜单命令，将抠好的图像保存为 png 透明图像格式。

图 2-3-47   用 PhotoScissors 软件打开要抠图的图像

（4）利用网站处理图像

利用一些数字图像处理网站可以简单快捷地处理数字图像。

在线去水印网站可以快速去除数字图像中的水印、瑕疵、绘本中的折痕和文字等，如在线水印管家（https://beecut.cn/online-watermark-remover）、Magic Studio（https://magicstudio.com/zh/）等。

在线抠图网站可以快速抠出图像，如 remove.bg（https://www.remove.bg/zh）、unscreen（https://www.unscreen.com）等。

一些综合图像处理网站，如佐糖（https://picwish.cn）、改图鸭（https://www.gaituya.com）等，具有去水印、抠图、修复图像、AI 绘画等多个功能。图 2-3-48 为佐糖网站提供的免费图像处理工具。

图 2-3-48　佐糖网站的免费图像处理工具

一些平面设计网站，如可画（https://www.canva.cn）、稿定设计（https://www.gaoding.com）、图怪兽（https://818ps.com）等，具有综合图像处理功能，大量的模板可以帮助快速进行平面设计。

（5）用手机或平板处理图像

用手机或平板中的图像处理 App 或小程序，可以方便快捷地进行数字图像处理。常用的有：

- 综合类：手机自带图像处理 App、醒图、Snapseed、美图秀秀、PicsArt 等。
- 小工具类：去水印瑕疵 Retouch、抠图 KnockOut 和抠图大师等。
- 小程序类：AI 抠图、图片去水印助手、最美证件照等。

请尝试在自己的手机中搜索和安装相关 App 进行拍摄和图像处理。

💻 **实训任务**

任务一　极简处理图像

本实训任务的目的是掌握用小软件、网站、PPT 和手机等处理图像的方法，包括去除水印瑕疵、调整图像、抠图等内容。

1. 准备工作：下载素材和软件

在在线课程中下载资源包，包括要处理的图像素材和小软件，解压后备用。

图像处理资源

2. 用小软件处理图像

（1）用 Inpaint 软件去除图像水印

【案例 1】擦黑板

本案例要求去除黑板上的粉笔字，处理好的黑板可以作为背景使用（如图 2-3-49 所示）。

小软件处理图像

图 2-3-49　去除黑板上的粉笔字

【案例 2】去除水印和多余人物

本案例要求去除照片中的水印和多余人物（如图 2-3-50 所示）。

图 2-3-50　去除水印和多余人物

【**案例** 3】 去除绘本页面中的文字、瑕疵、折痕等

本案例要求去除绘本页面中的文字、瑕疵和折痕等（如图 2-3-51 所示）。

图 2-3-51　去除绘本页面中的文字、瑕疵和折痕等

（2）用 iResizer 软件去除多余对象并改变图像尺寸、比例

【**案例** 1】 去除多余人物

本案例要求去除照片中的多余人物（图 2-3-52 左图中的女孩）。

图 2-3-52　去除多余人物

【**案例** 2】 改变图像尺寸、比例

本案例要求将方形图像变成 16∶9 的宽屏图像，要求改变后的主体人物不变形（如图 2-3-53 所示）。

图 2-3-53　方形图像变宽屏图像

（3）用 PhotoScissors 软件抠图

【案例】绘本页面抠图

本案例要求抠出绘本页面中的蝴蝶（如图 2-3-54 所示）。

图 2-3-54　用 PhotoScissors 软件抠图

3. 用网站处理图像

（1）用佐糖处理图像

【案例 1】在线抠图

本案例要求从复杂背景中抠出所需对象，适当编辑后合成到其他背景中（如图 2-3-55 所示）。

图 2-3-55　抠图换背景

【案例 2】在线去除多余对象

本案例要求去除照片中影响画面效果的多余对象（如图 2-3-56 所示）。

图 2-3-56　去除多余对象

【**案例** 3】 处理老照片

本案例要求提升老照片的清晰度，并将黑白照片变成彩色照片（如图 2-3-57 所示）。

图 2-3-57　处理老照片

（2）　用可画处理图像

【**案例** 1】设计与制作个人名片

本案例要求利用可画的名片模板设计与制作个人名片（如图 2-3-58 所示）。

图 2-3-58　设计与制作个人名片

【案例 2】设计与制作幼儿园招生宣传单

本案例要求利用可画的模板设计与制作幼儿园招生宣传单（如图 2-3-59 所示）。

图 2-3-59　设计与制作幼儿园招生宣传单

（3）AI 绘画

目前 AI 绘画主要有以下两类。

一类是用文本或图像生成图像：输入希望生成的图像的描述文字，选择图像风格、尺寸等参数；提供初始参考图像，AI 根据要求会生成多幅符合要求的图像。常用的有百度的文心一格（https://yige.baidu.com）、即梦 AI（https://jimeng.jianying.com）、豆包（https://www.doubao.com）、佐糖、Midjourney 等。

【案例 1】用文心一格创作

本案例要求在文心一格中输入图像的描述文字，并选择绘画风格、尺寸等，生成符合要求的绘画作品（如图 2-3-60 所示）。

图 2-3-60　用文心一格创作的绘画作品

另一类是风格迁移，就是指更换图像的风格，如将真实照片处理成具有漫画效果的图像等。常用的有醒图、剪映、抖音的玩法、美图秀秀的创意玩法等。

【案例 2】将照片转换为卡通图像

本案例要求将普通照片变成卡通图像（如图 2-3-61 所示）。

图 2-3-61　用 AI 更换图像风格

4. 用 PPT 处理图像

（1）裁剪法去除水印

本案例图像素材的水印在图像边上，用裁剪法剪裁后去除水印（如图 2-3-62 所示）。有些图像的水印可以通过裁剪成不同形状来去除。

图 2-3-62　裁剪法去除水印

（2）调整图像

本案例要求通过调整图像的明暗对比度、旋转、裁剪、重新构图获得较好效果的图像（如图 2-3-63 所示）。也可通过添加艺术效果、边框、效果等美化图像。

图 2-3-63　用 PPT 调整图像

（3）抠图

【案例 1】通过设置透明色抠图

本案例要求对单一颜色背景图像进行抠图，设置透明色不但可以抠静止图像，也可以抠 gif 动图（如图 2-3-64 所示）。

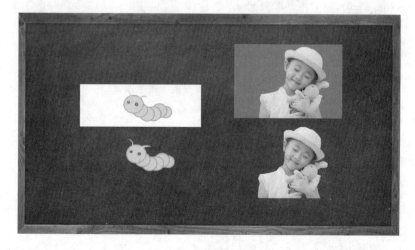

图 2-3-64　设置透明色抠图

【**案例**2】 通过删除背景、使用形状工具等抠图

本案例要求通过删除背景、使用形状工具等从复杂背景中抠出图像（如图 2-3-65 所示）。

图 2-3-65　通过删除背景、使用形状工具等抠图

5. 用手机处理图像

（1）扫描

手机上安装扫描类 App（如布丁扫描、CS 扫描全能王等）或小程序，将纸质材料如照片、证书、绘本页面等通过扫描转换为数字图像（如图 2-3-66 所示）。

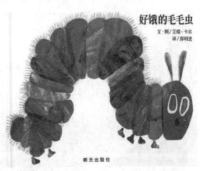

图 2-3-66　将绘本封面扫描为数字图像

（2）识物

手机上安装识物类 App（如植物识别 App "形色"、智能拍照识物等）或小程序，也可利用微信扫一扫、夸克扫描等工具，拍照识别植物、动物、商品等。

（3）制作证件照

手机上利用小程序（如免费证件照等）拍摄并制作各种尺寸和底色的证件照。

（4）处理图像

手机上安装图像类 App（如醒图、美图秀秀、Snapseed 等）进行图像处理，如调整、去除水印、抠图及图像合成等（如图 2-3-67 所示）。

图 2-3-67　醒图处理图像案例

（5）AI 绘画创作和图像处理

利用手机上图像类 App 的 AI 图像处理功能（如醒图的 AI 绘画、美图秀秀的 AI 绘画、简笔画、照片上色、智能抠图等）或小程序（如造梦日记、智绘 AI 等），进行 AI 绘画创作和图像处理。

任务二　用 Photoshop 处理图像

本实训任务的目的是熟悉 Photoshop 界面和基本操作，掌握用 Photoshop 去除水印、调整图像和抠图等技术。

1. 准备工作：下载素材

在在线课程中下载素材包，解压后备用。

2. 去除水印和瑕疵

【案例 1】擦黑板

本案例要求用裁剪工具去除图片上的水印，用污点修复画笔工具去除黑板上的粉笔字（如图 2-3-68 所示）。

图 2-3-68　去除图片上的水印和黑板上的粉笔字

【案例 2】去除水印

本案例要求用修复画笔工具或修补工具去除图片上的水印（如图 2-3-69 所示）。

图 2-3-69　去除图片上的水印

【**案例 3**】　去除多余人物和移动复制对象

本案例要求用多种去水印工具去除照片上的水印和多余人物，并将儿童移动复制多个（如图 2-3-70 所示）。

图 2-3-70　去除照片上的水印和多余人物并移动复制对象

【**案例 4**】　去红眼

本案例要求用去水印工具和去红眼工具去除图片上的水印和红眼等，并用滤镜等工具对人像进行修饰（如图 2-3-71 所示）。

图 2-3-71　去除图片上的水印和红眼并修饰图像

3. 调整图像

【**案例 1**】　调整图像的明暗度并重新构图

本案例要求通过应用 Photoshop 的图像调整功能调整图像的明暗度等，并通过裁剪工具重新构图（如图 2-3-72 所示）。

图 2-3-72　调整图像的明暗度并重新构图

【案例 2】调整图像的比例

本案例要求通过应用内容识别缩放功能调整图像的比例，做到主体人物和对象不变形（如图 2-3-73 所示）。

图 2-3-73　调整图像的比例

【案例 3】图像畸变的修整

本案例要求使用变换工具对图像畸变进行修整（如图 2-3-74 所示）。

图 2-3-74　图像畸变的修整

4. 抠图

Photoshop 的抠图原理：首先通过各种工具选取要抠取的图像部分，单击"编辑"

菜单中的"复制"（或按【Ctrl+C】键），再新建一个透明背景的图像（按【Ctrl+N】键），单击"编辑"菜单中的"粘贴"（或按【Ctrl+V】键），最后"另存为"png格式的透明图像（按【Ctrl+S】键）。

【案例1】单色背景抠图

本案例要求用魔棒工具选取单色背景，再单击"选择"菜单中的"反选"选取主体图像（如图2-3-75所示）。

图2-3-75　单色背景抠图

【案例2】复杂背景抠图

本案例要求利用快速选择工具选取复杂背景中的图像（如图2-3-76所示）。

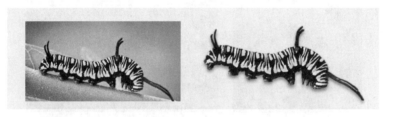

图2-3-76　复杂背景抠图

【案例3】抠除绿幕并换背景

本案例要求利用"选择"菜单中的"色彩范围"选取绿幕中的所有绿色区域，再反选出抠图对象，并更换背景（如图2-3-77所示）。

图2-3-77　抠除绿幕并换背景

【案例4】利用羽化快速抠图

本案例要求利用套索工具粗选对象，再设置一定的羽化进行快速抠图，随后进行图像合成，并在PPT中设置动画（如图2-3-78所示）。

图 2-3-78　利用羽化快速抠图

【案例 5】通用抠图法

本案例要求通过磁性套索工具选取抠图对象，再切换到快速蒙版模式利用画笔和橡皮对选区进行修整后精确选取抠图对象，最后进行图像合成和更改衣服纹理等操作（如图 2-3-79 所示）。

图 2-3-79　利用磁性套索工具及快速蒙版模式抠图

巩固练习

1. 名词解释

（1）点阵图：_____

_____。

（2）矢量图：_____

_____。

2. 单选题

（1）多媒体制作中不能直接使用的图像格式是（　　　）

A. psd　　　　　　　B. jpg　　　　　　　C. png　　　　　　　D. gif

（2）下列操作中不属于图像处理范围的是（　　　）

A. 抠图　　　　　　　　　　　　B. 去水印和瑕疵

C. 调整明暗对比和尺寸、比例　　D. 提升音质

E. 将数字图像艺术化处理

（3）下列图像格式中，支持动态图像的格式是（　　　）

A. png　　　　　　B. gif　　　　　　C. jpg　　　　　　D. bmp

（4）用 Photoshop 抠图后保存的图像格式是（　　　）

A. png　　　　　　B. psd　　　　　　C. jpg　　　　　　D. gif

（5）全国计算机等级考试一级考试中，没有的项目是（　　　）

A. Office　　　　　B. Photoshop　　　C. WPS　　　　　D. VB

3. 多选题

（1）图像存在的缺陷有（　　　）

A. 质量差，如尺寸小，拉大后会出现马赛克；画面模糊等

B. 比例不符合要求，变形

C. 有水印和瑕疵

D. 明暗和色彩不正

（2）多媒体制作中，支持透明背景的图像格式有（　　　）

A. gif　　　　　　B. bmp　　　　　　C. png　　　　　　D. jpg

（3）Photoshop 是一款专业的图像处理软件，在课件制作中的作用有（　　　）

A. 调整图像的尺寸、比例　　　　B. 调整图像明暗度、色调等

C. 去水印、瑕疵　　　　　　　　D. 抠图

E. 通过滤镜加各种效果　　　　　F. 编辑 gif 动画

4. 判断题

Photoshop 不能够直接抠图，它的抠图原理是选取要抠出的图像部分，放置到透明背景中，并保存为透明背景的图像格式。　　　　　　　　　　　　　　　（　　　）

项目 2.4 数字声音资源

项目导图

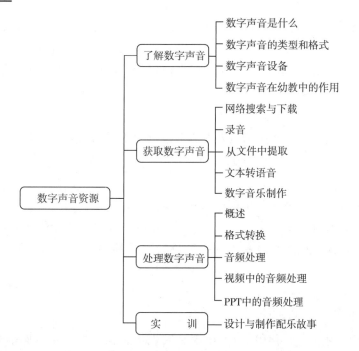

数字声音资源
- 了解数字声音
  - 数字声音是什么
  - 数字声音的类型和格式
  - 数字声音设备
  - 数字声音在幼教中的作用
- 获取数字声音
  - 网络搜索与下载
  - 录音
  - 从文件中提取
  - 文本转语音
  - 数字音乐制作
- 处理数字声音
  - 概述
  - 格式转换
  - 音频处理
  - 视频中的音频处理
  - PPT中的音频处理
- 实训
  - 设计与制作配乐故事

学习目标

1. 了解数字声音资源的特点、格式及作用；
2. 学会数字声音资源的获取方法；
3. 掌握数字声音的处理技术；
4. 学会视频中的音频处理技巧。

📖 **学习任务**

任务一　了解数字声音

1. 数字声音是什么

数字声音是一种利用数字化技术手段对声音进行录制、存放、编辑、压缩、还原或播放的声音。它具有存储方便、存储成本低廉、失真小、编辑和处理非常方便等特点。数字声音有时也被称为数字音频。

2. 数字声音的类型和格式

（1）两种数字声音

一种是波形数字声音，通过 MIC 将声音信号转变为模拟音频信号（波形信号），再将模拟音频信号通过取样、量化、编码等过程转化为数字音频，常用的格式有 wav、mp3、wma、m4a、amr 等；另一种是计算机合成数字声音，包括合成语音（格式与波形文件相同）和合成音乐（MIDI 文件，格式为 mid）。

（2）波形数字声音属性

采样频率：每秒钟将模拟信号转变为数字形式信息的次数。

采样位数：存储、记录音频振幅所使用的二进制位数，它决定数字声音的动态范围。

通道数：声道数，通常为单声道或双声道。

在多媒体制作中，一般语音（人声）的音频参数为采样频率 8 kHz，采样位数 8 位，单声道；音乐和自然声音的音频参数为采样频率 44.1 kHz，采样位数 16 位，双声道。

3. 数字声音设备

（1）声卡

声卡也称音频卡（或声效卡），作用是实现声音信号与数字音频信号相互转换。声卡的基本功能：一是把来自话筒、收录机（卡座）、DVD 等的声音输入信号转换为数字音频信号存储在计算机中；二是将计算机处理的数字音频信号转换为模拟声音信号输出，并输送到耳机、音箱、扩音机、录音机等音响设备上使用；三是将 MIDI 键盘操作转换为数字音频信号；四是将 MIDI 声音合成为模拟声音信号输出。声卡的接口如图 2-4-1 所示，可以连接各种音频设备，如喇叭（音箱）、功放、麦克风（MIC，即话筒）、耳机等。接口位置有前置、后置和侧置 3 种。

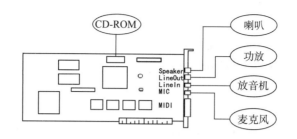

图 2-4-1 声卡接口示意图

（2）音频设备

1）音频设备连接

将麦克风、耳机（或音箱）连接到电脑相应接口中。必要时参照电脑说明书或请教他人，避免因连接错误造成设备损坏。

2）调整播放总音量

单击电脑桌面右下角"喇叭"标志，出现音量调节器（如图 2-4-2 所示），调整电脑总输出音频信号的强度，单击可设置静音，使电脑没有声音输出，再次单击则取消静音。

3）设置音频属性

右击电脑桌面右下角"喇叭"标志，在出现的右键菜单中选择"播放设备"，打开播放声音控制台（如图 2-4-3 所示），双击"扬声器"，在打开的"扬声器属性"对话框（如图 2-4-4 所示）中选择"级别"标签，通过鼠标拖动调节钮可以分别调节各输入音频信号的强弱。"麦克风"静音时，电脑不输出麦克风的声音；非静音时，电脑输出麦克风声音，可以调节其输出音量。

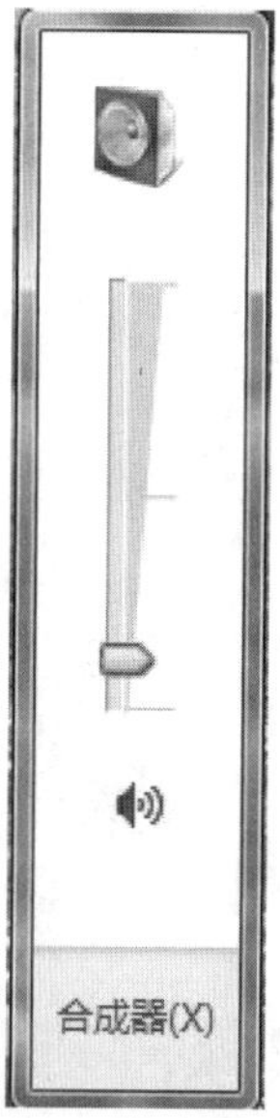

右击电脑桌面右下角"喇叭"标志，在出现的右键菜单中选择"录音设备"，打开录制声音控制台（如图 2-4-5 所

图 2-4-2 总音量控制台

示）。在空白处右击，右键菜单中勾选"显示禁用的设备"，此时将列出禁用的设备，如"立体声混音"（即电脑播放的声音），右击选择启用，禁用的设备将不可以使用。双击相应录制设备，打开相应设备的录制属性对话框，选择"级别"标签（如图 2-4-6 所示），通过鼠标拖动调节钮可以改变录制音频信号的强弱。

图 2-4-3　播放声音控制台

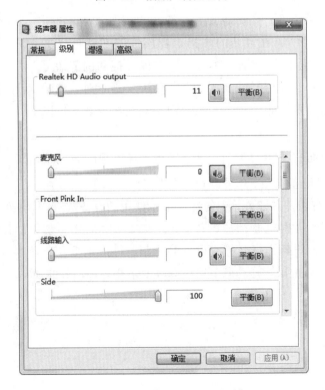

图 2-4-4　"扬声器属性"对话框

图 2-4-5　录制声音控制台

图 2-4-6　录制声音属性

4）用电脑实现扩音

输出接口（喇叭或耳机接口）接入有源音箱，MIC 接口插入麦克风，"扬声器属性"中麦克风设置一定音量，就可以进行扩音。

如果出现啸叫声，可将音箱声音调小一些，并拉大麦克风与音箱之间的距离，不要让麦克风正对音箱。

（3）播放数字声音

1）电脑播放数字声音

可以用系统自带的播放器 Windows Media Player 播放数字声音，也可以用专用播放器播放，常用的有 QQ 影音、QQ 音乐、酷狗音乐、百度音乐等。请下载播放器软件，安装并使用，探索其使用技巧，完成表 2-4-1。

表 2-4-1　数字音频播放器研究

常用的播放器	
你研究的播放器名称	
支持的数字音频格式	
歌词功能	
其他功能	

2）手机播放数字声音

可以用手机系统自带播放器播放，也可以安装 App 如 QQ 音乐、酷狗音乐、网易云音乐等进行播放。

4. 数字声音在幼教中的作用

（1）数字声音的类型

按数字声音的作用分，可以将数字声音分为 3 类：环境音（音效）、语音（人声）和音乐。

（2）数字声音在幼教中的作用

数字声音在幼教中可以独立使用，但更多的是配合其他数字媒体一起使用，实现幼教效果最优化。

1）创设情景

利用数字声音配合画面可以创设幼教情境，用于导入活动环节和渲染幼教活动气氛。在幼儿一日生活的不同阶段，可以通过播放不同的声音创设相应的情境（如图 2-4-7 所示）。

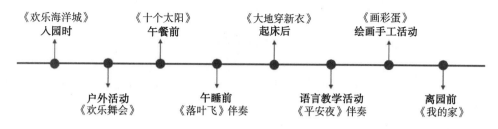

图 2-4-7　一日生活情境声音设计案例

2）吸引注意力

幼儿对特殊声音具有高敏感性，可以播放适合的声音吸引幼儿注意力，使其快速进入幼教活动状态。

3）辅助认知

在幼教活动中，通过播放各种真实的声音（如自然界的声音、动物的叫声、人造器物和设备的声音、人类发出的声音、环境声音、乐器声音、噪声等）并结合其他媒体，可以提升幼儿的认知水平。

4）增强互动性、游戏性

如通过听声音猜内容、回答问题、听一听找一找等增强幼教活动的互动性和游戏性。

5）提高幼儿能力

可以让幼儿模仿、复述与表达、表演，提高幼儿的综合能力。

（3）数字声音在幼教中的应用原则

1）真实性原则

真实的声音能让幼儿身临其境，通过感受自然界和生活中的各种真实声音，激发幼儿的探索兴趣。与图像和视频画面相适配的真实声音，能更好地提升幼儿的认知水平。

2）高品质原则

幼儿的听觉很敏感，劣质、模糊、混乱和嘈杂的声音可能会影响幼儿的听觉神经和心理，所以在幼教活动中要选择高品质的声音。

3）科学适度原则

在幼教活动中，要注意适度调节声音的音量，控制声音的数量和复杂度，科学匹配幼儿的心理特点，如宜选择节奏明快、旋律优美、相对简单的乐曲，不宜选择过于宏大、复杂、成年人的乐曲。

4）重复性原则

在幼教活动中使用数字声音可以适度重复，重复时可以适当变化，让幼儿在一次次的重复、一点点的渐进中耳濡目染。

任务二　获取数字声音

获取数字声音的主要途径有网络搜索与下载、录音、文件中提取、文本转语音及数字音乐制作。

1. 网络搜索与下载

（1）音乐网站

可在音乐网站输入音乐或歌曲名等关键词进行搜索，如 QQ 音乐（https://y. qq. com）、网易云音乐（https://music. 163. com）等。

也可以通过音乐聚合搜索网站进行搜索，如音乐搜索器（https://www.xmsj.org）、淘声网（https://www.tosound.com）、音乐直链搜索（https://music.liuzhijin.cn）等。

（2）音频素材网

音效、背景音乐等可以到音频素材网中搜索，如爱给网（https://www. aigei. com）、耳聆网（https://www. ear0. com）、PlayList（https://www. playlistmusic. com. cn/playList）、黑罐头（https://www. heycan. com/material#soundEffect）（音效）等。

（3）网页音频下载

网页中搜索到的音频有的可以直接下载，有的需要登录后下载，有的需要 VIP 才能下载。安装浏览器插件"猫抓"，可以抓取网页中播放的音频和视频下载到电脑中。不能下载的，可以通过录制系统声音获取数字声音。

（4）软件或 App

利用软件（如洛雪音乐助手、MusicTools、Listen 1 等）可以搜索和下载音乐；利用手机 App（如 QQ 音乐、酷狗音乐、网易云音乐等）可以搜索、收听和下载数字声音，这些 App（或一些微信小程序）的听歌识曲功能可以识别播放的音乐、歌曲或哼唱的声音等，并可提供曲名信息和完整的数字音乐；短视频 App（如抖音、视频号等）及视频处理 App（如剪映、必剪等）也可以搜索和下载数字声音资源。

2. 录音

录音分外录和内录两种，外录指通过麦克风录制外部声音，受环境影响很大，一般需要在安静环境下录音；内录指录制电脑或手机中播放的音频，也称系统声音，这种音频不能通过录制外放声音来获取，而是直接利用软件录制系统内部音频，其不受环境影响，录制质量高。

（1）电脑录音

1）设置录音源

在录制声音控制台列出的录制声源选择录制的声音源，右击菜单中选择"设置为默认设备"（如图 2-4-8 所示），双击打开相应属性，在"级别"标签中调节录制音量。

图 2-4-8 录制声音控制台

设置"麦克风"为默认设备，只录制话筒声音。

设置"立体声混音"为默认设备，将以立体声方式（双声道）录制电脑所有输出声音；如果此时麦克风不静音，将混合录制麦克风和电脑播放的声音，可以在该状态下直接录制配乐朗读。

2）用"录音机"录制音频

执行"开始"—"所有程序"—"附件"—"录音机"菜单命令，打开录音机（如图2-4-9所示）；单击 ● 开始录制(S) ，按钮变成 ■ 停止录制(S) ，此时开始录音。单击 ■ 停止录制(S) 停止录音，此时打开保存窗口，将录音保存为音频文件。

图 2-4-9 录音机

注意：录音效果与录音音量的设置关系很大，音量太小则听不清录音，音量太大则会出现失真。在录制前可以先试录一下，以确定合适的录音音量，确定后再进行正式录制。

3）软件录音

这里以音频处理软件 GoldWave 为例进行介绍。

将下载的压缩包解压，双击 GoldWave.exe 运行软件，软件运行界面如图 2-4-10 所示。

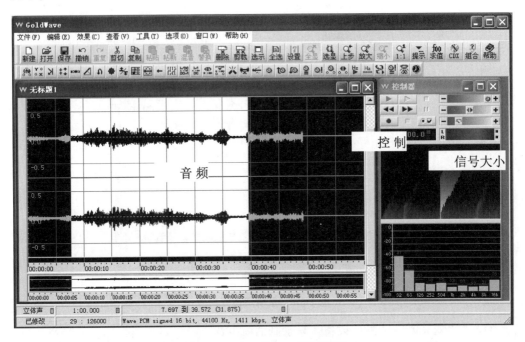

图 2-4-10　GoldWave 运行界面

• 执行"文件"—"新建"菜单命令，在弹出的新建文件对话框中设置声音参数，如"声道数""采样率""初始化长度"等，确定后在编辑区里将出现新建的声音波形图（此时是空的）。

• 单击控制器里的红色录音按钮，开始录音。此时编辑区里就出现了录制的声音波形。录制时窗口中的一条竖线表示当前时间，随着竖线右移，左边就是已经录制的声音波形。单击控制器中的"停止"按钮停止录制。

• 单击控制器里三角形状的播放按钮，可试听录制的声音。

• 单击工具栏中的"保存"按钮，选择好所要保存的目录，输入文件名字，然后在"文件类型"中选择保存类型，如 wav 或 mp3，单击"保存"按钮。

（2）手机录音

在手机上可以利用系统自带的"录音"、App（如录音专家、AI 智能录音笔等）和微信小程序（如录音器、录音大师等）进行录音；可以用诵读类 App（如为你诵读、配音秀等）录音；可以用视频编辑 App（如剪映、爱剪辑、秒剪、必剪、度咔剪辑等）中的录音功能进行录音；也可以用录屏功能实现录音。

3. 从文件中提取

PPT 文件中的多媒体素材如图片、音频和视频等，可以将扩展名 pptx 更改为压缩文件格式 rar 或 zip，然后解压到相应的文件夹，在解压的文件夹中依次打开子文件夹 ppt\media，可以提取 PPT 中的图片、音频或视频。

视频文件中的音频，可以用 QQ 影音、格式工厂等软件转换提取。

其他类型文件中的音频，可以通过录制系统声音的方式提取。

4. 文本转语音

文本转语音也称 TTS（text to speech），指将文本智能转换为流畅的语音，也称 AI 配音。

（1）网页端

腾讯智影（https://zenvideo. qq. com）的文本配音、Edge 浏览器的朗读功能、讯飞配音（https://peiyin. xunfei. cn/make）、优芽（https：//www. yoya. com）等能够将文本转换为多种语音。

（2）电脑软件

如微软语音合成助手提供了多个免费语音库，并可以设置语速、语调等，生成的语音自然流畅。

（3）手机端

利用剪映的文本朗读功能、微信小程序（如逗歌配音神器、配音鹅、配音口袋、微配音等）、App（如说得相机 AI 提词器、剪映、快影、度加剪辑等）都可以将文本转换为各种语音。

5. 数字音乐制作

利用电子乐器如电脑端的 FreePiano、手机端 App（如随身乐队、完美钢琴等）可以进行演奏生成数字音乐，也可以通过作曲软件生成数字音乐。

任务三　处理数字声音

1. 概述

数字声音处理包括剪切、串接、混音、拆分音轨、调整音量、调整播放速度、升降音调、噪声消除、淡入淡出、设置音效和格式转换等。

电脑端常用的音频处理软件有 GoldWave、Audacity、Adobe Audition（原 Cooledit）等，在线音频处理网站有 Audio Cutter（https://mp3cut. net/cn/）等。

手机端常用的音频编辑 App 有音频大师、音频剪辑大师、音乐剪辑等。

2. 格式转换

（1）用 QQ 影音转换

用 QQ 影音打开要转换的音频文件，右键菜单选择"工具"—"截取"，可以截取一段音频或全选音频，选择要转换的格式，单击"保存"即可。

（2）用格式工厂转换

打开格式工厂，选择音频中要转换的目标格式类型，在出现的对话框中单击"添加文件"，设置输出文件夹和输出参数等，根据需要进行适当剪辑，"确定"后回到主页面，单击"开始"进行转换。

（3）用网站转换

进入在线格式转换网站如 https://www.alltoall.net 或 https://convertio.co/zh/，将要转换的文件拖入其中，设置要转换的目标格式，稍等片刻转换完成后即可下载所需格式的文件。

3. 音频处理

以 GoldWave 为例进行音频处理。

GoldWave
音频处理

（1）音频剪辑

执行"文件"—"打开"菜单命令，找到需要剪辑的音频文件并打开，选中要剪裁的部分，按下【Delete】键即可。

（2）音频处理

选中要处理的音频片断，在菜单"效果"中选择合适的项目应用（如图 2-4-11 所示）。

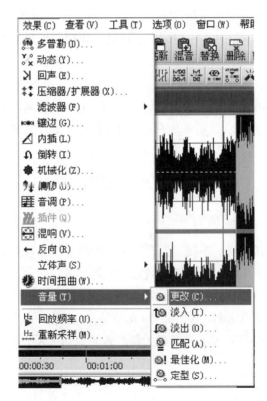

图 2-4-11　GoldWave 的"效果"菜单及常用的音量功能

（3）音频合成

以合成配乐朗读为例。

① 打开背景音乐，进行适当处理。

② 打开纯朗读音频，进行适当处理。

③ 选择朗读部分并复制。

④ 在背景音乐文件中点选朗读出现位置，执行"编辑"—"混音"菜单命令（如图 2-4-12 所示），或单击工具栏中的"混音"按钮，在打开的混音对话框中设置混音强度，这样就可将处理后的配乐和朗读音频文件合成在一起。

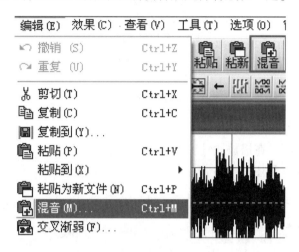

图 2-4-12　GoldWave 混音

⑤ 试听配乐朗读，根据需要进行适当处理。

⑥ 执行"文件"—"保存"菜单命令，将音频保存为合适的音频格式文件。

4. 视频中的音频处理

视频中包含音频，因此视频编辑软件也具备音频处理的功能。图 2-4-13 列出了剪映中的音频处理功能。

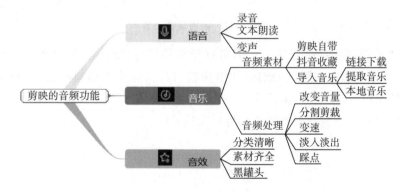

图 2-4-13　剪映中的音频处理功能

5. PPT 中的音频处理

（1）背景声音

执行"插入"—"媒体"—"音频"菜单命令，可在幻灯片中插入"PC 上的音频"或"录制音频"（如图 2-4-14 所示），也可以直接将音频文件拖到幻灯片中。这种方式支持多种音频文件格式，可用作幻灯片的背景声音。

图 2-4-14　插入音频

1）播放属性设置

选中插入的音频，在播放属性窗口中设置单击或自动播放、跨幻灯片播放、循环播放、音量等属性（如图 2-4-15 所示）。

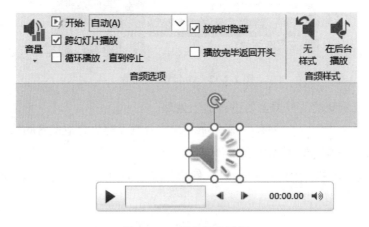

图 2-4-15　播放属性设置

勾选"跨幻灯片播放"，默认该音频在所有的幻灯片连续播放（最高支持 999 张幻灯片）。如果要设置在限定的幻灯片中播放，可以打开"动画窗格"，双击音频打开属性设置窗口（如图 2-4-16 所示），在"停止播放"中点选"在……张幻灯片后"并填写数字（该数字为播放音频的幻灯片张数）。

图 2-4-16　设置播放音频属性

2）简单的音频处理

可以对音频进行剪裁、淡入淡出等处理，通过添加书签可以实现音频的可控播放（如图 2-4-17 所示）。

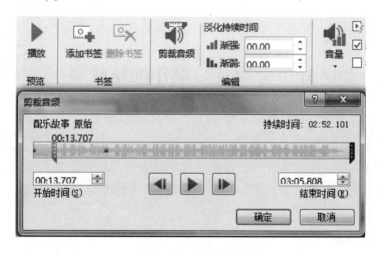

图 2-4-17　音频处理

（2）音效

通过在动画、切换、动作中设置声音，添加音效。可选用系统自带的音效，也可用"其他声音"，但只支持 wav 格式的音频文件。图 2-4-18 所示为动画中的声音设置，切换、动作中的声音设置与此相同。

图 2-4-18　动画中的声音设置

💻 实训任务

任务　设计与制作配乐故事

本实训任务的目的是掌握配乐故事的设计与制作技能。

设计与制作配乐故事

1. 选题与设计

自选绘本，将绘本文案（书面语言）改编成合适的幼教故事文案（口头语言），设计讲故事的语言要求（如口气、情绪、停顿、多角色配音等），并设计背景音乐和音效等。

2. 素材准备

准备故事文案及背景音乐、音效等音频文件。

3. 制作

（1）配音制作

录制真人讲故事的声音，并进行降噪、添加效果、变声等处理。

利用 AI 配音将文本转换成合适的人声，并适当处理。

（2）配乐处理

根据需要对背景音乐进行裁剪、拼接、改变音量、淡入淡出、变声、添加音效等处理，注意与配音的对应。

（3）混音合成

将配音与配乐混音合成，调整两者音量，使两者合理融合，达到最佳效果。

4. 导出

将配乐故事导出为音频文件。

巩固练习

1. 名词解释

（1）数字声音：_____

_____。

（2）TTS：_____

_____。

2. 单选题

（1）常见的音频素材格式除了 mp3、wav、wma 以外，还有（　　）

A. ppt　　　　　　　B. mid　　　　　　　C. mov　　　　　　　D. png

（2）下列不能转换音频文件格式的软件是（　　）

A. QQ 影音　　　　B. 格式工厂　　　　C. 音频编辑软件　　D. PPT

（3）下列不能进行音频处理的软件是（　　）

A. Photoshop　　　　　　　　　　B. GoldWave

C. Cooledit 或 Audition　　　　　　D. 剪映

（4）PPT 中动画、切换、动作中设置音效的"其他声音"中只支持（　　）格式的音频文件。

A. mp3　　　　　　B. mid　　　　　　C. wav　　　　　　D. wma

3. 多选题

（1）多媒体中涉及的音频素材根据作用可分为（　　　　）

A. 人声　　　　　B. 音乐　　　　　C. 视频　　　　　D. 音效

（2）剪映中的音频处理功能有（　　　）

A. 提供音乐和音效素材　　　　　B. 调整音量和淡入淡出

C. 音频剪裁和踩点　　　　　　　D. 文本朗读和变声

4. 排序题

配乐故事设计与制作过程是_____。

A. 选题和设计　　　B. 保存和发布　　　C. 制作　　　　　D. 素材准备

项目 2.5　数字动画资源

项目导图

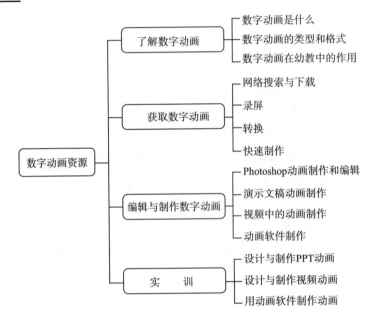

数字动画资源
- 了解数字动画
  - 数字动画是什么
  - 数字动画的类型和格式
  - 数字动画在幼教中的作用
- 获取数字动画
  - 网络搜索与下载
  - 录屏
  - 转换
  - 快速制作
- 编辑与制作数字动画
  - Photoshop动画制作和编辑
  - 演示文稿动画制作
  - 视频中的动画制作
  - 动画软件制作
- 实　训
  - 设计与制作PPT动画
  - 设计与制作视频动画
  - 用动画软件制作动画

学习目标

1. 了解数字动画资源的特点、格式及作用;
2. 学会数字动画资源的获取方法;
3. 掌握 PPT 中的动画制作技巧;
4. 初步掌握视频中的动画制作技术;
5. 学会用动画软件制作动画。

📖**学习任务**

任务一　了解数字动画

1. 数字动画是什么

数字动画是一种利用数字化技术手段转换或制作的动画，也称计算机动画。

动画实现的原理：相互关联的若干帧静止图像组成图像序列，由于眼的视觉暂留作用和心理作用，当这些静止图像连续播放便形成动画。

传统的动画制作方法是首先绘制一幅幅画面，然后进行拍摄（也可以直接拍摄实物），最后配音合成。通过这种方式制成的动画也称逐帧动画、定格动画；这种制作方式简单但效率很低。

利用计算机中的动画制作软件，除了可制作逐帧动画外，更多的是利用关键帧动画技术和渲染合成技术快速制作动画。如平面动画制作软件 Flash 就包括逐帧动画、运动动画、形状动画、遮罩动画、引导线动画等制作动画的方式。

2. 数字动画的类型和格式

（1）gif 动画

GIF（graphics interchange format）的原义是"图像互换格式"，是一种压缩率很高的图像格式。它既支持静态图像，又支持动态图像，而且支持透明背景，几乎所有系统和软件都支持这种格式，因此应用广泛。缺点是 gif 图像颜色不多于 256 色，因此质量不高。

（2）swf 格式

swf 是使用 Flash 软件生成的动画文件格式。Flash 动画支持多种媒体、可交互，基于矢量图形生成的文件小，适用于网络传播，在 PC 时代得到了广泛的应用。但由于其存在安全性低、兼容性差和耗电量大等问题，手机、平板等移动设备上不支持swf 格式，现在 swf 格式的图像除了在台式电脑上使用外，已经逐渐被淘汰，被视频格式和 HTML5 技术替代。Flash 软件新版本称 Animate，它不仅可以开发 HTML5（H5）页面，还可以打包成安卓或 IOS 系统应用，满足各种使用场景内容制作的需要。

（3）视频格式

目前大部分动画以视频方式展示，常用的数字视频格式有 mp4、mov、flv、wmv、avi、mpg 等。

3. 数字动画在幼教中的作用

文不如图，图不如动。动画是幼儿喜闻乐见的媒体形式，是最符合幼儿认知特点的幼教资源。

好的幼教动画，能够对幼儿视觉、听觉、动觉等感官产生有效的刺激，激发幼儿的学习兴趣；使幼儿产生情感上的共鸣，沉浸在动画之中，满足幼儿的情感需求。此外，形象生动的动画能提升幼儿的认知水平，帮助幼儿很好地理解动画的内容；进而让幼儿养成良好习惯、培养学习兴趣、提高审美情趣，促进幼儿健康成长。

幼教活动中选用数字动画时应注意：

（1）将数字动画与其他媒体有机结合

如卡通动画要与有真实情境的视频结合；要避免单向播放，在播放过程中可以适时暂停，通过提问、讲解和交流等方式让幼儿更好地理解动画内容。

（2）科学筛选数字动画

要选择符合幼儿身心特点的幼教动画，认真审核、甄选动画内容，尤其要避免选用一些含有成人化内容和粗制滥造、质量差的动画，力求利用动画开展具有正能量的幼教活动。

（3）全面规划与引导

从幼儿发展角度由浅入深、循序渐进地选择系列动画，在利用动画开展幼教活动时加强教师的引导作用，并联系生活实际，提升幼儿的认知水平。

（4）科学安排动画观看时间

幼儿自控力差，容易沉溺于动画之中，长时间看屏幕会损害幼儿视力，所以要控制幼儿看动画的时间，也可以在观看过程中设置一些游戏和活动，让幼儿参与其中。

任务二　获取数字动画

获取数字动画的途径主要有：

1. 网络搜索与下载

（1）用搜索引擎搜索与下载

① 打开搜索引擎（百度、搜狗、360 搜索、必应等）的图片搜索功能。

② 在搜索框中输入关键词，单击标签"图片"—"动图"（也可以直接输入：关键词 动图或关键词 gif，如图 2-5-1 所示）。

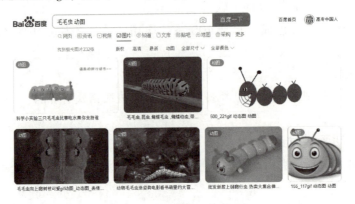

图 2-5-1　用百度进行动图搜索

③ 选择需要的动图，右键菜单"图片另存为"保存动图（gif 格式）。

（2）从 gif 素材网获取动图

gif 素材网能提供 gif 动图素材和 gif 制作工具，如 SOOGIF（https://www.soogif.com）、gif 中文网（https://www.gif.cn）、千库网（https://588ku.com/gif/）的 gif 动图，黑罐头（https://www.heycan.com/home）中的贴纸，GIPHY（https://giphy.com/）等，可以输入关键词搜索和下载。

另外，一些设计网站如可画、稿定设计、图怪兽等也提供动图素材，可以搜索和下载。

不能直接另存或下载的动图素材，可以利用 360 安全浏览器的快速存图工具或安装浏览器插件"图片下载助手"保存。

（3）表情搜索与下载

用表情交流信息，比文字更形象生动。表情分静态表情和动态表情，动态表情本质上就是 gif 动图，一系列相关表情组成表情包。

以微信为例，在微信交流窗口，点击表情图标，再点击"搜索"，输入关键词可以搜索到相关表情，关注微信公众号"表情保存助手"，将表情发送到该公众号，表情保存助手会发送该表情的下载地址，打开地址，点击"保存"按钮就能将表情的 gif 文件保存到手机相册中。也可将表情发送到自己的微信号，在电脑端登录、查看相应消息即可找到该表情并下载。

2. 录屏

利用 gif 录屏软件如抠抠视频秀、GifCam、ScreenToGif 等，可以录制屏幕上的动态过程为 gif 动图（没有声音），也可以利用录屏软件如 EV 录屏、Bandicam、oCam、FSCapture 等录制屏幕上的动态过程为视频文件（有声音）。

3. 转换

利用格式工厂、QQ 影音、微信小程序（如视频转 Gif）、手机 App（如 gif 制作）等可以将截取的视频片断转换为 gif 动图。

4. 快速制作

（1）多图合成 gif

利用 gif 编辑工具如软件（Ulead GIF Animator、ScreenToGif 的编辑器）、网站（https://www.soogif.com/gifTool、https://www.tutieshi.com/compose、https://ezgif.com）、手机 App 或小程序（如 gif 助手）等可以快速制作 gif，利用这些工具可以将连续拍摄的照片、绘制的图像等合成为 gif 定格动画。

（2）微动画制作

微动画也称 Cinemagraph，是将静态照片转换为动态图像的技术，包括静态图像中部分对象的微动、添加动态元素、画面动效（如下雨、下雪）等。

在软件 DP Animation Maker 中可以通过各种笔刷让静态图像中部分对象产生运

动，如水面波动，水流流动，头发、衣服、火焰飘动，星火闪烁，等等；可以实现各种自然现象动态效果，如下雨、下雪、闪电、云彩、光线等；还可以添加各种动态元素，如植物、动物、装饰等。导出的文件可以作为动态背景使用。

手机 App 如 PLOTAGRAPH（苹果系统）、Zoetropic（安卓系统）、美图秀秀的"魔法照片"功能也可以将静态照片转换为动态图像。

（3）AI 动画制作

利用手机 App 如美图秀秀中的"魔法照片"、剪映中的"抖音玩法"、崽崽 ZEPETO、Wink 的"AI 动漫"、秀脸 FacePlay 等可以将视频或照片处理成动态效果；网站 https://www.d-id.com 可以给静态照片配音并对口型，并输出为动态说话视频。

也可以用 AI 生成视频的方式生成视频动画，如即梦 AI（https://jimeng.jianying.com）等。

任务三　编辑与制作数字动画

Photoshop 动画制作和编辑

1. Photoshop 动画制作和编辑

利用图层和时间轴窗口，可通过 Photoshop 制作和编辑 gif 动画。

（1）制作逐帧动画

基于逐帧动画的原理，将各帧图像放在不同图层上，在时间轴上新建帧，各帧显示不同图层的图像（如图 2-5-2 所示），设置帧时间和循环次数等，存储为 Web 所用格式（gif 格式）。

图 2-5-2　Photoshop 图层和时间轴

（2）编辑 gif 动画

打开需要编辑的 gif 动画，可以对动画每帧对应图层的图像进行处理，如抠图、去水印、添加文字等。

（3）关键帧动画制作

利用帧动画的过渡功能可以制作位置、透明度和效果变化的动画；利用视频帧动画可以为图层中图像添加关键帧动画，包括位置、透明度和样式变化的动画，实现平移、渐变、旋转等动画方式（如图 2-5-3 所示）。

图 2-5-3 Photoshop 帧动画制作

2. 演示文稿动画制作

演示文稿软件如 PowerPoint、WPS 演示、Focusky 等实现动画的方式有（自定义）动画、（幻灯片）切换、插入外部动画对象（gif 动画、swf 动画和视频）等。

（自定义）动画分进入、强调、退出和路径动画 4 种，每个种类中又有多种方式的动画，图 2-5-4 所示为 PowerPoint 中的动画种类。幻灯片上所有可视对象如文本、图形图像、动画、视频等都可设置动画，并通过添加动画在同一对象上添加多个动画。

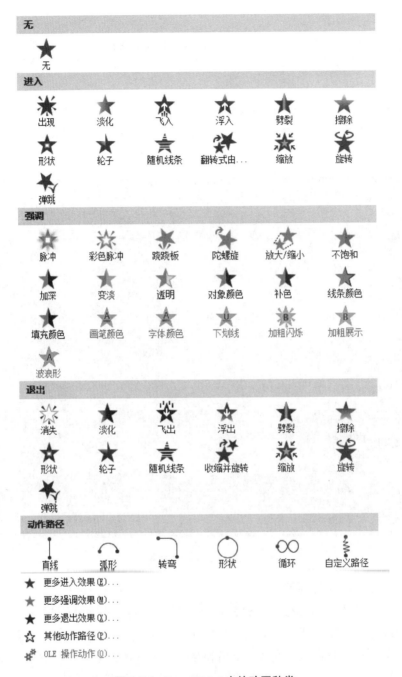

图 2-5-4　PowerPoint 中的动画种类

3. 视频中的动画制作

视频编辑软件中，可以用多种方式给视频画面上的可视对象设置动画效果，图 2-5-5 所示为剪映的动画制作功能。

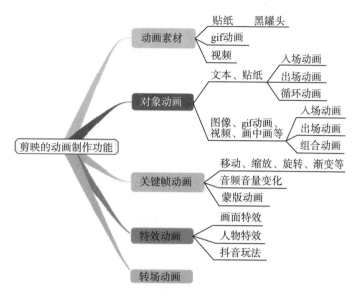

图 2-5-5 剪映的动画制作功能

4. 动画软件制作

动画软件分两大类：一类是专业动画软件，如 Flash（Animate）、MAYA、3DS MAX 等；另一类是极简动画软件，如优芽、万彩动画大师、来画等。动画软件提供了大量的动画模板、素材、配音功能等，可以快速、简单方便地制作动画。

🖥 实训任务

任务一　设计与制作 PPT 动画

本实训任务的目的是通过设计与制作动态圣诞贺卡（如图 2-5-6 所示），掌握 PPT 的动画制作技能。

设计与制作 PPT 动画

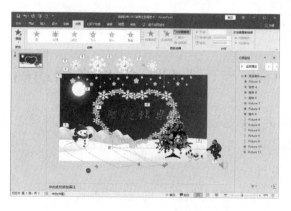

图 2-5-6　PPT 动画：动态圣诞贺卡

1. 动画脚本设计

表 2-5-1 列出了动态圣诞贺卡的 PPT 动画脚本设计，包括背景设计、背景音乐、脚本、对象及动画等。

表 2-5-1   PPT 动画脚本设计

背景设计：暗蓝色天空；背景音乐：《铃儿响叮当》（截取片断、循环播放）		
脚本	对象	动画
在暗蓝色天空和雪地背景下	雪地	底端飞入
月亮露出它的脸	月亮	淡出
星星眨着眼睛	星星组合	顶端飞入
雪人在雪地上欢快地摇晃着	雪人	底端飞入、陀螺旋
圣诞树亮起来了	圣诞树	淡出
突然变天了，月亮和星星渐渐隐出天空	月亮、星星组合	退出
天上飘起了雪花	多个雪花	路径动画
圣诞老人冒着雪送来礼物	圣诞老人	路径动画
祝圣诞快乐	爱心和文字	缩放

2. 素材搜集与处理

根据脚本搜集背景、背景音乐、图形图像、gif 动画等素材，并根据脚本进行抠图等处理。

3. PPT 动画制作

① 设置背景和背景音乐；
② 按顺序添加各动画对象，设置合适的动画；
③ 演示预览效果，进行适当调整；
④ 排练计时。

4. 保存与发布

保存为 pptx 文件，并另存为 mp4 视频格式。

任务二　设计与制作视频动画

本实训任务的目的是通过设计与制作幼教视频动画《两只老虎爱跳舞》，初步掌握用剪映制作动画及搜索素材等技能。

设计与制作视频动画

1. 动画脚本设计

表 2-5-2 为动画《两只老虎爱跳舞》的视频动画脚本设计，包括背景设计、背景音乐、脚本、对象及动画等。

表 2-5-2　视频动画脚本设计

背景设计：蓝天、森林、大树、太阳、彩虹等；背景音乐：《两只老虎爱跳舞（抖音热搜版)》		
脚本	对象	动画
两只老虎爱跳舞	两只老虎	淡入、淡出
小兔子乖乖拔萝卜	小兔子	关键帧动画、移动
我和小鸭子学走路	小鸭子	关键帧动画、反方向移动
童年是最美的礼物	所有动画对象	循环动画

2. 素材搜集与处理

根据脚本搜集背景、背景音乐、图形图像、gif 动画等素材，并根据脚本进行处理。

3. 动画制作

（1）开始创作

打开剪映，点击"开始创作"，点击"素材库"，选择透明素材，点击"返回键"，回到一级工具栏。

（2）添加音频

点击"音频"—"音乐"，搜索《两只老虎爱跳舞（抖音热搜版)》，试听后点击"使用"，回到编辑界面。

选中音频播放，播放到第四句歌词结尾暂停。点击"分割"，将音频分割成两段，选中后面一段，点击"删除"。

选中前面一段音频，点击"踩点"，播放音频，每唱完一句立即点击"添加点"。

（3）设置背景

返回一级工具栏，点击"贴纸"，搜索"蓝天"，选择一张自己喜欢的图片添加，将蓝天贴纸放大，再往上放一点；继续添加贴纸"森林"，选一个合适的添加并将贴纸放大，然后移动到合适位置；搜索"大树"，选择一张图片，将其缩小后放在左边合适位置；搜索"太阳"，选择一个，将其缩小后放到左上角合适位置；搜索"彩虹"，将其缩小后旋转放到上方合适位置，如图 2-5-7 所示（背景也可以通过在素材库中搜索"森林卡通"获取）。

图 2-5-7　PPT 动画脚本设计

把所有贴纸的轨道都拉到与音频对齐。

（4）制作情景动画

① 将时间线移到最前面，点击"贴纸"，搜索"老虎"，选择一个有两只老虎的，将其缩小一点，放到合适位置，把贴纸轨道拉到与第一句歌词结尾（第一个黄点——踩点）处对齐。

② 将时间线移到第一个黄点处，点击"贴纸"，搜索"小兔子"，选择拿着萝卜的兔子添加，点击"镜像"，把兔子换一个方向，适当缩小后移动到右边，把贴纸轨道拉到与第二句歌词结尾（第二个黄点）处对齐。

回到第一个黄点处，点击上方的"添加关键帧"；再移动到第二个黄点处，将兔子移动到树下合适位置，将自动添加关键帧，制作出兔子从右侧移动到左侧的动画。

③ 将时间线移到第二个黄点，点击"贴纸"，搜索"小鸭子"，选择走路的鸭子添加，将其稍微缩小一点，把贴纸轨道拉到与第三句歌词结尾（第三个黄点）处对齐。复制一份，再将其缩小一点，制作出大鸭子带着小鸭子学走路的情景动画。

④ 将时间线移到第三个黄点，点击"贴纸"，搜索"幼儿"，选择一群跳跃的幼儿添加，放到合适位置，把贴纸轨道拉到与第四句歌词结尾处对齐。

（5）添加字幕

返回一级工具栏，点击"文字"，在文字工具栏中点击"识别歌词"，自动识别出歌词后检查一下，若有错别字则进行修改，然后设置文字字体、样式、动画等。

4. 导出

点击"导出"，将视频导出。

任务三　用动画软件制作动画

本实训任务的目的是利用优芽设计与制作情景动画，熟悉极简动画软件制作动画的技能。

用优芽制作动画

1. 了解极简动画软件——优芽

优芽互动电影（https://www.yoya.com）是一款在线动画制作工具，有丰富的模板、场景素材、角色素材及动作设置、声音和道具素材，可智能匹配语音，还有独创的游戏试题等，融合了PPT页面的编辑方式，操作简单，可快速制作出情景动画（如图2-5-8所示）。

图 2-5-8　优芽的动画制作和编辑界面

2. 动画脚本设计

表 2-5-3 列出了"毛毛虫变形记"引入情景的动画脚本设计。

表 2-5-3　优芽动画脚本设计

脚本	对象	动画
背景设计：蝴蝶飞舞动态背景		
老师：小朋友们好！你们知道画面上飞舞的是什么吗？	老师	走路说话
小朋友 1：是蝴蝶。	小朋友 1	举手说话
老师：对。那么你们知道蝴蝶小时候是什么吗？是小蝴蝶还是毛毛虫？	老师	抬手说话
小朋友 2：老师，我知道，是毛毛虫。	小朋友 2	举手说话
老师：答对了！今天我们一起来研究"毛毛虫变形记"。	老师 标题文字	说话 擦除动画

3. 素材搜集与处理

根据脚本搜集背景 gif 动画、毛毛虫、蝴蝶等素材。

4. 动画制作

① 设置背景和背景音乐；
② 按顺序添加各动画角色和对象，设置合适的动作和动画；
③ 演示预览效果，进行适当调整。

5. 保存与发布

单击保存，播放动画，并用录屏软件录制动画播放过程为视频。

巩固练习

1. 单选题

（1）下列关于动画的说法中，错误的是（　　　）

A. 动画实现的原理是相互关联的若干帧静止图像组成图像序列，由于眼的视觉暂留作用和心理作用，当这些静止图像连续播放便形成动画

B. 传统动画制作方法是首先绘制一幅幅画面，然后进行拍摄，最后配音合成，通过这种方式制成的动画也称逐帧动画、定格动画；这种制作方式简单快捷、效率高

C. 电脑动画制作方法除了逐帧动画外，更多的是利用关键帧动画技术和渲染合成技术

D. Flash 中制作动画的方式包括逐帧动画、运动动画、形状动画、遮罩动画、引导线动画等

（2）下列不是动画格式的是（　　　）

A. gif　　　　　　　　B. swf　　　　　　　　C. mp4　　　　　　　　D. mp3

（3）下列关于 Flash 动画的说法中，错误的是（　　　）

A. Flash 动画支持多种媒体、可交互，短小精悍，适合网络传播

B. swf 是 Flash 动画文件格式

C. swf 格式动画可以在多种终端如电脑、平板、手机（苹果和安卓）等展示使用

D. swf 格式的 Flash 动画已淘汰，被 H5 替代

（4）下列不是 PPT 中实现动画的方法是（　　　）

A.（幻灯片）切换　　　　　　　　B. 手绘动画

C.（自定义）动画　　　　　　　　D. 插入 gif 动画、swf 动画或视频动画

（5）PPT 绘本动画的设计与制作过程包括选题、改编设计、素材准备、PPT 制作、发布等。在发布阶段，除了保存外，要做的一项重要工作是（　　　）

A. 动作设置　　　　B. 触发器设置　　　　C. 插入超链接　　　　D. 排练计时

2. 多选题

（1）动画素材的获取方式有（　　　）

A. 搜索法　　　　　B. 录屏法　　　　　C. 转换法　　　　　D. 制作法

（2）PPT 自定义动画包括（　　　）

A. 进入（动画）　　　　　　　　B. 强调（动画）

C. 退出（动画）　　　　　　　　D. 动作路径（动画）

3. 判断题

（1）gif 动画的本质是若干图片轮流出现，所以它是一种图像格式，它也支持透明。
（　　　）

（2）PPT 中，一个对象只能加一个（自定义）动画。（　　　）

（3）PPT 中，gif 动画对象不能加（自定义）动画。（　　　）

项目 2.6　数字视频资源

项目导图

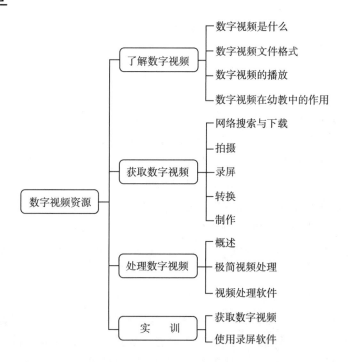

学习目标

1. 了解数字视频资源的特点、文件格式及作用；
2. 学会数字视频资源的获取方法；
3. 掌握数字视频的处理和制作技术。

📖 学习任务

任务一　了解数字视频

1. 数字视频是什么

（1）视频

将一系列静态图像以电信号方式加以捕捉、记录、处理、储存、传送与重现，当连续的图像变化超过每秒一定数量（每秒 10 帧画面）时，由于视觉暂留，人眼无法辨别单幅的静态画面，画面给人平滑连续的视觉效果，这样连续的画面就叫作视频。

（2）数字视频

数字视频指以二进制数字方式记录的视频。

数字视频是以固定速率顺序地显示的一个数字位图序列。视频中的每一幅图像称为 1 帧，每秒钟显示的图像帧数称为帧速率或帧频，单位是 fps（frames per second），常用的帧频有 30 fps、25 fps、15 fps 等。

数字视频的大小用每帧图像的分辨率来表示，即图像宽度×图像高度（单位：像素），按照分辨率的高低，数字视频可分为标清 480P（标准清晰度 720×480）、高清 720P（高清晰度 1280×720）、超清 1080P（全高清晰度 1920×1080）、超高清 2K（超高清晰度 2560×1440）、超高清 4K（超高清晰度 3460×2160）等。

动画和视频都属于动态视觉素材，它们的区别在于视频一般是拍摄得到的实际动态影像，而动画一般指人为制作的动态影像。在计算机和计算机网络中，动画和视频的文件格式可能相同（保存为数字视频文件格式），也可能不同（特殊的动画文件格式）。

2. 数字视频文件格式

由于数字视频每秒要记录几十幅图像，而每一幅图像的数字化信息量是相当大的，为了存储、处理和传输这些数据，必须进行必要的压缩，在压缩处理时往往同时加入数字音频信号，由于压缩和处理方式不同，因此产生了众多不同格式的数字视频信号。

最常用的数字视频文件格式有 mp4、wmv、mov、flv、webm、mkv、avi、mpg 等；PPT 支持的视频格式主要有 mp4、wmv、mpg 和 avi 等；手机支持的视频格式主要有 mp4 和 mov。

由于视频文件格式众多，因此需要在计算机中安装万能播放器，如 QQ 影音、PotPlayer、腾讯视频、爱奇艺万能播放器、暴风影音、KMPlayer 等都能支持众多格式视频的播放。

3. 数字视频的播放

以 QQ 影音为例学习数字视频的播放技巧。

QQ 影音是腾讯公司推出的一款支持任何格式数字视频和数字声音文件的免费播放器，没有广告干扰；采用首创的轻量级多播放内核技术，能深入挖掘和发挥显卡的硬件加速能力，可使用户获得更快、更流畅的视听享受；视频播放功能齐全，能实现视频播放的灵活控制；并内置多种视频编辑处理功能，可快速简单处理视频。

（1）安装软件

上网下载 QQ 影音并安装，安装后打开 QQ 影音，右键菜单打开"播放器设置"（如图 2-6-1 所示），进行文件关联、播放设置、声音设置、鼠标热键设置等操作。

图 2-6-1　QQ 影音的播放器设置

（2）播放控制

用 QQ 影音打开一个数字视频文件播放。

- 双击实现全屏与原始大小切换（或按【Enter】键）。
- 单击画面（或按空格键）实现暂停/播放切换。
- 设置播放尺寸和比例、旋转画面：在右键菜单"画面"中设置。
- "色彩调节"和"画质增强"功能的使用，可保证视频呈现最佳画面。
- 用鼠标拖动进度条可以选择要播放的内容。

（3）重复播放

在语言和音乐教学中经常要反复播放某段视频或音频。方法：暂停播放，拖动进度条到重复播放的起始点，在右键菜单中选择"播放"—"A-B 重复"—"设置 A 点"（热键是【Ctrl+1】）；拖动进度条到重复播放的结束点，在右键菜单中选择"播放"—"A-B 重复"—"设置 B 点"（热键是【Ctrl+2】）；单击播放键即可在起始点和结束点重复播放。在右键菜单中选择"播放"—"A-B 重复"—"取消 A-B 重复"（热键是【Ctrl+3】）即可取消重复播放。

（4）变速播放

在语言和音乐教学一开始可以将示范视频或音频的播放速度调慢一些（如标准

速度的 0.5 倍)，听几遍以后可以正常速度或快速播放。方法：在右键菜单中选择"播放效果调节"，在打开的窗口中设置播放速度（QQ 影音采用"变速不变调"技术，变速播放时声音只发生速度变化，音调不变，不影响示范视频或音频的音准）。

（5）字幕功能

● 双字幕：准备中英文双字幕文件，设为与视频文件同名并放置在同一文件夹中。在右键菜单"字幕"中可进行相应设置。

● 遮挡字幕：按住【Alt】键用鼠标左键在需要遮挡的区域画矩形，遮挡区域则被打上马赛克；按住【Alt】键双击即可取消遮挡。

（6）声音调节

● 直接拖动音量控制条控制声音强度。

● 通过鼠标滚轮转动可以方便地增大或减小音量。

● 同步声音与画面：有些视频文件中声音和画面不同步，在右键菜单中选择"播放效果调节"—"声音"—"定位"，适当增减时间达到同步。

● 声道选择：在右键菜单中选择"播放效果调节"—"声音"选项中的"声道选择"。

4. 数字视频在幼教中的作用

数字视频在幼教中的作用主要有辅助幼教活动、教师教研和培训、记录幼儿成长情况、记录重大活动、展现幼师才能等。

（1）辅助幼教活动

数字视频能同步展示动态影像和声音，人通过视觉和听觉接收信息，这种视听结合的媒体更能打动幼儿、吸引幼儿，使其产生学习兴趣，愿意去感知和接收信息。

如在健康教育活动中，数字视频可以形象生动地展现活动内容，易于幼儿掌握难懂的知识，也可让幼儿模仿视频中的形象，养成良好的健康行为习惯。

在语言教育活动中，数字视频可以营造活动情境，激发幼儿语言表达的欲望和情感。

在社会教育活动中，数字视频可以创设情境，激发幼儿的兴趣和感知事物的内部动力，从而让他们更愿意参与各种社会活动。

在科学教育活动中，数字视频可再现自然界事物发展的过程，激发幼儿的观察兴趣，通过数字视频的多种处理与应用，可揭示科学原理。

在艺术教育活动中，数字视频能够多方位地刺激幼儿的感官，更好地培养幼儿的观察和思维能力。

（2）教师教研和培训

利用数字视频可以记录幼教活动实况，教师可以通过分析活动视频，进行评析、研讨和活动反思；通过制作微课等数字视频资源，教师可以优化幼教活动，积累资源，参加各种赛事；利用数字视频资源组成的在线课程和视频直播，可以更好地对教师进行培训，从而更好更快地提升幼儿教师的幼教能力。

（3）记录幼儿成长情况

通过拍摄视频，可以记录幼儿在幼儿园中的活动情况。数字视频是幼儿成长数字档案中最佳的表现方式，也是家园合作中的主要手段。

（4）记录重大活动

可以通过数字视频记录幼儿园及各个学段、班级的重大活动。

（5）展现幼师才能

数字视频是幼儿教师展示各种才能的最佳方式，幼儿教师可以将拍摄和制作的数字视频或 Vlog 发布到短视频网站，记录和展示幼教过程，展现自己的幼教才能和风采。

任务二　获取数字视频

获取数字视频的途径主要有：

1. 网络搜索与下载

数字视频有机整合图像、文本、声音、动画，具有信息量大、生动形象等特点，受到人们青睐；数字视频设备的普及，各种免费视频制作软件、各种视频网站和 App 的兴起，让普通人也可以拍摄、处理、制作、发布和分享数字视频。

可以通过搜索引擎、微信（搜一搜、公众号搜索、视频号搜索）、视频网站和 App（如 B 站、抖音、西瓜视频、腾讯视频、爱奇艺、小红书等）、在线课程和资源库网站（如国家智慧教育公共服务平台、中国大学 MOOC、智慧职教、学银在线等）、视频素材网（如黑罐头、爱给网、新片场素材等）等途径搜索数字视频。

将搜索到的数字视频下载下来才能更好地利用，由于各视频网站采用不同的数字视频编码和发布方式，因而下载的方式也不同。

（1）直接下载

有些视频可以通过右键菜单中的"另存为……"或下载按钮直接下载；网盘中的视频可以直接下载；一些视频网站（如爱奇艺、优酷等）虽然提供了客户端，具有下载视频的功能，但一般下载的是特殊格式的数字视频，需要通过特殊方法才能转换为常用的数字视频格式。

（2）通过浏览器插件下载

一些浏览器插件可以解析出网页中播放的视频，如插件"猫抓"可以解析网页中播放的视频和音频并下载，也可以解析流媒体 M3U8 文件（可以配合 M3U8 下载器来下载分段的网络视频并拼接成完整的视频）；B 站下载助手（下载 B 站视频）；CocoCut（功能与猫抓相似）；等等。

（3）通过网站或软件解析下载

一些软件如维棠（https://www.vidown.cn）提供 200 多个网站的解析；IDM、视频下载王、格式工厂等也提供视频解析和下载功能。

（4）通过360安全浏览器的"录制小视频"下载

在360安全浏览器界面选择"设置"—"界面设置"，勾选"在视频右上角显示工具栏"，随后在网页中浏览视频时，只要将鼠标移至视频画面上，右上角就会出现工具栏（如图2-6-2所示）。单击"录制小视频"，打开录制窗口（如图2-6-3所示），选择录制质量，单击红色录制按钮，就可以将视频录制下来。这种录制方式与录屏不同，它属于内录，只录制视频本身，不会录制其他外部的干扰因素如弹幕、声音等，将录制窗口最小化也不影响录制。

图2-6-2　360安全浏览器的"录制小视频"

图2-6-3　录制小视频

（5）手机上搜索和下载

利用微信小程序如抖抖去水印工具、轻抖等可以解析并下载多个平台的视频，方法是在视频平台（如抖音、西瓜、今日头条、小红书、微信公众号、爱奇艺等）找到要下载的视频，点击分享，复制链接，打开小程序，粘贴链接后解析，点击下载就可以将视频下载到手机相册中，这种下载方式还能去除视频平台加在视频上的水印。

也可以利用手机浏览器如QQ浏览器、夸克浏览器等搜索视频并下载，这类浏览器在全屏播放视频时，提供直接下载视频的功能。

2. 拍摄

大部分视频来源于拍摄，利用摄像机（DV）、数码相机、摄像头、手机等可以拍摄实际影像，并将其保存为数字视频。

要拍摄好的视频，除了要有好的设备和熟悉设备使用方法外，还需要注意拍摄技巧，包括构图（构思设计、选景和取景）、拍摄距离（景别：远景、全景、中景、近景、特写）、角度和高度（仰拍、平拍、俯拍）、运镜（推、拉、摇、移、升、降、跟、甩等，也称镜头语言）、用光（顺光、侧光、逆光等）、声音处理等多个方面。

3. 录屏

录屏指录制屏幕画面，同时录制麦克风和系统播放的声音。常用的电脑端录屏软件有系统自带录屏工具、EV 录屏（如图 2-6-4 所示）、QQ 录屏、芦笋、OBS Studio、FSCapture 等；手机端录屏软件有原生录屏、剪映录屏、芦笋、EV 录屏等。

图 2-6-4　EV 录屏界面

为了获得好的录屏效果，需要进行合理的设置，如选择录制对象（全屏、区域、窗口）、隐藏录制工具（摄像头、鼠标等）、快捷键设置、声音设置等；录制前要熟悉录屏内容，操作和讲解要熟练；录制过程中如果出现差错，不必重新录制，只需要重新录制出错的部分，录制结束后将出错的部分裁剪掉就可以了。

4. 转换

利用 QQ 影音、格式工厂、格式转换网站、录屏等可以将其他格式的媒体（如系列图像、Flash 动画、gif 动画）转换为数字视频；也可以利用格式工厂采集光盘中的视频到电脑中。

5. 制作

利用视频编辑软件和 App 可以制作各种数字视频。利用 PPT 的相册功能可以快速将一系列图片制作成 PPT，加上配音，排练计时后另存为视频；利用美篇的小视频、美图秀秀的视频剪辑、右糖（https://mv.lightmake.cn）的模板等功能可以快速生成视频；利用剪映的一键成片、图文成片、剪同款、AI 创作等可以快速创作视频；利用说得相机、腾讯智影（https://zenvideo.qq.com）的数字人播报和文章转视频等功能可以快速生成口播类视频。

任务三 处理数字视频

1. 概述

在幼教中经常需要对数字视频进行编辑处理，包括格式转换、分割截取、删除、画面裁剪、抠像、画中画、合成、配动画、配标记和贴纸、配文字、配音、配字幕等操作。

简单的数字视频处理可以通过 QQ 影音、格式工厂等完成，复杂的数字视频处理可以通过视频编辑软件如剪映（手机端 App、电脑端软件和网页版 https://www.capcut.cn）、爱剪辑，准专业视频编辑软件 Movavi、Camtasia Studio，以及专业视频编辑软件 Adobe Premiere、Adobe After Effects 等完成。

2. 极简视频处理

这里以 QQ 影音为例介绍如何实现数字视频的剪辑、合成和转码压缩等处理。

（1）数字视频的剪辑

① 用 QQ 影音播放相关视频。

② 在播放界面右下方单击"影音工具箱"图标（如图 2-6-5 所示）或在右键菜单"工具"中选择"截取"，此时出现"视频截取"窗口（如图 2-6-6 所示）；在窗口中选择起始点和结束点，根据需要进行适当微调。

图 2-6-5 QQ 影音的"影音工具箱"

图 2-6-6 QQ 影音的"视频截取"窗口

③ 设置输出格式（可以实现格式转换，也可以提取视频中的音频）、分辨率、质量等，单击"保存"，将截取的视频保存到电脑中的适当位置。

（2）数字视频的合成

① 在播放界面右下方单击"影音工具箱"图标或在右键菜单"工具"中选择"视频合并"，此时出现"视频合并"窗口（如图 2-6-7 所示）。

图 2-6-7 QQ 影音的"视频合并"窗口

② 添加要合并的视频素材和背景乐（背景音乐），设置参数，单击"保存"即可。

（3）数字视频的转码压缩

① 在播放界面右下方单击"影音工具箱"图标或在右键菜单"工具"中选择"转码压缩"，此时出现"转码压缩"窗口（如图 2-6-8 所示）。

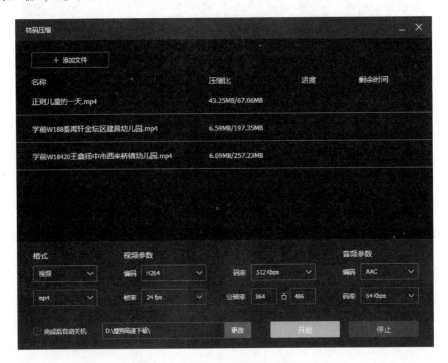

图 2-6-8　QQ 影音的"转码压缩"窗口

② 添加视频文件，根据转码压缩需求，合理设置格式和参数，单击"开始"，进行转码处理。

3. 视频处理软件

视频处理软件很多，分电脑端、手机端和网页端，这里以剪映为例进行介绍。

（1）概述

剪映是 2019 年 5 月抖音官方推出的一款免费视频处理软件，拥有全面的视频音频剪辑功能，以及丰富的素材库资源，并通过一站式素材共享平台——黑罐头（App 和网站 https://www.heycan.com/home）提供海量素材；支持在手机移动端和 Pad 端（App）、Mac 电脑和 Windows 电脑（剪映专业版）、网页端等全终端使用，并通过云空间实现存储、备份、多终端协作处理和管理；为方便用户学习和使用，还提供了各种教程和边看边剪功能（创作课堂 https://www.capcut.cn/learning）。

（2）剪映 App

剪映 App 适用于手机和平板等，与移动设备的麦克风、摄像头和其他 App 紧密结合，功能齐全且强大，操作便利；但由于移动设备上大都采用手指触摸操作，视频处理的精度不高。

1）界面认识

图 2-6-9 所示为手机端剪映 App 的界面，分为工具栏、创作栏和草稿栏。

工具栏包括顶端菜单和底端菜单，顶端菜单有"剪辑"、"剪映云"、进行中的活动、剪映教程、设置等，底端菜单有"剪辑""剪同款""创作课堂""消息""我的"等。

创作栏包括最醒目的"开始创作"、辅助创作工具和"试试看"，点击"开始创作"将进入视频编辑界面，视频编辑是剪映最重要的功能；辅助创作工具包括"拍摄""提词器""录屏""图文成片""一键成片""创作脚本""美颜""AI 创作"等；"试试看"随机推出一些新功能让使用者尝试操作。

草稿栏包括"本地草稿"和管理工具。"本地草稿"存放以前视频编辑退出后自动保存的草稿，再点击进去就可以继续上次的编辑，包括"剪辑""模板""图文""脚本"等类型；管理工具包括编辑、复制、删除、重命名等功能。

图 2-6-9　手机端剪映 App 界面

2）视频编辑功能

点击"开始创作"可进行视频编辑。

首先要添加素材，素材有 3 个来源：手机上存储的照片和视频、剪映云（存放在剪映云中的照片和视频）、素材库（剪映官方提供的素材，包括收藏、热门、背景、片头、片尾、转场、空镜、氛围、绿幕等，可以通过关键词搜索），按顺序选取要添加的素材，进入视频编辑界面（如图 2-6-10 所示）。

视频编辑界面分操作栏、视频预览区、快捷操作栏、多轨道编辑区和工具栏。

操作栏包括左上角白色"×"（关闭当前剪辑，自动保存到草稿箱）、帮助（剪映教程、常见问题等）、视频输出设置（视频或 gif、分辨率、帧率、码率等）、右边红色"导出"（导出视频）。

视频预览区可实时预览剪辑效果，可对视频、图像、文本、贴纸等进行移动、缩放、旋转、复制、删

图 2-6-10　手机端剪映 App 的视频编辑界面

除等操作。

快捷操作栏包括白色数字（显示当前时长和总时长），播放键（用于开始和暂停视频预览），左、右撤销（返回上一步/下一步）及全屏。

多轨道编辑区可添加多种类型轨道、多条同一类型轨道，可对视频片段进行编辑，包括设置封面、选择视频剪辑区域、添加音频、添加素材等功能。

工具栏包括"剪辑""音频""文字""贴纸""画中画""特效""素材包""滤镜""比例""背景""调节"等工具。点击各工具，进入各工具的操作子工具栏。图 2-6-11 所示为各工具的操作功能。

剪辑	· 分割/变速/动画/抖音玩法/删除/镜头追踪/抠像/音量/音频分离/编缉/滤镜/调节/美颜美体/切画中画/替换/防抖/不透明度/降噪/变声/复制/倒放/定格
音频	· 音乐/版权校验/抖音收藏/音效/提取音乐/录音
文字	· 新建文本/添加贴纸/识别字幕/文字模板/识别歌词/涂鸦笔
贴纸	· 外部文件/收藏/表情/分类（可搜索）/商店
画中画	· 新增画中画
特效	· 画面特效/人物特效/图片玩法/AI创作
素材包	· 收藏/分类
滤镜	· 各类滤镜/调节/画质
比例	· 原始/9：16/16：9/1：1等
背景	· 画布颜色/画布样式/画布模糊
调节	· 智能调色/亮度/对比度/饱和度/光感/锐化/HSL/曲线/高光/阴影/色温/色调/褪色/暗角/颗粒

图 2-6-11　手机端剪映 App 各工具的操作功能

（3）剪映专业版

剪映专业版（https://www.capcut.cn）适合于 PC 电脑使用，包括 Windows 和 Mac 版，软件兼具易操作性和专业性，是一款功能强大且操作方便简单的免费视频编辑软件。

1）界面认识

图 2-6-12 所示为剪映专业版的界面，分为信息栏、创作栏和草稿栏。

信息栏包括左侧菜单和顶端菜单，左侧菜单有登录、云空间和活动等；顶端菜单有教程、意见反馈和全局设置等。

创作栏有最醒目的"开始创作""剪同款""创作脚本""图片成片"等。

草稿栏有本地草稿、搜索工具和管理工具。

图 2-6-12　剪映专业版界面

2）视频编辑功能

点击"开始创作",进入视频编辑界面。

首先要导入媒体,媒体素材有 3 个来源:本地素材(电脑中的视频、音频、图片和预设素材)、云素材(存放在剪映云中的照片和视频)、素材库(剪映官方提供的素材,包括收藏、热门、背景、片头、片尾、转场、空镜、氛围、绿幕等,可以通过搜索关键词找到),单击"+"或直接拖动素材到时间线相应轨道上(如图 2-6-13 所示)。

图 2-6-13　剪映专业版的视频编辑界面

视频编辑界面分为五大区域：顶端区、素材区、预览区、属性区和编辑区。

顶端区包括菜单、视频信息、快捷键速查、布局切换、审阅和导出等，其中菜单包括文件、编辑、布局模式、更多操作、帮助、账号、全局设置、退出等子菜单。

素材区包括媒体、音频、文本、贴纸、特效、转场、滤镜、调节和模板等。

预览区包括播放器及控制按钮、比例设置，视频预览区可实时预览剪辑效果，可对视频、图像、文本、贴纸等进行移动、缩放、旋转、复制、删除等操作。

属性区可对选定的素材进行各种属性参数设置和调节。图 2-6-14 所示为剪映专业版主要的设置和调节功能。

编辑区包括轨道、时间线和各种编辑工具（如选择、撤销、恢复、分割、剪裁、删除、定格、倒放、镜像、旋转、裁剪、智能剪、关键帧、录音、吸附、时间线比例等），利用鼠标和按键可以方便地编辑视频。

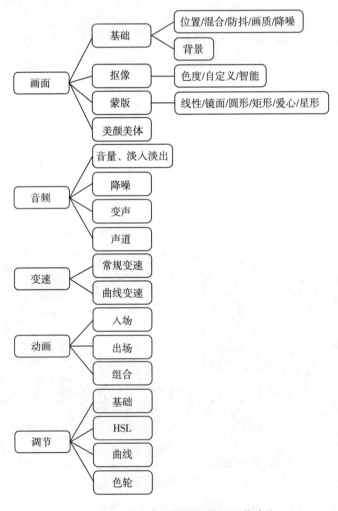

图 2-6-14 剪映专业版的设置和调节功能

🖥 实训任务

任务一　获取数字视频

本实训任务的目的是运用多种方式搜索和下载用于幼教的各种类型的数字视频文件，掌握数字视频的获取技术。

获取数字视频

1. 研习案例

以绘本《好饿的毛毛虫》的相关幼教视频为例。

（1）数字视频类型

绘本故事、绘本动画、绘本内容相关、幼教活动、课堂实录、幼儿示范活动、微课、素材等。

（2）数字视频搜索方式

通过搜索引擎、视频网站、在线课程、资源库、素材网、手机 App、微信公众号等方式搜索视频。

（3）数字视频下载方式

直接下载、浏览器插件（猫抓、B 站下载助手、视频下载神器等）解析下载、网站（https://tiqu.cc）解析下载、360 安全浏览器的"录制小视频"、手机中微信小程序（抖抖去水印工具、轻抖等）解析下载、手机中 QQ 浏览器解析下载等。

2. 搜索和下载视频

自选幼教绘本，用多种方式搜索和下载不同类型的数字视频。

3. 处理视频

根据需要，对下载的数字视频进行裁剪、转码压缩和格式转换等操作。

4. 总结

用思维导图软件总结获取数字视频的方法（参考图 2-6-15）。

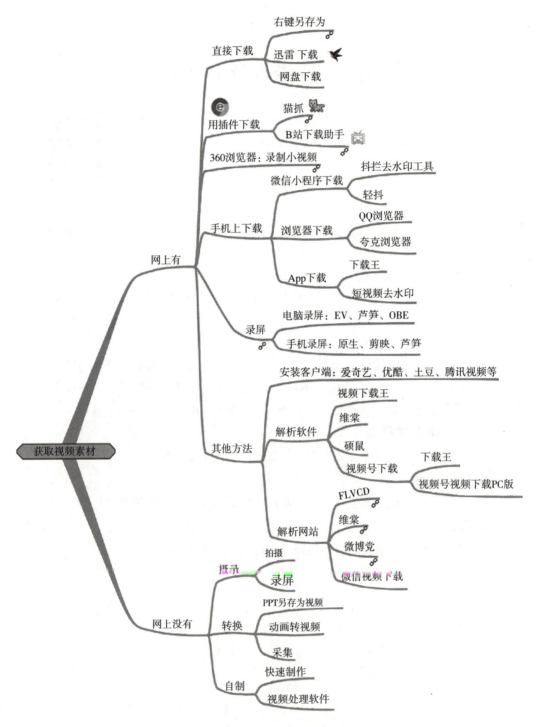

图 2-6-15　获取数字视频的方法

任务二　使用录屏软件

本实训任务的目的是了解录屏软件，学习使用常用的录屏技巧，掌握录制 PPT 演示和讲解过程的方法。

使用录屏软件

1. 了解录屏软件

电脑端录屏软件很多，有系统自带的录屏功能、QQ 自带的录屏功能、PowerPoint 自带的录屏功能；最简单的录屏软件如 oCam、FSCapture；网页版录屏如 vizard 录屏（https://vizard. video）；专业的录屏软件如 EV 录屏、Bandicam、芦笋等；一些视频编辑软件如 Camtasia Studio、Movavi 等也具有录屏功能。这些录屏软件各有特色，可根据需要选用。

手机端录屏软件有手机原生录屏、EV 录屏、芦笋录屏、录屏大师、小熊录屏等，此外剪映、WPS、PowerPoint 等 App 也带有录屏功能。

2. 录屏软件的使用

以 EV 录屏录制 PPT 演示和讲解为例介绍。

（1）软件的安装

浏览器进入一唯科技网站（https://www.ieway.cn），下载 "EV 录屏" 安装程序；双击安装程序，按提示一步一步将软件安装到电脑中。双击桌面快捷方式启动 EV 录屏。

（2）软件的设置

单击右上角设置按钮，打开软件 "设置" 窗口（如图 2-6-16 所示），进行录屏设置（如倒计时、保存的文件夹等）、鼠标设置（如是否录制光标、光标效果等）、快捷键设置（用快捷键控制录屏）、是否显示悬浮小球设置（建议不显示，避免影响录制画面效果）。

设置		×
录屏设置	视频帧率（fps）：10	画质级别：1 原画
直播设置	音频码率：128kbps	音频采样率：44100Hz
鼠标设置	编码级别：默认	保存文件格式：.mp4
快捷键	□ 窗口穿透	□ 抓取窗口加强
其他	开始录制倒计时：3	
	保存到文件夹：D:/0	更改 打开

图 2-6-16　EV 录屏软件的 "设置" 窗口

（3）录屏的设置

在图 2-6-17 所示的录屏主窗口中，根据需求选择录制区域、录制音频、是否嵌入摄像头、分屏录制、场景编辑、水印等。如录制 PPT 演示和讲解时，可以选择录制区域为"全屏"、录制音频为"麦和系统声音"、嵌入摄像头等。

图 2-6-17　录屏主窗口

（4）录屏

打开要录制的 PPT 课件，全屏演示。

单击 EV 录屏主窗口左下角的"开始"按钮，倒计时后录屏开始。

演示并讲解 PPT 课件，如果录制中出现差错，不必从头开始重新录制，只需将出错的部分重新讲解和录制一遍（错误的部分可以裁剪掉）即可。

录制结束后，按快捷键停止录制。

（5）录制视频的处理

在视频处理软件中打开录制的视频，将多余和错误的部分裁剪掉，根据需要添加文字和标志等说明，导出为视频文件。

3. 手机录屏的使用

以剪映录屏录制 PPT 演示和讲解为例介绍。

（1）启动录屏

打开剪映，点击上方的"录屏"，进入录屏界面（如图 2-6-18 所示）。

图 2-6-18　剪映录屏界面

（2）录屏设置

设置是否录制麦克风、录制比例（横屏或竖屏）、分辨率、帧率、码率等。

点击右上方的"如何录屏"，可以打开教程学习剪映录屏的方法。

（3）录屏

手机上安装能打开 PPT 文件的 App，如 WPS Office、PowerPoint 等，打开 App，并开启要录制的 PPT 文件，演示播放 PPT。

切换到剪映的录屏界面，点击"开始录屏"后会提示"在投射/录制时显示敏感信息"，点击"立即开始"，倒计时后开始录制。

切换到 PPT 演示界面，边操作边讲解，录制完后点击右侧红点打开快捷浮窗，点击圆点图标停止录制，点击"回剪映"，即可回到剪映。

（4）编辑

点击录制好的文件，进入预览窗口。点击"导入剪辑"，进入剪映编辑窗口，可以对录制视频进行分割、裁剪、删除、加字幕、添加画中画等操作。

剪映录屏功能实现了从录屏到剪辑的一站式处理。

巩固练习

1. 名词解释

（1）帧频：_____

_____。

（2）超清视频：_____

_____。

2. 单选题

（1）下列不是数字视频文件格式的是（   ）

A．mp4　　　　　　B．wmv　　　　　　C．m4a　　　　　　D．flv

E．mov　　　　　　F．mpg　　　　　　G．mkv　　　　　　H．webm

（2）下列不是下载 B 站视频的方法的是（   ）

A．浏览器插件"bilibili 哔哩哔哩下载助手"

B．FLVCD 硕鼠软件

C．360 安全浏览器的"录制小视频"或录屏

D．浏览器插件"猫抓"

E．格式工厂

3. 多选题

（1）视频素材的获取途径有（   ）

A．通过网络搜索与下载　　　　　B．拍摄与录屏

C．通过转换获取　　　　　　　　D．通过视频处理软件自制

（2）格式工厂的功能有（ 　　　 ）

A. 转换视频格式 B. 转换音频格式

C. 转换图像格式 D. 转换文档格式

E. 分割和裁剪视频 F. 录屏

G. 下载视频 H. 视频去水印

4. 判断题

有人说，既然视频在网络上可以看，上课时直接联网看视频就好，没有必要下载，所以不必学习和掌握视频下载技能。 （ 　　　 ）

单元 3
设计信息化幼教活动

获取数字幼教资源不仅仅是为了更好地运用它，更重要的是要根据幼教活动需要选择合适的资源和方法来达成教育目标，这就需要精心设计幼教活动。本单元首先研究教学设计，在此基础上学习信息化幼教活动设计的技术与方法。

本单元通过 2 个项目来实施：

项目 3.1　学会教学设计

项目 3.2　学会信息化幼教活动设计

项目 3.1 　学会教学设计

📑**项目导图**

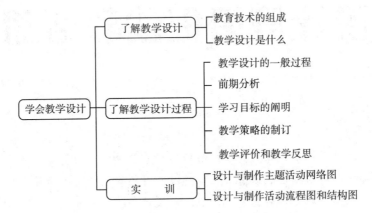

☞**学习目标**

1. 了解教学设计的定义和层次；
2. 掌握教学设计的一般过程，熟悉每个环节的具体方法；
3. 理解教学评价的作用和常见分类；
4. 了解教学反思。

📖**学习任务**

任务一　了解教学设计

1. 教育技术的组成

教育技术包括两大方面，一方面是技术本身，包括硬件设备的使用技术、软件的操作技术、媒体资源技术等，称硬技术；另一方面是如何应用技术的技术，包括教学设计技术、编制技术和应用技术等，称软技术。图 3-1-1 详细展示了教育技术的组成情况。

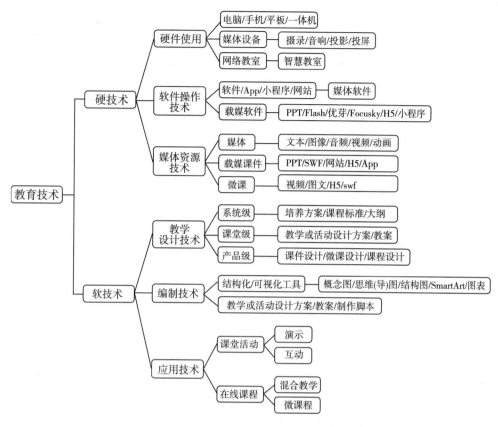

图 3-1-1　教育技术的组成

2. 教学设计是什么

教学设计（instructional design，ID）是 20 世纪 60 年代以来逐渐形成与发展起来的一门实践性很强的新兴学科，是教育技术的"双翼"之一。教学设计是教学工作的重要组成部分，目的是通过优化教学过程提升教学的效率、效果和吸引力，以利于学习者学习。教学设计的理论与方法对提高教学质量、培养创新精神和实践能力、促进师生发展、推动教学改革具有显著的作用。

（1）教学设计的定义

对教学设计的定义，国内外有多种界定，比较有影响力的有：

① 加涅：教学设计是一个系统化规划教学系统的过程。教学系统本身是对资源和程序作出有利于学习的安排。任何组织机构，如果其目的在于开发人的才能，均可纳入教学系统中（《教学设计原理》1988 年）。该定义是从系统科学角度来阐述的，突出系统性。

② 帕顿：教学设计是设计科学大家庭的一员，设计科学各成员的共同特征是用科学原理及应用来满足人的需要。因此，教学设计是对学业业绩问题的解决措施进行策划的过程（《什么是教学设计》1989 年）。该定义是从设计科学角度来阐述的，突出设计性。

③ 梅里尔：教学设计是一种用以开发学习经验与学习环境的技术。教学是一门科学，而教学设计是建立在这一科学基础上的技术，因而教学设计也可以被认为是科学型的技术（《教学设计新宣言》1996 年）。该定义是从技术和科学角度来阐述的，突出技术性。

④ 何克抗等人：教学设计是运用系统方法，将学习理论与教学理论的原理转换成对教学目标、教学条件、教学方法、教学评价等教学环节进行具体计划的系统化过程。

综合各种观点，从便于操作的角度可给出这样的定义：教学设计是以学习理论、教学理论和传播理论为基础，以优化教学效果为目的，运用系统方法分析教学问题，确定教学目标，建立解决教学问题的策略方案，试行解决方案，评价试行结果，并对方案进行修改的过程。

教学设计是以解决教学问题、优化学习为目的的特殊的设计活动，既具有设计学科的一般性质，又必须遵循教学的基本规律。

（2）教学设计的层次

教学设计一般可分为 3 个层次：

1）系统级：以"教学系统"为中心的层次

该层次主要针对综合复杂的教学系统，如学校、学段、年级或专业的培养方案、课程设置、实施计划等，设计内容包括系统目标确定和目标方案的建立、试行、评价与修改等，涉及面广，难度较大。一般需要由教学设计人员、学科专家、行业专家、教师、行政管理人员甚至家长和学生共同完成。

2）课堂级：以"教学过程"为中心的层次

该层次设计的范围是课堂教学，是对一门课程、一个单元、一节课或某个知识点的教学过程进行的教学设计。设计内容包括：① 课程教学设计，根据课程规定的总教学目标，在教学内容和教学对象分析的基础上，设计出每个单元、章节的教学目标和知识点；② 课堂教学设计，是在课程目标体系的指导下，选择教学媒体，指定教学策略，形成课堂教学过程的结构方案，付诸教学实践，并进行教学评价与修改的设计。该层次的教学设计一般由任课教师来完成。

3）产品级：以"教学资源"为中心的层次

该层次主要针对教学媒体、材料、资源（如课件、微课、微课程、在线课程等）等产品进行设计，主要由教师、教学设计人员、学科专家、媒体技术专家共同对教学产品的类型、内容和教学功能等进行设计、开发、测试和评价。

任务二　了解教学设计过程

1. 教学设计的一般过程

教学设计是一个分析教学任务、设计教学方案，并对方案进行试行、评价和修改的过程，是一个分析问题、解决问题的过程。教学设计从明确目标、把握内容、制订策略到权衡利弊，即从教什么、为什么教、怎样教和教得怎样等几个方面入手，形成有效的方案。虽然不同的教学设计有各自不同的设计步骤，但基本上都能清楚地解决 4 个问题：学习者的特点是什么（前期分析）？教学目标是什么（目标阐明）？教学资源和教学策略是什么（教学过程设计）？如何进行教学评价（评价修改）？教学设计的一般过程如图 3-1-2 所示。

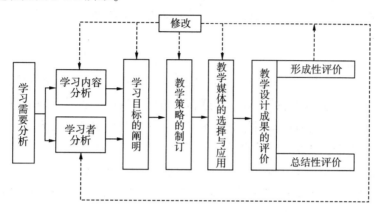

图 3-1-2　教学设计的一般过程

2. 前期分析

前期分析又称前端分析，指教学设计初期对教学中存在的问题进行分析，以避免后续工作无的放矢，主要包括学习需要分析、学习内容分析和学习者分析。

（1）学习需要分析

学习需要是学习者目前的学习状况与所期望达到的学习状况之间的差距，这里的期望来自社会和学生两方面对学生能力素质及其发展的要求。学习需要分析主要解决的问题包括为什么要开展这一教学活动、教学中存在哪些问题及其原因等。

（2）学习内容分析

通过学习需要分析，已揭示出教学中存在的问题及其主要原因，紧接着需要考虑的问题是怎样弥补学习者目前的学习状况与所期望达到的学习状况之间的差距，也就是用什么样的学习内容去促进学生能力发展，这就是学习内容分析。

学习内容分析着重分析学习者需要学习哪些知识和技能，要达到什么程度和水平；培养学习者什么样的能力和态度；使学习者的身心获得什么样的发展；等等。对教师而言，学习内容分析主要解决教师向学习者"教什么"，以及学习者能从中"学什么"的问题。

（3）学习者分析

学习者分析也称教学对象分析，目的在于了解学习者的学习准备和风格，以提供符合学习者特点的教学外部条件。学习者分析主要包括：

1）初始能力分析

任何一个学习者都会将其原来所学的知识、技能及态度融入新的学习过程中，所以教学设计必须考虑学习者原有的准备状态，即教学起点。初始能力分析包括 3 个方面：一是分析学习者是否具备学习新的内容的知识和技能基础；二是分析学习者对将要学习的内容的了解程度；三是分析学习者对所学新内容的学习态度。

2）一般特征分析

分析学习者具有的与具体学科内容无关但影响其学习的生理、心理和社会等方面的特点，包括年龄、性别、认知成熟度、学习动机、生活经验等，这是制订个性化学习策略的依据。

3）学习风格分析

学习风格指学习者带有个性特征的一贯的学习方式，是学习策略和学习倾向的综合；学习风格由学习者特有的认知、情感和生理行为构成，它是反映学习者如何感知信息、如何与学习环境相互作用并对之作出反应的相对稳定的学习方式，如学习者喜欢的或经常使用的学习策略。学习风格和学习习惯有一定关联度。学习风格有不同的划分依据，比较常见的有左脑型学习风格（抽象思维能力强）和右脑型学习风格（直观思维能力强）、场依存型（受环境影响大）和场独立型（受环境影响小）等。

3. 学习目标的阐明

学习目标是教学设计的出发点和最终归宿，它是对学习者学习后应该表现出来的变化的具体的、明确的描述。学习目标具有导向作用，教师根据它设计教学活动并实施教学；具有评价作用，根据它可评价教学活动的实施效果；具有激励作用，给学生提供学习导向并激发学生的学习动机；具有反馈作用，帮助设计者评价和修正教学设计方案，改进教学。

（1）目标分类

1956 年，美国著名的教育心理学家布卢姆立足于教育目标的完整性，制定了教育目标分类系统，他提出把教育目标分为认知、情感和动作技能 3 个目标领域。我国新课程改革方案中根据布卢姆等的教育目标分类理论，结合我国的教育教学实际，将课程教学目标分为知识与技能、过程与方法、情感态度与价值观 3 个维度的目标，称为三维教学目标（如图 3-1-3 所示）。

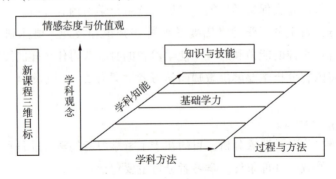

图 3-1-3 三维教学目标

第一维目标——知识与技能目标：主要包括人类生存所不可或缺的核心知识，学科基本知识、基本能力（获取、收集、处理、运用信息的能力，创新精神和实践能力），终身学习的愿望和能力。

第二维目标——过程与方法目标：主要包括人类生存所不可或缺的过程（指应答性学习环境和交往、体验）与方法（包括基本的学习方式，如自主学习、合作学习、探究学习，以及具体的学习方式，如发现式学习、小组式学习、交往式学习等）。

第三维目标——情感态度与价值观目标：情感不仅指学习兴趣、学习责任，更重要的是乐观的生活态度、求实的科学态度、宽容的人生态度。价值观不仅仅强调个人的价值，更强调个人价值和社会价值的统一；不仅仅强调科学的价值，更强调科学价值和人文价值的统一；不仅仅强调人类价值，更强调人类价值和自然价值的统一。从而使学生树立起对真善美的价值追求，以及人与自然和谐、可持续发展的理念。

三维教学目标是一个整体，知识与技能、过程与方法、情感态度与价值观 3 个方面互相联系，融为一体。

（2）学习目标的阐述

学习目标应具备可观察性和可测量性，因此在编写具体学习目标时，要求用明确、具体、详细的行为术语来描述，常用行为目标的 ABCD 表述方法。

A——对象（audience）：阐明教学对象。例如，"幼儿园中班儿童""小学三年级学生""参加在职培训的技术人员"等。

B——行为（behavior）：说明通过学习，学习者应能做什么（行为的变化）。描述行为的基本方法是使用一个动宾结构的短语，其中行为动词说明学习的类型，宾语则说明学习的内容。例如，"操作""说出""列举""比较"等都是行为动词，在它们后面加上动作的对象，就构成了学习目标中关于行为的表述。

C——条件（condition）：说明在什么样的条件下会产生上述行为。条件可以包括下列因素：环境因素（空间、光线、气温、室内外噪声等）；人的因素（个人单独完成，小组集体完成，个人在集体的环境中完成、在教师的指导下完成等）；设备因素（工具、设备、图纸、说明书、计算器等）；信息因素（资料、教科书、笔记、图表、词典等）；时间因素（速度、时间限制等）；问题明确性的因素（如引起行为的产生需要提供什么刺激和刺激的数量）。

D——标准（degree）：规定达到上述行为的最低标准（即达到所要求行为的程度）。标准一般从行为的速度、准确性和质量 3 个方面来确定。

例如，幼儿园小班儿童（A），通过观察放大的妈妈的照片（C），学习画妈妈的脸（B），能画出脸的主要部位，如眼睛、鼻子、嘴巴等（D）。（在教学设计方案中，因有学情分析，A 一般省略）

行为目标的表述方法过多强调了行为结果，而忽视了内在的心理过程和情感变化，因此可结合"内外结合表述法"来弥补，即先用描述内部心理过程的术语陈述学习目标，以反映理解、运用、分析、创造、欣赏、尊重等内在的心理变化，然后再列举能够反映内在心理变化的行为。

例如，幼儿园中班儿童（A），通过绘制小鸡和鸡妈妈的活动（C），感受小鸡和鸡妈妈的温馨（B），培养儿童对父母的亲情（D）。

4. 教学策略的制订

（1）教学策略

在前期分析的基础上，基于学习目标，根据学习者的学习准备和认知特点来制订教学策略。教学策略指教师在教学过程中为达到一定的学习目标而采取的一系列教学方式和行为的总和。教学策略是实现教学目标的手段，制订教学策略主要是为了解决教师"如何教"和学习者"如何学"的问题。

教学策略的制订就是根据特定的学习目标、教学内容、教学对象及教学条件等，合理地选择相应的教学程序、教学方法、教学组织形式及教学媒体的过程。

（2）教学过程设计

1）教学程序

教学模式是在一定的教学理论和学习理论指导下，为完成特定的教学目标和任务形成的比较稳定的教学结构理论框架及具体可操作的教学活动方式。可使用教学程序（或教学流程）来具体表示教学模式。教学程序是教学过程各部分的先后顺序，"以教为主"的教学模式中典型的教学程序有：

传递—接受程序：适用于认知领域，基本过程是诱导学习动机——复习旧知——感知理解新知——巩固运用——检查反馈。

示范—模仿程序：适用于动作技能领域，基本过程是动作定向——参与性练习——自主练习——迁移。

情境—陶冶程序：适用于情感领域，基本过程是创设情境——参与各类活动——总结——转化。

引导—发现程序：以问题解决为中心，培养学生的创造力和独立解决问题的能力，基本过程是设置问题情境——确定问题或课题——提供资料及支持——学生自主探究并解决问题——结论与评价。

2）教学方法

俗话说，"教学有法，教无定法，贵在得法"。制定教学方法的目的在于激发学生的学习兴趣，吸引他们的注意力，排除他们的学习障碍，最终达成学习目标。常用的教学方法：以语言传递信息为主的方法，包括讲授法、谈话法、讲座法、读书指导法等；以直接感知为主的方法，包括演示法、参观法等；以实际训练为主的方法，包括练习法、实验法、实习作业法等；以欣赏活动为主的方法，包括陶冶法等；以引导探究为主的方法，如发现法、探究法、虚拟现实法、合作法等。

应综合考虑教学目标、学生特点、教学内容、教师自身特点、教学环境、教学时间、教学技术条件等要素来选择和组合教学方法。

3）教学媒体

媒体是指承载、加工和传递信息的介质或工具，若媒体作为承载教育信息的工具，则被称为教学媒体。教学媒体是教学内容的载体，是教学内容的表现形式，也是师生之间传递信息的工具。教学媒体选择是否得当直接影响学习目标的达成以及教学策略的实施。不同的教学媒体各有所长，选用时要考虑众多要素，包括教学目标、教学内容、教学活动和教学方法，学习者特点和教师技能，以及教学地点与时间、可行性和费用等，并且还要遵循以下原则：

最优决策原则：综合考虑教学媒体的功效和需要付出的代价。计算方式如下：

$$媒体选择概率(P) = 媒体的功效(V) / 需付出的代价(C)$$

有效信息原则：当选择的教学媒体所呈现的信息与学生的认知结构及教学内容有重叠时，教学媒体才能有效发挥作用，如图 3-1-4 所示。

优化组合原则：应根据不同教学媒体的特点，对其进行有机组合，扬长避短、优势互补，取得整体优化的教学效果。

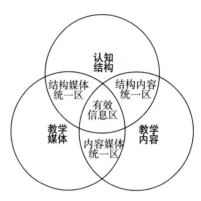

图 3-1-4　教学媒体选择有效信息

5. 教学评价和教学反思

评价是运用一定的标准对事物进行价值判断的过程。评价有多种方式，有以测量和测验进行的评价（定量），也有以描述和判断进行的评价（定性）。

教学评价是对教学效果进行的价值判断，是根据教学目标，运用可行的评价方法和技术对教学活动过程和结果予以价值判断的过程，包括对教师的教和学生的学的评价。教学评价的目的是为解决教学问题提供依据，优化教学活动。

（1）教学评价的分类

依据不同的分类标准，教学评价可以分成不同类型，如图 3-1-5 所示。

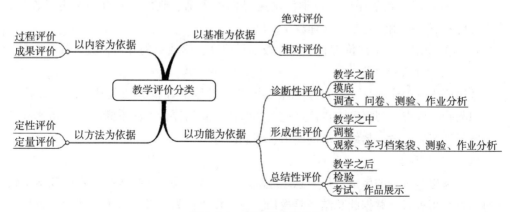

图 3-1-5　教学评价的分类

① 根据评价在教学活动中出现的阶段和发挥的作用，分为诊断性评价、形成性评价和总结性评价。

诊断性评价：教学活动开始之前对学生原有知识、技能、智能和情感状况等进行的评价，为教学设计提供依据。

形成性评价：在教学过程中持续进行的评价，能及时了解各阶段教学的成果和学生学习的进展，以及时调整和改进教学工作。

总结性评价：在教学活动告一段落时进行的评价，目的是检验学生是否达成学科学习目标，进行全面鉴定和成绩评定等。

② 根据评价所运用的方法和标准，分为相对评价和绝对评价。

相对评价：把个体成绩与其所在的团体平均成绩比较，从而判断其成绩好坏。

绝对评价：在评价对象团体之外建立评价标准，对每一对象按照指标逐一评判。

③ 根据评价分析方法，分为定量评价和定性评价。

定量评价：从量的角度运用统计分析、多元分析等数学方法，用数值对评价对象进行描述和判断。

定性评价：对评价对象进行"质"的分析，运用分析和综合、比较和分类、归纳和演绎等逻辑分析的方法，评价所获取的数据资料。评价结果为描述性材料，如评语、等级等。

（2）教学评价的作用

① 导向作用：评价指标和标准成为被评价者的努力方向。

② 诊断作用：对教学效果进行评价，可以了解教学活动各方面的情况，从而判断其质量和水平、成效和缺陷，是对教学进行的严谨、科学的诊断。

③ 激励作用：教学评价对教师和学生具有监督作用。评价结果反映出教师的教学效果和学生的学习效果。评价结果往往直接影响评价对象的形象、荣誉和利益等，因此，教学评价能够激发他们的成就动机，提升他们的积极性。

④ 调节作用：根据评价结果调整并完善教学设计和教学行为，促进学生发展。

⑤ 管理作用：教学评价对教学活动起导向、激励、监督、检查和鉴定等作用，从而实现调节、控制、规范、管理教学活动。

⑥ 研究作用：教学评价有利于促进教学科研和教学改革的开展，提升教育质量。

（3）教学评价的方法

教学评价所关注的是学习过程和学习资源。常用的评价方法包括传统的评价方法，如测验、调查、观察等；在信息化教学时代，新的评价方法不断产生，如评价量规、电子档案袋、学习契约、范例展示、概念图等。

（4）教学反思

反思指思考过去的事情，从中总结经验教训。教学反思是指教师对教育教学实践的再认识、再思考，并据此总结经验教训，进一步提高教育教学水平。教学反思是教师借助行动研究，不断探讨与解决教学设计、教学实施和自身方面的问题，不断提升教学实践的合理性，提高教学效益和教学科研能力，促进教师专业化的过程。

教学反思按照发生的时间可分为：教学前反思，有利于更好地进行教学设计；教学中反思，有利于及时反馈、调整教学策略；教学后反思，有利于对教学设计和过程进行全面反思，找出问题，进行修改。

撰写教学反思时，可以从以下角度展开：一是教学中成功的做法；二是失败或失误之处及其原因；三是教学过程中的灵感记录；四是学生可圈可点的表现；五是对再教的设想。

💻 实训任务

任务一　设计与制作主题活动网络图

本实训任务的目的是学会设计与制作主题活动网络图。

1. 了解幼儿园主题活动

（1）幼儿园主题活动

幼儿园主题活动是指围绕贴近儿童生活的某一中心内容（即主题）来组织教育教学的活动。

主题活动打破了学科领域之间的界限，根据主题的核心内容，确定主题展开的基本线索，再顺着这些基本线索，确定主题的具体内容，并创设相关的教育环境，组织开展一系列教育教学活动。主题活动强调，儿童生活中的世界以具体的事物为主，儿童所接触的事物通常涉及多个学科领域，他们需要的是对事物有一个较为全面的、整体的、生活化的认识。所以主题活动所涉及的范围和学科领域很宽泛，教师要充分调动儿童群体、教师群体、幼儿园、家庭及社区等多方面资源创设儿童的学习环境，为主题服务；教师要会发掘与整合教育资源，设计活动方案，在实施时还要关注儿童的学习与活动情况，及时调整活动方案，深化主题，使儿童获得与主题中心内容相联系的较为完整的经验。

（2）幼儿园主题活动的特点

1）知识的横向联系

主题活动打破了学科领域之间的界限，将各个方面的学习有机地联系起来，这样儿童所获得的经验是完整的。因为主题活动的中心是儿童生活中具体的问题和事件，如绘本、水果、超市、蝴蝶、食物等，这些事物通常很自然地涉及多个学科领域。从儿童的角度，他们也需要对问题有一个较整体的、生活化的认识，而不是虽然精深却相互割裂的认识。就拿认识"水"来说，主题活动可能会使儿童增长有关"水的溶解""水的三态""水的保护""水和健康的关系"等多方面的经验，但是要增长的不是精深的、专业性的经验，即不是让儿童了解水的分子组成、水的电解、水和其他物质的化学反应等，而是让他们获得与其生活相联系的可感知的、浅显的经验，如水是无色的、会流动的，人、动物、植物都离不开水，水有很多用处，要节约用水，等等，涉及水的形态、特点、作用、人类与水的关系及生态环境等方面。通过开展关于水的主题活动，逐步过渡到科学、语言、社会、健康等领域的教育。

2）整合各种教育资源

主题活动往往整合了幼儿园内外各种与教育内容紧密相关的资源。幼儿园、家庭及社区中有许多丰富的教育资源，可以将它们充分运用到主题活动中。如主题活动"冬天到了"中的许多活动内容需要整合家庭资源，如"亲子活动——远足"等；也有需要整合社区资源的主题活动，如去公园看冬天的落叶、去博物馆看树叶标本等。

3）生活化、游戏化的学习

主题活动涉及面广，多与儿童的生活相联系。主题活动中的许多活动内容都具有探索性，儿童感兴趣，往往边游戏边探索。如在主题活动"神奇的水"中，"观察植物生长""多喝水""雨水"等都和儿童生活密切相关，"玩水球""会航行的船""会变颜色的水"等都是儿童十分喜爱的游戏，儿童在游戏中获得了丰富的知识与经验。

4）富有弹性的计划

主题活动是在对儿童已有经验和活动过程的学习状况有充分了解的基础上展开的。主题活动的计划不能是死板的，教师要细致地考虑到与主题相关的各种可能性，在活动中要及时捕捉儿童活动的信息，并及时作出反应、调整计划，所以主题活动的方案是富有弹性的。如在小班主题活动"我长大了"中，原本计划"生日晚会"在本班开展，但是小班的教师在活动之前发现小班儿童很喜欢和大班儿童一起玩。于是，小班的教师临时调整计划，和大班的教师商议两个班合作开展这个活动。这样的混龄活动促进了小班儿童与大班儿童的交往，大班儿童学会了帮助小班儿童，体验到长大后的自豪感。

5）需要遵循儿童知识与经验的建构规律

为了克服学前教育传统学科课程中学习内容割裂及重复的现象，主题活动一般以贴近儿童生活的某一中心内容作为组织课程内容的主线来组织教育教学活动，这样较为充分地体现了儿童学习的整体性，但打乱了各学科领域的知识体系，难以有序地串联儿童不同的经验体系，也难以实现领域知识与经验体系的教育价值。现实中就有教师只注意主题活动中的综合，却未注意儿童经验体系的不同，导致出现儿童基本的美术表现技能、语言表达技能、基本动作能力下降的现象。可见，尽管学前儿童尚只在表象、初级概念的经验层面建构知识与经验体系，但他们能学到的内容、学习规律不同，对他们的教育规律也是不同的。因此，主题活动无法回避特定领域教育的规律性这一问题，要使主题活动对儿童发展发挥更大的作用，就应该遵循儿童知识与经验的建构规律，既要保证儿童前后学习经验间的联系，又要增强儿童学习经验的横向联系与整合。

（3）幼儿园主题活动的设计

设计过程：选择与确定主题——拟定主题活动总目标——编制主题活动网络图——

设计主题系列活动。

2. 设计和制作主题活动网络图

① 围绕主题，开展头脑风暴，列出所有有关的活动，并以思维导图的方式呈现。如围绕主题"绘本《好饿的毛毛虫》"可以开展的活动如图 3-1-6 所示。

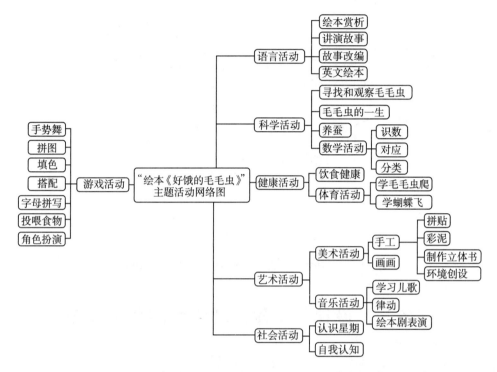

图 3-1-6 "绘本《好饿的毛毛虫》"主题活动网络图

② 根据主题活动总目标和儿童、环境、实施条件等情况，筛选和设计幼教活动，编制主题活动网络图（如图 3-1-7 所示）。

图 3-1-7 "绘本《好饿的毛毛虫》"主题活动网络图

任务二 设计与制作活动流程图和结构图

本实训任务的目的是学会设计与制作活动流程图和结构图。

流程图能直观地展示活动过程和结构，使活动的设计和实施思路更清晰、更有效。

1. 用 SmartArt 制作流程图

利用 SmartArt 的流程图或层次结构图可以快速制作规范的活动流程图，图 3-1-8 所示为幼儿园中班语言和科学综合活动"好饿的毛毛虫"的活动流程图。

图 3-1-8 "好饿的毛毛虫"活动流程图

2. 用思维导图软件制作结构图

利用思维导图软件可以快速制作规范的活动结构图，图 3-1-9 所示为幼儿园中班语言活动"好饿的毛毛虫"的活动结构图。

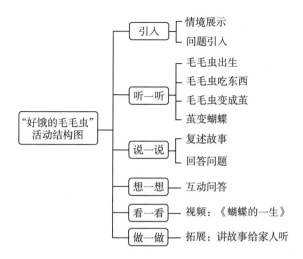

图 3-1-9　"好饿的毛毛虫"活动结构图

3. 自选幼教主题并设计与制作主题活动网络图、活动流程图和结构图

你选择的幼教主题：_____

主题活动网络图

197

活动流程图

活动结构图

巩固练习

1. 名词解释

（1）教学设计：_____

_____。

（2）ABCD 法：_____

_____。

2. 单选题

（1）多媒体课件设计、微课设计属于（　　　）教学设计

A. 系统级　　　　B. 课堂级　　　　C. 产品级　　　　D. 专业级

（2）以下不是教学设计一般过程内容的是（　　　）

A. 学习需要分析　B. 学习内容分析　C. 学习对象分析　D. 教师特征分析

3. 画图题

（1）教育技术由硬技术和软技术组成，请用思维导图软件绘制出其知识结构图。

（2）画出教学设计的一般过程。

项目 3.2 学会信息化幼教活动设计

📖项目导图

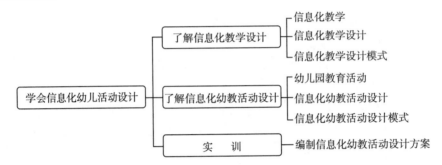

☞学习目标

1. 了解信息化教学设计；
2. 了解信息化幼教活动设计；
3. 学会编制信息化幼教活动设计方案。

📖学习任务

任务一　了解信息化教学设计

1. 信息化教学

信息化教学是相对于传统教学的一种现代教学形态，是以促进学生发展为根本目的，以信息技术应用和现代教学理念指导为主要特征，强调学生中心地位，重视教学效果、效率、效益的整体性提升，具有教材数字化、资源网络化、教学个性化、教技多样化、学习自主化、管理自动化、环境虚拟化等特点，具体体现为运用信息技术优化教学手段、改变学习方式和变革教学系统结构的教学。信息化教学能力成为现代教师必备的技能之一。

2. 信息化教学设计

（1）信息化教学设计是什么

信息化教学设计是在综合把握现代教育教学理论的基础上，充分利用现代信息技术和信息资源，科学地安排教学过程的各个环节和要素，为学习者提供良好的信息化学习条件，实现教学过程最优化的系统方法。

（2）信息化教学设计的理念

基于建构主义教学观，强调发挥学习者在学习过程中的主动性和建构性，运用系统方法，充分利用现代信息技术和信息资源，科学合理地安排教学过程的各个环节和要素，目的是实现教学过程的最优化。具体来说，就是应用信息技术构建信息化环境，获取和利用信息资源，支持学生的自主学习，激发学生的学习兴趣，培养学生的实践能力、信息素养、创新精神和综合能力，从而优化教学效果。

（3）信息化教学设计的原则

① 以学生为中心，注重学习者学习能力的培养；教师作为学习的促进者、引导者，监督和评价学生的学习情况。

② 充分利用各种信息资源来支持学习。

③ 以"任务驱动"和"问题解决"作为学习和研究活动的主线，让学生在有具体意义的情境中学习。

④ 强调"协作学习"，包括学生之间、师生之间、教师之间以及与社会之间的协作。

⑤ 强调针对学习过程和学习资源的评价。

（4）信息化教学设计注意事项

① 教学目标分析：不但要分析知识、能力和情感目标有哪些，还要分析用什么样的技术支持能够更好更快达成这些目标。

② 学习者分析：在分析学生知识、能力起点的同时，分析学生的信息素养水平。

③ 教师自身情况分析：在分析对课程内容把握情况的同时，考虑自身是否具备所需技术技能素养和对技术的驾驭能力，还需考虑当学生信息技术能力高于自身时该如何应对。

④ 教学资源准备：需要准备哪些硬件、软件和教学资源及如何准备。对可能出现的故障要有解决的预案。

⑤ 课程内容分析和教学策略设计：考虑如何将技术与课程有机融合，如何将教学内容、教学模式与技术相适应等问题。

3. 信息化教学设计模式

（1）以学为主的信息化教学设计模式

以学为主，就是要重点体现以学生学习为中心，以学生为主体，把"任务驱动"和"问题解决"作为贯穿学习活动的主线，利用各种信息资源来支持学习，强调自主学习与协作学习，并注重对学生学习过程的评价。

图 3-2-1 所示为以学为主的信息化教学模式。

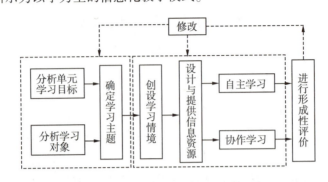

图 3-2-1　以学为主的信息化教学模式

学习主题的确定是信息化教学设计的核心。在认真分析单元学习目标、学习内容和学习对象的基础上，提出为达成学习目标需要解决的关键问题及解决过程，以此作为学习主题。学习主题的设计需要考虑 2 个要素：一是要依据认知弹性理论来设计适合高阶领域学习的问题，即所设计的问题不应是简单的、轻而易举就能获得答案的，而应该是有一定难度，且涵盖该单元的学习任务，并与现实情境密切相关的、需要学习者付出一定努力才能解决的实际问题；二是要依据"最近发展区"设计学习主题，要符合学生认知，难度适中，适合学生探究。

要利用各种信息技术创设生动、有趣的学习情境，并提供适合学习者进行自主学习的各种资源，包括信息技术环境、学习资源（如课件、在线课程、网络平台、资源库等）等，利用支架式、抛锚式、启发式、讨论式、探究式、学徒式、随机进入式、展现式等自主学习方式和策略引导学生多角度、多方位开展自主学习和协作学习，在解决问题中提高学习兴趣、提升能力。

（2）"主导—主体"教学设计模式

"以教为主"教学设计模式的优点：可以使学生的学习较好地聚焦在预定的学习目标上；有较高的学习效率，学生可以在短时间内学习更多的内容；先决知识不足和学习策略有限的学生可以借助这种方法获得成功。缺点：学生的智力投入较少，信息处理的深度不够，容易导致被动学习；由于教学安排得过于周到和缺乏独创性，因此对学生挑战性不大，造成一些学生的学习动机不足。

"以学为主"教学设计模式的优点：学生在学习过程中可以积极主动地建构认知结构，对信息的处理过程比较深入，有利于知识的记忆和迁移；允许学生使用和改善他们的学习策略；可以提高学生的学习能力，激发学生的学习兴趣。缺点：对学生的认知能力有较高的要求，要有较高的智力投入，这可能导致一部分学生认知超载和情绪低落；需要学生花费大量的时间进行学习，学习周期较长；学习的成功依赖于学生知识储备充足和具备有效的学习策略；按照这种方式取得的学习效果具有较明显的个人风格，对学习内容的理解带有较浓的个人色彩。

　　在教学实践中，可根据具体情况将上述两种模式恰当结合，做到扬长避短、优势互补，以实现教学最优、提高绩效的目的。"主导—主体"教学设计模式，就是根据教学内容和学习者情况灵活选择"发现式"或"传递—接受"教学分支（如图 3-2-2 所示），也可采用基于信息技术的线上线下混合学习模式。

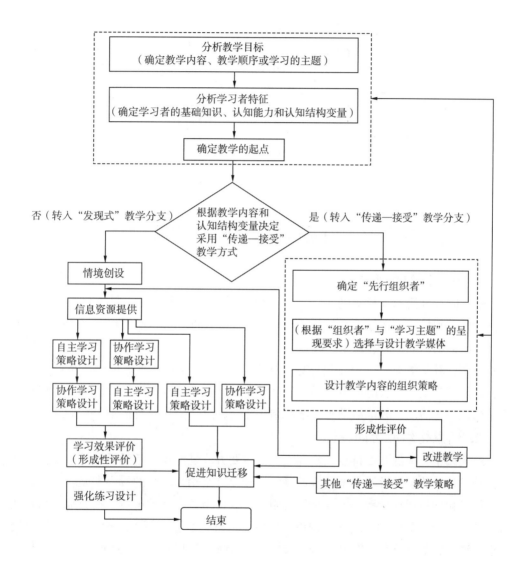

图 3-2-2　"主导—主体"教学设计模式

（3）混合式教学设计模式

　　混合式教学来源于网络教学（或在线教学、远程教学），它将传统教学方式和网络教学方式有机结合，做到优势互补，既能发挥教师的主导作用，又能体现学生的主体地位。

混合式教学不是简单的在线教学与面对面教学的叠加，而是"学"与"教"中多个元素的有机混合，包括多种教育教学理论的混合、多种学习环境的混合、多种教学模式和方式的混合、多种教学资源的混合、多种评价方式的混合等。图3-2-3所示为混合式教学设计的一般模式。

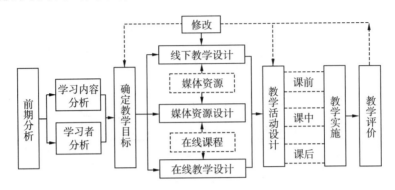

图 3-2-3　混合式教学设计的一般模式

任务二　了解信息化幼教活动设计

1. 幼儿园教育活动

幼儿园教育活动（简称幼教活动）是幼儿教师有目的、有计划地利用幼儿园所提供的环境和材料，通过教师与儿童双向的交流，促进儿童身心发展的过程。其一般包括生活活动，如进餐、饮水、睡眠、盥洗、如厕等；区域活动，一般以儿童的自由游戏为主；教学活动，一般以集体或分组活动为主，它是教师有目标、有计划开展的，以儿童为主体、教师为主导的双边互动活动。生活活动和区域活动属于无结构或低结构化教育活动，教学活动则属于高结构化或完全结构化教育活动。

2. 信息化幼教活动设计

幼儿园中，根据儿童特点，教育教学的主要方式是活动。教学设计的主要任务就是活动设计。著名幼教专家朱家雄说过，活动设计是幼儿教师的看家本领。

信息化幼教活动设计一般针对幼儿园集体或分组教学活动进行，指教师依据现代教育教学理论（如建构主义学习理论、情境学习理论、多元智力理论等），运用系统科学方法，在信息化教学环境的支持下，利用现代信息技术和信息资源（改进呈现方式、优化师幼互动、改变学习方式等），对活动目标、活动内容、活动媒体、活动过程、活动评价等幼教活动要素和环节进行分析设计并作出合理安排，形成幼教活动方案的过程。

3. 信息化幼教活动设计模式

依据教学设计模式和儿童特点，一般采用"以活动为中心"的信息化幼教活动设计模式，如图3-2-4所示。

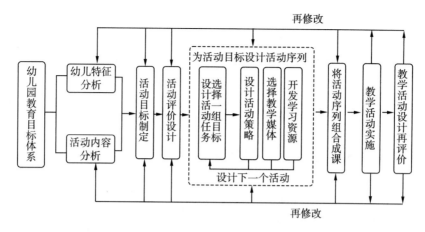

图 3-2-4　"以活动为中心"的信息化幼教活动设计模式

在活动设计中需要考虑的因素有：

儿童具有哪些特征？（学习者特征分析）

活动的内容是什么？（活动内容分析）

要让儿童学会什么？（活动目标确定）

活动如何开展？（教学策略选择）

要准备哪些材料？（教学媒体选择）

具体怎样安排活动？（活动环节设计）

儿童学会了吗？（活动评价设计）

（1）如何进行儿童特征分析

儿童特征分析可以从认知发展特征、起点水平、学习风格和学习动机等 4 个方面分析：

① 认知发展特征主要分析儿童的年龄与认知特点、思维发展特点等。

② 起点水平主要分析儿童原有的知识、技能、态度等。

③ 学习风格是学习者带有个人特点的一贯的学习方式，如信息加工风格（动手型或抽象型）、感知器官偏好（视觉型、听觉型、视听型）、情绪情感特征（情绪稳定性、抗挫折能力、坚持性、控制力等）和社会性特征（协作学习能力等）。

儿童更喜欢通过触觉和"动手"活动进行学习，其感知器官偏好也更倾向于接受图像、音频、视频、动画等多种感官刺激，5~6 岁的大班儿童情绪逐渐稳定，合作意识、规则意识逐步增强。

④ 学习动机也称学习动力，它决定着学习者对学习活动的自觉性、积极性、倾向性和选择性，如幼儿的好奇心、求知欲、兴趣、成就感、自尊心等。

（2）如何进行幼教活动内容分析

幼教活动内容的选取比较灵活，可以选择适合儿童的知识、技能、生活经验等作为活动内容。活动内容分析可以从选题缘由、所属领域、活动的重难点等方面进行。

① 选题缘由包括以下 3 个方面：

一是选题依据，指活动内容对应幼儿园教育目标（基于《3—6 岁儿童学习与发展指南》和《幼儿园教育指导纲要（试行)》）主要体现在哪些方面。

二是选题来源，要说明活动内容来源于哪本教材、哪个主题，有什么特色，与儿童生活经验和兴趣的关联等。基于儿童兴趣、源于儿童生活经验和地方特色的选题是幼教中最常见的选题。

三是教育意义或价值，指活动内容在促进儿童发展方面的具体体现。

② 确定所属领域（语言、社会、健康、科学、艺术等）及领域知识结构，即本次活动内容与前后活动内容之间的联系，与其他活动的关系等。

③ 活动的重难点分析及解决方案设计。

（3）如何确定幼教活动目标

活动目标是幼教活动的指南针和方向盘，是幼教活动设计的核心部分。活动目标制定的准确与否直接关系到幼教活动开展的质量。准确制定活动目标可以更好地实施活动，合理安排活动环节，有利于对幼教活动效果进行评价。

活动目标是对儿童参与活动后表现出来的可见行为的具体的、明确的表述，是儿童在幼教活动实施中要达到的学习效果或标准。

根据布卢姆教育目标分类理论，可以将活动目标分为认知、技能和情感 3 个方面，采用"ABCD 表述方法"具体表示，并基于"最近发展区"理论确定合适的活动目标。

例如，《中班音乐活动：在农场里》的活动目标包括：

认知目标：中班儿童能在欢快的旋律中正确理解歌曲内容。

技能目标：中班儿童会用乐器一边伴奏一边完整地唱出歌曲内容。

情感目标：中班儿童体验边唱边演奏乐器的乐趣。

注意：在撰写活动目标时，一般可以省略对象（A），如这里的"中班儿童"。

（4）如何选择教学媒体

基于戴尔的"经验之塔"理论，考虑到儿童的思维是以直观形象思维为主，在设计幼教活动时，应选择恰当的媒体帮助儿童化抽象为形象，如可以用图片、视频来真实展示各种自然现象，让儿童有切身感受。

在选择教学媒体时，还要注重传统教学媒体与现代教学媒体的综合运用，使两者相互补充，共同促进儿童发展。《3—6 岁儿童学习与发展指南》中指出，要最大限度地支持和满足儿童通过直接感知实际操作和亲身体验获得经验的需要，因而信息化幼教活动设计中，不能因为现代教学媒体能突破时空限制、具有生动形象等特征而只选择现代教学媒体，要结合传统教学媒体，以帮助儿童形成做的经验。

选择和使用教学媒体时还需要依据活动目标、活动内容、活动环境、儿童特点、使用条件等因素遵循适当适量原则，如不需要设备呈现时，可以关掉屏幕，这样可以保护儿童的眼睛，也避免分散儿童注意力。

（5）如何设计幼教活动过程

活动过程的设计直接决定幼教活动的具体组织与实施，活动过程的设计要围绕活动目标展开。

活动过程设计包括设计活动环节和活动任务，选择教学策略和教学方法，并为每个环节和任务选择相应的媒体资源。

幼教活动一般采用以学为主的活动模式和"主导—主体"活动模式，即在教师的引导、启发之下，通过儿童自主探索、感知体验、合作交流等方式帮助儿童自主建构对外部世界的理解和认知。常用的幼教活动模式有示范模仿式、感知体验式、创作表现式和探索发现式等。

示范模仿式流程：导入──讲解──示范──练习──迁移。活动方法有讲述法、提问法、讨论法、演示法、示范法、练习法等。

感知体验式流程：引入──感知──体验──交流──拓展。活动方法有观看法、操作法、讨论法、实践法等。

创作表现式流程：欣赏重现──联想创作──展现交流。活动方法有欣赏法、模拟法、表演法、讨论法、展示法、交流法等。

探索发现式流程：导入──自由探索──引导发现──交流讨论──迁移应用。活动方法有操作法、比较法、发现法、寻找法、讨论法、游戏法等。

（6）如何进行幼教活动评价

可以采用观察记录、评价量规、电子档案袋、活动反馈、展示等多种方式对儿童发展、教师活动及幼教活动设计进行全面评价，并进行活动反思。

💻 实训任务

任务　编制信息化幼教活动设计方案

本实训任务的目的是学会编制规范的信息化幼教活动设计方案。

1. 案例研习

① 下载信息化幼教活动设计方案，认真阅读。

② 选择一个案例进行具体分析，填写表 3-2-1。

信息化幼教活动设计方案

表 3-2-1　案例研读和分析

分析项目	分析内容
案例题目	
所属主题	
教学设计模式偏重	□以教为主□以学为主□学生主体、教师主导□其他

分析项目	分析内容
活动目标	
活动环境	
活动资源和媒体	
活动方法	□讲授法□谈话法□讨论法□示范法□参观法□实训法□练习法 □自主学习□协作学习□角色扮演□其他
活动评价方式方法	

③ 简要说明其活动环节，用流程图表示。

④ 说说你对该活动设计案例的评价。

2. 编制信息化幼教活动设计方案

参照案例，选择幼教中的一个课题，按表 3-2-2 所示模板编制信息化幼教活动设计方案。

表 3-2-2　信息化幼教活动设计方案模板

幼儿园名称		班级	
教师		活动时间	
活动主题		活动名称	
领域		活动用时	
内容分析			
儿童分析			
活动目标	认知目标： 技能目标： 情感目标：		
重难点			
活动准备			
活动方法			
设计理念			
活动过程			
活动流程			

活动环节	师生活动	媒体运用	设计意图
活动反思			

注：列出主要幼教活动资源。

巩固练习

1. 名词解释

（1）信息化教学设计：_____

_____。

（2）信息化幼教活动设计：_____

_____。

2. 画图题

画出"以活动为中心"的信息化幼教活动设计模式。

单元 4
设计与制作幼教课件

信息技术的飞速发展使教育教学的手段和方式发生了革命性的变化，应用多媒体课件成为辅助教育教学最主要的形式，也是教师必备的信息化教育教学能力。本单元基于信息化幼教活动设计，在数字幼教资源支撑下，通过多媒体制作软件将各类数字资源引入课件页面中并设置交互和导航等，将它们有机整合在一起，从而设计与制作出适合幼教活动的幼教课件。

本单元通过 3 个项目来实施：

项目 4.1　认识课件

项目 4.2　学会课件制作技术

项目 4.3　学会设计与制作幼教课件

项目 4.1 认识课件

项目导图

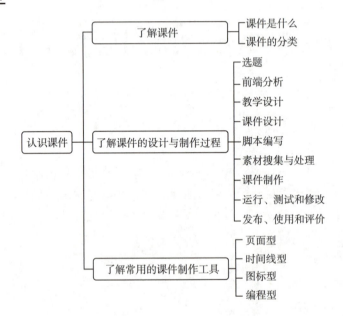

学习目标

1. 了解课件的概念、分类及特点；

2. 了解课件的设计与制作过程；

3. 了解课件的评价标准；

4. 了解常用的课件制作工具。

📖学习任务

任务一　了解课件

1. 课件是什么

顾名思义，课件指课程软件，指使用某种应用程序，通过设计、制作所形成的用于教学过程或某一教学环节的软件。

在课件制作过程中，往往采用多媒体技术综合处理文本、图形图像、动画、音频、视频等多媒体信息，因此课件又称为多媒体课件或载媒课件。例如，利用 Power-Point 演示文稿程序，通过设计与制作，以幻灯片的形式，以文本、图形图像、音频、视频、动画等形式呈现教学信息，并进行设置交互等操作，制作完成后以扩展名"pptx"保存为文件。这种以数字化形态保存的文件，也可以称为软件，这种 PPT 文件就是一种课件。

网络技术运用于课件，提供了更加丰富的多媒体信息资源，并采用超文本、超媒体技术组织教学内容，使教学信息呈现非线性结构。这种不仅应用于课堂教学，也应用于在线教学的课件称为"网络课件"。

人机交互技术是指通过输入设备（如鼠标、键盘、触摸屏、图像识别、语音识别等）、输出设备（如显示屏、声音设备等），以有效的方式实现人与计算机对话的技术。运用人机交互技术的课件（如白板课件），可以给学生提供自主学习、选择性学习的途径和内容，以游戏、虚拟、增强现实等方式进行操作和学习，有效提升学生学习的积极性。适时进行一些交互测验和评价，及时反馈，可有效促进知识的内化，提高学习质量。

2. 课件的分类

（1）按使用对象分

可分为辅教型课件和助学型课件。辅教型课件指在课堂教学中辅助教师开展教学的课件；助学型课件指学生在课堂或课外学习时使用的课件。

（2）按内容与作用分

可分为以下几类：

1）演示型课件

这类课件一般按照课堂教学的思路以图解、动画、视频等可视化方式演示教学内容，辅助教师讲解，给学生提供多种感官刺激，激发学生的学习兴趣，将抽象的教学内容具象化，解决教学重点和难点，提高教学效率。可使用演示文稿软件如 Power-Point、WPS 演示，Keynote、Focusky 等工具软件制作。

2）自主学习型课件

这类课件供学生自主学习使用，用于个别化学习。它一般具有完整的知识结构，反映一定的教学过程和策略,具有友好的人机交互界面,能够让学习者通过人机对话实现学习。为了保证学习质量,这类课件往往包含大量的阶段性练习题,让学生学习后通过练习或测验,随时检测和了解自己目前的学习状况,进而确定下一步的学习方向。

3)模拟型课件

也称仿真型课件,是利用计算机技术产生各种与现实世界相类似的现象,模拟自然现象或社会现象。学生使用这类课件,可以在接近真实的情境中,通过角色扮演或模拟操作,观察事物演变的过程与结果,从而认识和理解这些现象及其本质,还可以设置不同的条件和参数在不同的虚拟环境下进行探索性学习。它特别适合现实中无法实现、无法洞见或有危险的过程、现象的模拟演示,经济安全,可大大缩短学习时间。

4)游戏型课件

这类课件以游戏的形式呈现教学内容,营造一种带有竞争性的学习氛围,激发学生的学习兴趣和学习动机,使学生在富有教学意义且学习目标明确的游戏活动中实现学习目标。游戏型课件一般具有以下要素:一是要有竞争目标,即胜负状态;二是有多个游戏参与者(其中有的参与者可以由计算机扮演);三是要有游戏规则;四是有时间限定。

5)操作练习型课件

这类课件主要针对需要反复练习的机械性学习设计而成。它以提问、测验的方式给学生提供反复练习的机会,以相应的反馈信息促进学生深入掌握知识和技巧。

6)资料工具型课件

这类课件通过超文本、超媒体形式设计与开发,提供丰富的学习资料和检索功能,包括各种电子工具书、电子词典以及各类资源库(图像、声音、视频、动画、试题、微课、课程等),它不提供具体的教学过程,而是供学生课外在数字阅读环境下,进行学习资料的检索和浏览学习,以获取信息、扩大知识面。

任务二 了解课件的设计与制作过程

课件是一种软件,所以其开发过程与软件的开发过程相似,同时课件又是教学软件,辅助教与学,因此基于教学设计开发。图4-1-1所示为课件的设计与制作过程。

1. 选题

课件的选题要有明确的目的,是为了激发学生的学习积极性,还是为了解决教学重点与难点;是为了帮助学生理解、加深印象、促进记忆,还是为了使学生运用已经学过的知识与技能;是为了扩大知识面、丰富教学内容、启发想象力,还是为了培养学生的技能、技巧……

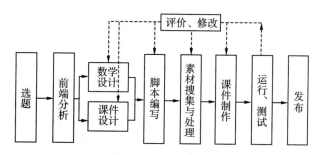

图 4-1-1 课件的设计与制作过程

选择常规教学模式中不能或很难完成的教学内容、教学重点与难点、抽象且难以表达的内容、课堂中难以演示的或危险的内容等作为课件的选题，并考虑能否发挥多媒体课件的优势和课件的开发与使用环境。

2. 前端分析

前端分析也称前期分析，主要包括内容分析、学习者分析和环境分析等。内容分析主要分析哪些内容需要用多媒体方式呈现；学习者分析主要分析学习者原有的知识水平、理解能力和心理发展水平；环境分析主要分析课件的开发和使用环境，要尽可能降低课件开发对使用环境的要求并减少开发成本，尽可能选用方便的制作工具，以最大限度地扩大课件的使用面、增强易操作性。

3. 教学设计

课件质量的好坏、是否满足教学需求、能否解决教学问题，关键在于教学设计。在前端分析的基础上，确定教学目标，合理地选择和组织教学媒体和教学方法，优化教学流程和结构，明确评价方式和方法，并编制出教学设计方案。

4. 课件设计

在教学设计的基础上，根据教学流程和结构设计课件的结构，再进行页面设计，如媒体及呈现方式设计、页面链接设计、交互设计、导航设计、练习设计等。

（1）结构设计

课件结构设计包括两方面，一是课件内容组织结构的设计，二是课件各组成要素的设计。

1）课件内容组织结构

常见的课件内容组织结构有线性结构、树状结构、网状结构和混合结构，如图 4-1-2 所示。

幼教课件一般采用线性结构和简单的混合结构，图 4-1-3 所示为一种模块化课件结构。

这种模块化课件结构采用积件思想构成，要求每个模块的教学内容相对独立，能完整地描述一条或一组信息；在设计与制作多媒体课件时要提供醒目且方便的跳转方式，常用的方法是在屏幕上展示模块的主要内容，由它引伸的内容可通过交互的手段（如弹出窗或分区显示）展示在较小的显示区，形成大屏套小屏的结构。这样处理既可以清楚地展示屏与屏之间的从属关系，也容易实现相互之间的跳转，还可增加导航或搜索功能，帮助学习者快速定位学习内容。

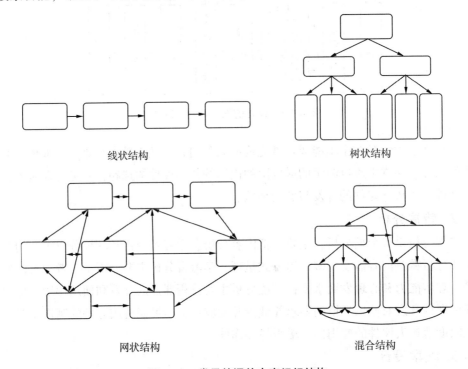

图 4-1-2　常见的课件内容组织结构

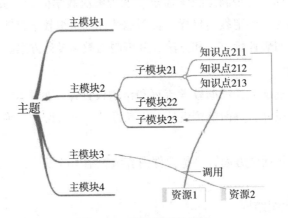

图 4-1-3　模块化课件结构

2）课件组成要素

常见的课件组成要素有：

● 封面。标明课件名称、著作者、出版者、日期等。设计精致、形象生动的封面能揭示主题，激发学习者的兴趣，引导学习者进入学习。

● 菜单。菜单和快捷键设计要符合通用软件的设计习惯。常用的菜单有下拉式菜单、上弹式菜单、悬停菜单、变色和变形按钮组成的菜单等。

- 内容。指学习内容，可以用合适的媒体形式呈现。

- 链接。课件各部分的链接关系，包括课件各知识点之间、页面之间、课件要素之间的跳转控制。

- 交互。人机交互界面是人与计算机之间进行交流的直接界面，包括菜单、按钮、对话框、色彩、动画、声响等设计。

- 导航。作用是方便学习者学习和定位，常用的导航系统有检索导航、导航图导航、书签导航、帮助导航等。

- 帮助。介绍课件的使用方法、注意事项等，用于帮助学习者解决使用中的问题。

（2）页面设计

课件是由一系列页面有机整合在一起的，制作课件的过程是根据设计制作一个个页面的过程。页面设计包括界面设计、媒体设计、交互设计和导航设计等。

1）界面设计

精心设计的界面能让学习者感到耳目一新；通过感受课件界面上的色彩、图形和图像、文字等，学习者形成对课件的第一印象，提高学习兴趣，继而以主动的姿态操纵多媒体课件，通过课件界面上提供的各种信息和功能元素进行进一步的学习。可以说，界面是学习者对多媒体课件最初、最深，也是最重要的印象。友好的界面设计既能使课件容易被理解和接受，又能让学习者容易掌握和使用。

界面是使用者与课件交互的窗口，使用者通过界面接收课件信息，通过交互向课件输入信息以进行控制、查询和操纵；课件又通过屏幕界面向使用者反馈信息，以供学习、分析和判断。课件通过屏幕展示，因此课件界面规划是在屏幕上规划课件内容信息的排版方式。

不同内容的页面，其界面有所不同，通常可分为封面、目录、内容、过渡页、封底等类型。封面、封底、过渡页等页面主要起引入和说明作用，一般不划分具体区域，采用整体设计方法。而目录和内容页面的界面则需要规划各个功能区，一般根据信息作用不同分为教学信息呈现区、导航区和提示区等（如图 4-1-4 所示）。

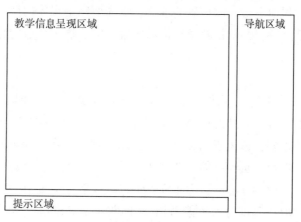

图 4-1-4 一种典型的课件内容界面设计

注意：设计界面时，各功能区的划分可以用线、框、图等来实现，从版面的美观方面考虑，各功能区可以有明显的界线，也可以有不明显的分隔。在界面元素排版上，一要注意突出主题元素（通过各种对比），二要注意排布均衡整齐、协调，三要注意页面元素在色彩、质感、大小和风格上的统一。

配色设计是界面设计的重要组成部分。色彩是一种重要的界面设计元素，它可以营造课件展示气氛，激发学习者情感；不同色调的界面本身就隐含一定的意义。配色合适的页面能让人赏心悦目，而配色不当的页面会让人厌烦而失去学习兴趣。

● 根据课件内容和使用对象确定整体色调：色彩具有象征意义，如红色象征停止、火、热、危险；黄色象征警告、慢速、测试；绿色象征前进、状况良好、清楚、植物、安全；蓝色象征冷却、水、安静、天空、中立。暖色调给人热情、奔放、温暖的感觉；冷色调给人安静、稳重、冷酷的感觉；中性色调给人平淡、放松的感觉。纯色鲜艳靓丽；透明色柔和清澈等。不同的色调可表现不同的情感，可根据课件内容选用不同色调。色调给人的感觉将有效地突出主题内涵，创造主题特有的情调，有利于情景交融。不同年龄、国家、民族的人对色彩有不同的喜好，在设计时应充分考虑。

● 避免同时使用太多颜色：一般以 4 种主色为限。画面颜色过多会让人眼花缭乱，增加学习者的反应时间，增大出错的概率，也容易引起视觉疲劳。

● 色彩的对比：多媒体课件是用来展示信息的，其基本要求是"看得清"。因此，需要使用色彩对比来突出信息，如浅色背景中的对象采用深色展示，深色背景中的对象采用浅色展示；对比色还有利于突出重点。

● 色彩的协调：对比强烈的界面色彩过于刺眼，可适当使用渐变色和透明色使界面色彩协调。

● 注意使用环境对色彩效果的影响：如果在较暗的环境中演示，使用深色背景（深蓝、灰黑等），再配上白或浅色文字可获得不错的效果；但如果在明亮的环境中使用，浅亮色背景配上深色文字的处理可获得更好的视觉效果。

2）媒体设计

在课件设计过程中进行媒体信息的选择，首先要明确媒体的使用目标，接着通过分析各种媒体类型的特点，根据教学目标和内容的需要选定合适的媒体形式来实现教学设计。

① 文本设计。

● 字体：字体分为衬线字体（如宋体）与无衬线字体（如黑体）。衬线字体在笔画开始和结束的地方有额外的修饰，粗细有变化，适用于纯文字页面如网页；无衬线字体笔画粗细差不多，适用于图文页面如演示型课件。在设计页面时可以采用几种字体组合的方式，但每个页面字体不要多于 4 种。

● 字号：字号的大小应随使用的场合而定。一般原则是让使用者能看得清楚，尤其是演示型课件应让后排的人也能看清最小的字（需要超过 14 号）。大标题、副标题、小标题、正文文字等字号应有差别，一般间隔 2 个字号为宜。

● 文本修饰：文本可以采用加色、加粗、加边、填充、阴影、立体、变形等方式来修饰，不仅仅是为了美观，更重要的是让使用者能看得清楚。一般用于标题、重点内容。

● 文本编排：行距、字距应适当。相同级别的文本应该排列整齐，可以使用"项目符号和编号"使文本更有条理。

从设计的角度看，课件中的文本主要可以分为标题文本、阐述文本、注释文本和强调文本。在一个课件中不同页面应注意同类文本格式的统一性，以提高识别度。

② 图形设计。

图形主要是通过颜色和亮度所组成的形状向人们表达信息，在课件中，图形的作用有 3 个：一是图示，用简洁的图形表示某些信息；二是结构图，用图形与文字结合构成一定关系结构；三是模拟一些真实物体或场景。在设计与制作图形时应注意以下几点：

● 能准确表达教学信息内容。

● 加强图形的艺术性：在满足教学要求的前提下，应努力加强图形的艺术性，尽量避免不协调的颜色搭配，这样可避免视觉疲劳，提升学习者心理上的愉悦感，进而加强教学效果。

● 选择确切的结构图表示信息间的关系。

③ 图像设计。

在课件中，图像是被采用最多的媒体之一，各类照片、图片等常用于形象地展示教学信息。在设计与制作图像时应注意：

● 图像的选择要合适，应与表达的内容相配合。

● 注意图像质量：将质量高的图像引入课件中，缩小图像尺寸不会影响其质量；相反，如果将小尺寸、低分辨率的图像放大后会出现马赛克和模糊现象，这会大大影响教学效果。因此，在网络上下载图像时，应尽可能选择质量高的图像下载。

● 背景图像的选择：在应用背景图像时应注意不能让背景图像干扰教学内容；宜选用整体色调相似的图像，这样在配色时比较方便。切忌选用色调变化大的图像作为背景。有时可以对图像进行适当的透明度处理或模糊处理后将其作为背景，如做成水印效果等。

● 对图像中的杂乱信息进行处理：如图像中的版权信息、水印等应去除后使用，不适当的部分可在裁剪后使用。可以通过抠图并保存为 png 透明图像格式应用，实现图像对象与背景的自然融合。

● 图像艺术化效果：适当采用对图像加边框、阴影、立体化和用图形限制图像的形状等方式，能起到突出图像的作用。

④ 动画设计。

课件中的动画主要有两方面的作用，一是通过动态展示起到强化教学信息的作用，二是用于模拟事件发生过程和实验操作等。设计动画时应注意：

● 强调信息的动画必须醒目，可以适当夸张一点，切忌使用变化不大的动画。

● 动画展示应合理：因为现在大多数人的语言阅读习惯是从左到右，因此一般可以将动画设计成从左边飞入；但强调重点时，可改为从右边飞入，这种变换能吸引观众的注意力，并且突出重点。设计动画时应注意符合自然原则，如物体由远及近时往往会由小到大，立体对象变化时阴影也会变化，物体的运动一般不是匀速的，等等。动画的速度也应合适，太快会让人眼花缭乱；太慢使人焦躁，可以适当运用一些音响效果加以配合。

● 动画应用应适当：太多、太花的动画容易喧宾夺主，因此在课件动画设计中应遵循教学规律。有些页面不必设置动画过程，如需要整体感受的内容就应整体出现，没有必要一项一项出现。

● 模拟效果的动画应注意真实性：由于动画常用于模拟不可实地拍摄的教学内容，因而应从动画的形状、颜色、动作节奏等方面保证效果的真实性。若根据教学效果需夸张呈现某些现象，应在动画中设计参照对象，或在课件中用其他媒体形式加以说明，便于学习者理解。

● 注意进入动画、强调动画、退出动画、路径动画和页面切换动画的合理使用和配合。

⑤ 音频设计。

课件中的音频包括语言、音乐和音效等，其不仅可直接用于传递教学信息，而且具有烘托气氛、加强刺激、帮助记忆和增强效果的特点。在设计中应注意下列问题：

● 提高音频文件质量：首先做好录音，可采取选用合适的话筒、保持与声源适当的距离、保持录音现场安静，对于其他媒体中已有的音频，尽可能不用话筒外录，而采用内录的方式等措施。录制的音频文件根据声音情况以合适的取样频率、量化精度和压缩格式进行保存。

● 用语言解说教学内容时注意：一是对解说词进行适当处理，保证能讲清内容；二是声画同步问题，将音频与画面很好地结合在一起，做到同步播放；三是语气和语调要掌握好分寸，切忌生硬说教，必要时可恰到好处地增加一些诙谐和幽默的成分。

● 选择合适的背景音乐：在多媒体课件中，背景音乐一般在以下 3 个方面发挥作用：一是作为陪衬，用以烘托解说词和画面要表达的气氛；二是延伸解说词或文本内容的意境；三是营造无法用语言、文字表达的气氛。经常存在的问题就是不考虑画面是否需要配背景音乐，以及画面的内容应该配什么样的背景音乐，随便从音乐素材库中挑出一段"好听"的音乐配上，这样做经常"牛头不对马嘴"，有时反而会影响效果，起反作用。具体设计时可参照：片头一般为主题，可选择与主题内容统一的主题音乐，因为片头常在鼠标点击后才更换，故以循环播放为宜；片尾主要用来介绍制作人员名单和制作单位，或以滚动方式，或以换屏方式，可选与播放长度相等的音乐，其节奏最好与画面变化速度同步；配合解说时，背景音乐可设置淡入淡出效果。

● 音响效果运用要适度：适宜在动画对象、页面切换、提醒注意、反馈时运用。

⑥ 视频设计。

在课件中视频主要用于表达真实的过程。在设计时应注意下列问题：

● 注意视频素材质量和格式。

● 对视频进行适当的剪辑：根据教学内容精心设计视频编辑脚本，优选镜头，做到用适当时长的视频高效率地说明教学内容。通过剪辑，加上合适的配音和音乐、音响，可使视频短小精悍。

● 课件中能用图片、文字很好地说明教学内容的，就不必选用视频。

3）交互设计

课件与视频、动画等教学资源最大的不同就是它具有交互性，通过交流互动来引导学习者学习，是提高学习者主动参与学习活动的重要手段。灵活多样、设计独特的交互方式可以提升学习者的学习兴趣，并为学习者提供表达意见的途径。交互方式也是游戏化学习的重要方式。

交互设计的基本原则是操作方便，具有一致性、容错性和兼容性。

常用的交互方式有菜单、按钮、窗口、图标和对话框等。

4）导航设计

导航是引导学习者利用课件进行学习的措施，通过导航，能创设有意义的学习情境，让学习者选择合适的多媒体学习资源，对学习者自主学习进行引导和帮助，避免学习者迷失方向。常用的导航方法有检索、帮助、浏览、书签等。

① 检索导航设计。为学习者提供方便的检索方法，让学习者在任何位置都可利用关键词、标题等快速检索所需的信息，确定自己的学习位置，明确想学的内容。

② 帮助导航设计。当遇到困难时，学习者可以借助帮助菜单，获得解决问题的方法和途径。

③ 浏览导航设计。可以用可视化的导航图显示课件各个节点及节点之间的联系，帮助学习者明确自己当前的学习位置，找到所需的学习内容信息。

④ 书签导航设计。帮助学习者在学习过程中将自己认为重要的或感兴趣的学习信息标上书签，并利用书签迅速定位到设计书签的位置。

5. 脚本编写

脚本的质量直接影响课件开发的质量和效率，设计脚本有利于梳理思路、发现问题和规范制作流程，更好地实现教学设计和课件设计。常用的脚本编写形式有文字脚本和卡片脚本。

6. 素材搜集与处理

根据脚本，搜集相关的多媒体素材并按要求进行适当处理，分类按序规范命名。

7. 课件制作

选择合适的课件创作工具，将准备好的多媒体素材按脚本设计插入各课件页面中，进行适当剪辑、加工处理和合成，并设置呈现方式，稳定、连续、平滑地呈现课件内容。制作中要根据学习内容、教学目标，充分发挥各个媒体的优势，合理布局，并注意页面的艺术性，在呈现方面要考虑学习者的特点。

8. 运行、测试和修改

课件的运行和测试，是对课件需求分析、设计规格和课件运行的复审，是保证课件质量的关键步骤，根据测试运行情况，可对存在的不足进行及时修改，以优化课件。

9. 发布、使用和评价

根据课件应用需求，对课件进行保存，发布为视频或可执行文件、网页等操作，并制作帮助文档或使用说明、配套教学资源等。发布的课件可以用于教学，根据使用效果进行评价。

对课件的评价没有绝对统一的标准，一般可以从科学性、教育性、技术性、艺术性和使用性等方面来加以评价。表 4-1-1 为课件评价指标体系。

表 4-1-1　课件评价指标体系

一级指标	二级指标
科学性	1. 描述概念的科学性：课件的取材适宜，内容科学、正确、规范； 2. 内容表述的准确性：课件中所有表述的内容准确无误； 3. 引用资料的正确性：课件中引用的资料正确； 4. 认知逻辑的合理性：课件的演示符合现代教育理念
教育性	1. 直观性：课件的制作直观、形象，利于学习者理解知识； 2. 趣味性：有利于调动学习者学习的积极性和主动性； 3. 新颖性：课件设计新颖，能吸引人； 4. 启发性：课件在课堂教学中具有较大的启发性，能引发学习者思考； 5. 针对性：课件的针对性强，内容完整； 6. 创新性：支持合作学习、自主学习或探究式学习等模式
技术性	1. 多媒体性：充分而合理地利用各种多媒体元素； 2. 交互性：具有良好的交互性； 3. 稳定性：课件在调试、运行过程中基本不出现故障； 4. 可移植性：移植方便，能在不同配置的机器上正常运行； 5. 易维护性：课件便于更新，利于交流、提高； 6. 合理性：课件选用恰当的软件开发
艺术性	1. 画面艺术：画面制作具有较高的艺术性，整体标准相对统一； 2. 语言文字：课件中的语言文字规范、简洁、明了； 3. 声音效果：声音清晰，无杂音，对课件具有优化作用
使用性	1. 易操作性：操作简便、快捷，操作方式前后统一； 2. 实用性：课件适用于教师日常教学； 3. 完整性：有完备的操作使用说明

根据多媒体课件评价指标体系和具体课件情况，可以用量表打分的方法来评定。表 4-1-2 就是一个典型的课件评价量表。

表 4-1-2 课件评价量表

课件名称		适用学科				
		适用年级				
评价项目	评价内容	评价等级				得分
		A	B	C	D	
		100%	80%	60%	40%	
教育性 (30分)	符合课标要求，内容完整严谨、层次清晰					
	能解决教学重点和难点问题					
	符合教学规律和学习者认知规律					
	制作直观、形象，利于学习者理解接受					
	利于调动学习者的积极性和主动性					
	设计新颖，具有较大的教学启发性					
科学性 (20分)	表述内容准确无误，引用资料正确					
	素材典型真实，有代表性，符合科学要求					
	演示符合现代教育理念和学习者心理特点					
	课件针对性强，内容完整					
技术性 (20分)	充分而合理地利用各种多媒体元素					
	界面排版合理、友好					
	课件易更新、交流和提高					
	交互性和导航设计好					
艺术性 (18分)	语言文字规范、简洁、明了					
	画面设计艺术性高，整体统一					
	特技、字幕、动画运用适当					
	声音清晰无杂音，对课件有充实作用					
使用性 (12分)	操作简单、灵活、统一					
	有完备的操作使用说明和相关资料					
	适合教学应用，容错能力强					
特色 (4分)						
评语		总分				

223

任务三　了解常用的课件制作工具

课件制作是根据设计，将各种多媒体素材引入界面中，设置交互和导航的过程，这个过程由多媒体制作软件（也称载媒软件）来完成。广义地说，能够集成各种多媒体素材的软件都可以用来制作多媒体课件（也称载媒课件）。因此，课件开发和制作工具软件的类型相当多，一般可分为页面型、时间线型、图标型、编程型等（如图 4-1-5 所示）。

1. 页面型

页面型课件制作软件是通过制作一张张多媒体页面并设置适当的交互将它们构成有机的整体，是最常用的课件制作方式。具体可分为幻灯片型、镜头型、动画型、网页型、导图型、书页型、H5 型、专业型等。

（1）幻灯片型

基于幻灯片的制作软件一般称为演示文稿软件，其制作出来的多媒体课件主要用于演示。最常用的有 PowerPoint、WPS 演示和 Keynote（苹果电脑），主要用于辅助教学、学术交流、产品展示、工作汇报、介绍等场合的幻灯片制作和演示。幻灯片上可有文字、图形、图像、声音、视频、动画等多媒体信息，并可以通过超链接、动作、触发器等方式设置简单的交互。

以 PowerPoint 为核心，101 教育 PPT、希沃白板等电子白板软件实现了备课、授课一体化，提供了大量的教学资源、课件模板和教学工具，并基于白板特点增加了丰富的互动工具如放大镜、聚光灯、计时器、各种标注工具和随机点名、游戏等，能够让教师轻松制作课件，高效授课，增强课堂互动性等。

可画、布丁演示等在线软件提供了海量模板和幻灯片版面设计功能，打开网站直接通过浏览器就可以快速设计和制作出具有专业设计特色的演示文稿，并实现在线演示。

（2）镜头型

幻灯片型课件通过一张张幻灯片组织演示内容，以线性方式呈现教学内容，思维结构单一。而镜头型课件制作软件如 Focusky（https://www.focusky.com.cn）、Prezi 等采用非线性结构呈现方式，提供无边际的画布放置各种多媒体内容，通过添加各种镜头呈现教学内容，镜头之间通过炫酷的 3D 镜头旋转缩放效果及强大的动画特效让内容呈现更形象有趣、逻辑更清晰，也让学习者更好地聚焦于教学内容，有助于学习者注意力的提高，更好地培养学习者的思维能力。

（3）动画型

动画型课件制作软件操作类似 PPT，不过增强了动画制作功能，如优芽（https://www.yoya.com）、万彩动画大师（https://www.animiz.cn）、来画（https://www.laihua.com）等，这类软件提供了丰富的场景素材和动画角色，智能匹配流畅语音，融合动画、图像、文本、游戏、试题等功能模块，只需简单编辑即可制作具有交互功能的个性化创意动画。

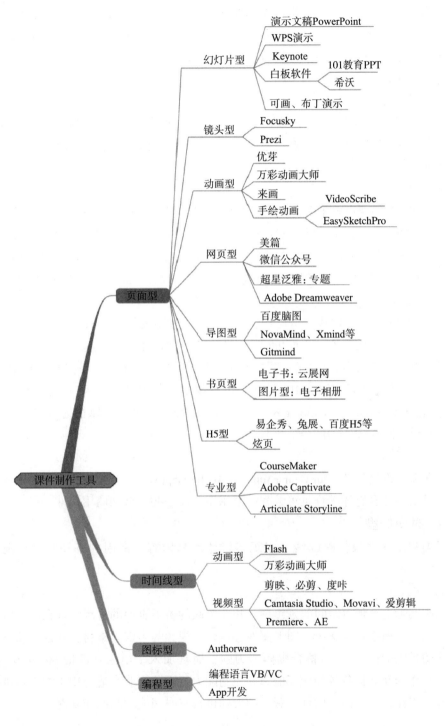

图 4-1-5　课件制作工具

（4）网页型

在网页中能够集成各种多媒体素材，因此用网页制作软件完全可以完成多媒体课件制作任务，适用于资料型、助学型课件的制作，常用于探究性学习过程。常用的有专业网页制作软件如 Adobe Dreamweaver 等，以及美篇（https://www.meipian.cn）、微信公众号、小红书、超星泛雅中的专题制作功能等，另外 Office 家族中的 Word、PowerPoint、Excel 等也可发布为网页。

（5）导图型

思维导图以结构化方式呈现信息，一些思维导图软件如百度脑图、NovaMind、Xmind 等除具有导图制作功能外，还提供一层层分支的演示功能，使教学内容呈现逻辑更清晰。

（6）书页型

书页型课件主要以电子书、电子相册等方式通过翻页呈现。电子书的页面以多媒体方式呈现各种内容，并通过超链接实现内容之间的联系，还可以通过二维码方式容纳更多信息。电子相册主要以图像方式呈现信息。如云展网（https://www.yunzhan365.com）就可以将各种文档、图片等转换为翻页电子书，也可以在页面上添加各种多媒体内容。

（7）H5 型

H5 指 HTML5，是构建及呈现互联网内容的一种新的语言方式和标准，它是一个网页，像一个很大的容器，里面可以放文本、图片、动画、音视频等流媒体，也可设置多种交互、智能表单、VR 等，可以在 PC 端、手机端、平板端等多种平台上使用，目前几乎所有网站都采用 HTML5 这个标准和技术。利用易企秀（https://store.eqxiu.com）、兔展（https://www.rabbitpre.com）、百度 H5、炫页等可以快速开发 H5 课件，Flash 新版软件也可以输出为 H5 文件。

（8）专业型

专业型课件制作软件如 CourseMaker、Adobe Captivate、Articulate Storyline 等功能强大，具备各种多媒体工具且可编程，适用于开发一些大型和商用课件。

2. 时间线型

这类制作软件根据时间线来组织多媒体素材内容，常用的有动画型、视频型两种。

（1）动画型

动画实际上是随着时间的延续展示相互关联的若干页面的过程。现在的动画制作软件可以在页面中整合文字、图形图像、声音、视频等多媒体素材，而这类软件中用得最多的是 Flash，它不但整合媒体能力强，而且加入了增强功能的 ActionScript 语言，使制作的动画具备各种交互能力和控制能力，因此它非常适合用于制作各种演示和交互多媒体课件。国产软件万彩动画大师也具有时间线动画制作功能。

（2）视频型

和动画一样，视频实际上也是随着时间的延续展示相互关联的若干页面的过程。视频处理软件能将文字、图形图像、声音等整合在一起。但视频本身没有交互，视频的播放可通过视频播放软件进行控制或制作成光盘形式进行简单交互。

3. 图标型

这类软件的代表是由 Macromedia 公司推出的多媒体开发工具 Authorware，其因具有强大的创作能力、简便的用户界面及良好的可扩展性，深受广大用户的欢迎，成为应用最广泛的多媒体开发工具之一，一度被誉为"多媒体大师"，广泛用于多媒体光盘制作和课件制作等领域。此软件的主要特点如下：基于图标和流程线，具有丰富的交互方式及大量的系统变量的函数、跨平台的体系结构、高效的多媒体集成环境和标准的应用程序接口等。可用于制作演示型课件、在线学习型交互课件、应用软件等。但其动画功能较弱，制作相对烦琐，制作的多媒体课件文件结构复杂，在其他电脑中使用前要打包，打包文件很大，虽能打包成网页形式，但由于体积大，并不太适合网页传播。因此，现在它除了被一些专业部门用于制作光盘外，已渐渐退出多媒体课件制作领域。

4. 编程型

多媒体课件本质上是一种辅助教学的程序，从这个意义上讲，任何编程软件都可以用于制作多媒体课件。早期的多媒体课件常采用编程方式进行，但由于编程复杂、不直观，因此现在已没有人用它来制作课件，而主要由软件开发人员通过编程来设计与制作一些多媒体辅助制作、教学和管理软件，如各种测试题库系统、词典等。在CAI 中，我们主要使用这种二级开发的实用的多媒体辅助软件。另外，上述一些多媒体制作软件也具有编程功能，通过编程能使多媒体课件具有更高的灵活性和交互性。另外，还可以通过编程开发手机 App 或小程序类课件。

巩固练习

1. 名词解释

（1）课件：_____

_____。

（2）交互：_____

_____。

2. 单选题

（1）下列不属于多媒体课件制作软件的是（　　　）

A. 醒图　　　　　　　B. Flash　　　　　　C. PowerPoint　　　　D. Keynote

（2）以下说法错误的是（　　　）

A. 制作课件的软件也称"载媒软件"

B. 多媒体课件也称"载媒课件"

C. 课件就是幻灯片，可以用演示文稿软件制作

D. 按使用对象分，课件可分为辅教型课件和助学型课件

3. 画图题

（1）画出课件的设计与制作流程图。

（2）用思维导图软件画出常用的课件制作工具。

项目 4.2 　学会课件制作技术

项目导图

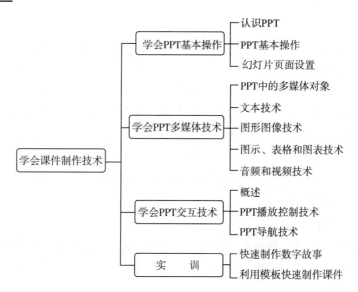

学会课件制作技术
- 学会PPT基本操作
  - 认识PPT
  - PPT基本操作
  - 幻灯片页面设置
- 学会PPT多媒体技术
  - PPT中的多媒体对象
  - 文本技术
  - 图形图像技术
  - 图示、表格和图表技术
  - 音频和视频技术
- 学会PPT交互技术
  - 概述
  - PPT播放控制技术
  - PPT导航技术
- 实　　训
  - 快速制作数字故事
  - 利用模板快速制作课件

学习目标

1. 掌握 PPT 基本操作；
2. 掌握在幻灯片页面中插入多媒体对象的方法；
3. 学会 PPT 交互和导航技术；
4. 学会 PPT 快速制作技术。

📖**学习任务**

任务一 学会 PPT 基本操作

多媒体课件实际上就是根据主题要求进行设计，将各种多媒体素材有机地组织在一起并加上交互的计算机程序，其中使用最多、最简单的是利用电子幻灯片软件制作的演示文稿；而电子幻灯片软件中最常用的是 PowerPoint，简称 PPT。国产软件 WPS 演示、苹果系统的 Keynote 等软件的功能和操作与 PowerPoint 相似，许多白板软件的操作也与 PowerPoint 相似。

1. 认识 PowerPoint

（1）PowerPoint 简介

PowerPoint 是微软公司 Office 系列办公组件中的电子幻灯片（也称演示文稿）制作软件，它功能强大，也容易上手掌握，因此是制作幻灯片型课件的首选软件。"PowerPoint"这个名字实际上是由"Power"和"Point"两个单词组成的。"Power"表示"力量、能力"，而"Point"表示"观点、要点"，合在一起的意思是"让观点更有力量"，这也是 PowerPoint 软件要实现的主要目标之一。PowerPoint 简称 PPT，因为它制作的演示文稿文件格式为 ppt，而 PPT 也成为电子幻灯片的代名词。自 2007 版开始，PPT 采用全新的用户界面和新的演示文稿文件格式 pptx，这种格式具有更好的媒体集成性，稳定安全。

（2）PowerPoint 的特点

① 简便的制作功能：软件简单易用，容易掌握。它提供了多种优化的设计模板（主题）、幻灯片版式、背景格式和配色方案，并提供向导和各种帮助，提高了制作效率。

② 强大的多媒体功能：PPT 能很简便地将各种文字、图形图像、音频、动画和视频等素材插入幻灯片中，利用控件功能可支持更多的媒体方式和格式。

③ 灵活的交互功能：通过鼠标或键盘的操作可实现多媒体对象的各种展示和幻灯片的切换，利用超链接或动作设置可以实现幻灯片之间、文件之间、文件与网页之间的跳转，VBA 语言使交互更加丰富，这为多媒体演示带来了很大的灵活性。

④ 丰富的切换功能和动态演示效果：丰富的自定义动画、幻灯片切换方式和放映方式，使播放过程动感强烈，引人注目；对自定义动画进行组合，可以实现复杂的动画形式。

⑤ 多种存储格式：除了保存为 pptx 格式外，还可以保存为 ppsx（全屏放映格式）、pdf（供阅读用的电子文档格式）、png 或 jpg（图片格式）、mp4 或 wmv（视频格式）等，应对多种应用场景。

2. PowerPoint 基本操作

（1）界面认识

打开 PowerPoint 软件，熟悉界面（如图 4-2-1 所示）。

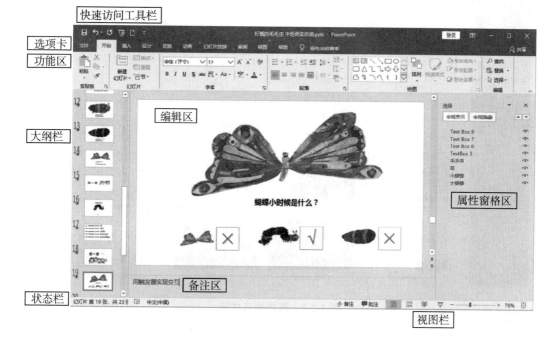

图 4-2-1　PowerPoint 界面

① 浏览每个选项卡（菜单）的功能，单击选项卡最右侧的图标 ⌃ 可以让功能区最小化或复原；单击最下方视图栏中的"视图切换"按钮可以改变视图方式，拖拉比例条可以改变显示比例（"【Ctrl】+鼠标滚轮"也可以实现比例缩放）。

② 设置快速访问工具栏：单击快速访问工具栏右侧图标 ⌄，在弹出的下拉菜单（如图 4-2-2 所示）中根据需要添加常用按钮，如"新建""打开""保存""撤消""从头开始"等，也可通过"其他命令"添加更多工具。

（2）新建和保存演示文稿

可以通过快速访问工具栏中图标 ▯ 和 ▤ 操作，也可以通过"文件"选项卡中的"新建"和"保存"或快捷键（【Ctrl+N】和【Ctrl+S】等）进行操作（如图 4-2-3所示）。利用模板可以快速创建在外观或内容上已经预设

图 4-2-2　设置快速访问工具栏

好的演示文稿，节省时间，提高效率，模板包括内置及联机模板和主题（可通过关键词搜索）。

图 4-2-3 新建演示文稿

（3）幻灯片操作

① 插入幻灯片：在大纲栏中选中某张幻灯片，按回车键【Enter】或在右键快捷菜单中选择"新建幻灯片"选项，可以在此幻灯片下增加 1 张默认版式的幻灯片；在选项卡"开始"中单击"新建幻灯片"按钮，在弹出的下拉菜单中选择合适的版式（如图 4-2-4 所示）。

② 新增节："节"的作用是把有联系的幻灯片组织在一起，这样可以使 PPT 结构清晰。在大纲栏的相应位置的幻灯片上右击，在弹出的快捷菜单中选择"新增节"选项（如图 4-2-5 所示）。在节名称上右击，在弹出的快捷菜单中可以对节进行重命名、删除、移动等操作。

③ 移动和复制幻灯片：在大纲栏中选择目标幻灯片，按住鼠标左键不放可以将幻灯片拖到相应位置；如果在拖动幻灯片的同时按住【Ctrl】键不放，可以复制幻灯片。复制幻灯片也可以通过右键快捷菜单操作。

④ 删除和隐藏幻灯片：在大纲栏中选择目标幻灯片，按【Delete】键或在右键快捷菜单中选择"删除幻灯片"选项。单击右键快捷菜单中的"隐藏幻灯片"可以暂时隐藏该张幻灯片，再次执行该命令则幻灯片显现。

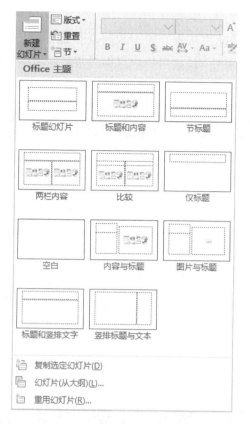

图 4-2-4 新建幻灯片和选择版式

图 4-2-5 新增节

（4）设置幻灯片切换方式

在"切换"选项卡中，根据需要为幻灯片设置切换方案及切换效果，并设置换片方式（如图 4-2-6 所示）。

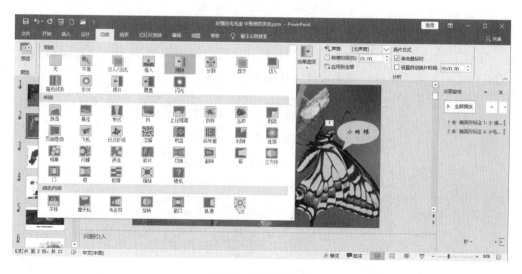

图 4-2-6 切换幻灯片

（5）放映 PPT

在"幻灯片放映"选项卡中，可以选择"从头开始"放映（快捷键【F5】）或"从当前幻灯片开始"放映（快捷键【Shift+F5】）；可以设置幻灯片放映方式，使用"排练计时"可以预演好，正式放映时能自动按照预演放映（如图 4-2-7 所示）。

图 4-2-7 设置幻灯片放映方式

3. 幻灯片页面设置

如果把制作电子幻灯片比作演戏，那么幻灯片页面就是舞台，舞台有大小、背景、色彩设置，要考虑舞台上演员的布局设置；同样，PPT 的幻灯片页面设置也包括页面大小和方向、背景、色彩和布局设置等内容。可以对单张幻灯片进行个性化设置，也可以对整个演示文稿进行统一的设置。

（1）页面设置

页面设置主要通过"设计"选项卡（如图 4-2-8 所示）进行设置，包括主题、变体、幻灯片大小、背景格式等设置。

图 4-2-8 "设计"选项卡

1）设置页面大小和方向

通过"设计"选项卡中的"幻灯片大小"可以设置页面的大小，也可以打开"幻灯片大小"对话框进行更多设置，如图 4-2-9 所示。

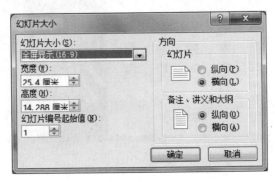

图 4-2-9 "幻灯片大小"对话框

2）设置页面主题

页面主题包括幻灯片的颜色、字体和效果，对于创建统一演示文稿的外观有着举足轻重的作用。在新建 PPT 时可以选择不同的主题，也可以在具体制作过程中设置或更改主题（变体）。

单击"设计"选项卡中"主题"组的"其他"按钮，将弹出所有主题列表，选择合适的主题单击，将对整个演示文稿应用该主题；在主题上右击快捷菜单，可以选择该主题是应用于选定幻灯片还是所有幻灯片。

3）设置页面背景

图 4-2-10　"设置背景格式"对话框

单击"设计"选项卡中"设置背景格式"按钮，在右侧出现"设置背景格式"对话框（也可在幻灯片上右击快捷菜单选择"设置背景格式"选项），如图 4-2-10 所示，可以根据需要用纯色、渐变、图片或纹理、图案等填充作为幻灯片页面背景。单击"重置背景"按钮，此时背景恢复到最开始的默认状态；选中"隐藏背景图形"复选框，可以隐藏原母版中的图形。

4）设置页面版式

新建幻灯片时可以选择页面版式，版式预定了幻灯片中各种对象的版面布局。在"开始"选项卡单击"版式"按钮或在幻灯片上右击，在弹出的快捷菜单中单击"版式"选项可以选择版式或更改版式（如图 4-2-4 所示）。使用版式后，可以直接在幻灯片上的预定位置单击添加相应对象。

注意：幻灯片上的虚线框代表占位符，它的作用是先占住一个固定的位置，便于往里面添加内容（占位符中的文字是提示信息，在幻灯演示时并不出现），版式和占位符能起到规划幻灯片结构的作用。在制作幻灯片时，建议先选用合适的版式，再使用占位符来输入各种元素。单张幻灯片的布局可以通过直接拖动各对象改变，整个 PPT 版式布局的改变需要通过到母版视图中改变母版布局实现。

5）配色方案

幻灯片配色要和谐，具有美感，适合幻灯片的内容。可以利用"配色方案"对 PPT 的主题或模板颜色进行恰当的搭配。

单击"设计"选项卡中"变体"下拉菜单中的"颜色"，弹出的菜单中提供了几十种预设配色方案，可根据设计要求选用。单击"自定义颜色"命令，可以更改配色方案（如图 4-2-11 所示）。

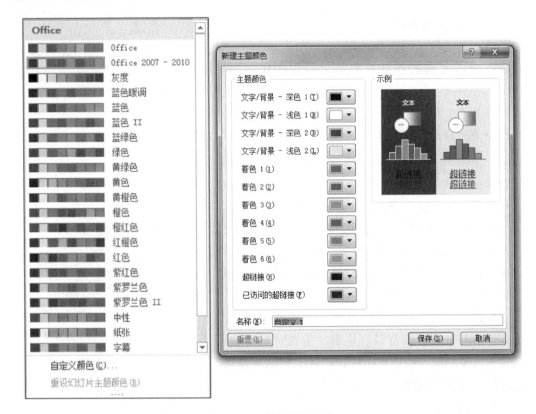

图 4-2-11 设置配色方案

修改超链接颜色：在 PPT 中如果对文字设置了超链接，该文字的颜色就不能通过普通的方式更改，而是需要到"新建主题颜色"对话框中更改超链接的配色，即单击图 4-2-11 中超链接右侧下拉按钮，选择合适的颜色设置。

（2）母版操作

利用母版，可以对 PPT 的背景、字体格式、页眉和页脚、统一的显示元素、占位符等进行设置，这些设置将体现在使用母版的每张幻灯片上，利用这个功能可以保持 PPT 中各幻灯片的风格统一，也可以提高制作效率。母版有幻灯片母版、讲义母版、备注母版，若不作特指，说到母版一般指幻灯片母版。

1）打开母版视图

单击"视图"选项卡中的"幻灯片母版"按钮，进入幻灯片母版视图（如图 4-2-12 所示），默认情况下，幻灯片母版由一个主母版和若干幻灯片版式母版组成，主母版的格式规定了所有版式母版的基本格式。

2）编辑母版

选择需要编辑的母版，可以同操作普通幻灯片一样更改母版的主题、背景、颜色（配色）、字体、效果等。

3）设置页眉和页脚

在母版下方有 3 个并排的文本框，分别代表日期、页脚和幻灯片编号，可在其中填写适当的内容作为页脚，若不需要，可以按【Delete】键删除。

可以在母版上适当位置插入各种元素（文本、形状、外部图片等）作为页眉，这些元素还可以设置超链接、自定义动画等。如果某个版式的母版不需要页眉，可在"设置背景格式"对话框中的"填充"选项卡中选中"隐藏背景图形"复选框（如图 4-2-10 所示）。

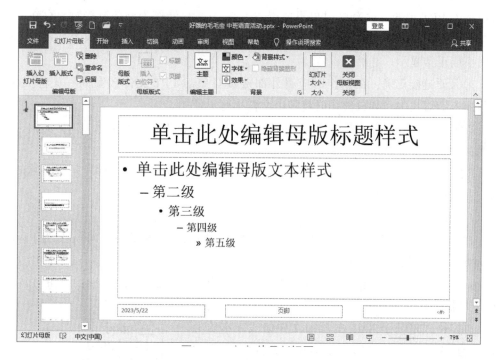

图 4-2-12 幻灯片母版视图

4）增加幻灯片母版

在幻灯片母版视图中，单击最左侧"插入幻灯片母版"按钮，将新增一组幻灯片母版。单击"插入版式"按钮，可新增一种版式母版；单击"插入占位符"按钮，在弹出的菜单中可根据需要插入某种样式的占位符并调整位置。

5）关闭母版

在母版视图中，单击最右侧"关闭母版视图"回到正常编辑状态；或单击下方"视图栏"中的"普通视图"按钮，切换到普通编辑视图。

任务二 学会 PPT 多媒体技术

如果把 PPT 演示比作一场演出，那么幻灯片页面就是舞台，各种多媒体对象就是演员，它们在舞台上以各种方式表演，展示主题内容，吸引使用者的眼球。要做好 PPT 课件，必须掌握在幻灯片页面中引入各种多媒体对象的技巧。

1. PPT 中的多媒体对象

（1）分类

PPT 幻灯片中的对象按多媒体形式可分为文本、图片、动画、声音、视频和其他对象等，通常新建相应的文件夹将相应的素材文件分别存放以便管理和使用，但按这种分类来组织多媒体对象的方式不适合 PPT 演示文稿制作，因为有些多媒体对象是可以嵌入 PPT 中的，而有些对象不能嵌入 PPT 中，只能作为外部链接对象存在。当 PPT 文件在不同电脑中使用时，嵌入对象能正常显示，而外部链接对象若处理不好则经常不能正常显示。

为保证链接正确，在制作时应将外部链接对象与 PPT 文件放在同一文件夹中，然后插入幻灯片中，异机使用时将整个文件夹拷贝使用。

PPT 内部嵌入对象包括文本、图片（图像、图形、图表、图示等）、gif 动画、音频和视频、PPT 文件等。

PPT 外部链接对象包括各类文档、PPT 不支持的多媒体格式文件、网页、其他对象（如可执行文件、Flash 动画、压缩文件等）。

（2）pptx 格式

自 PowerPoint 2007 开始，PPT 采用了全新架构的文件格式 pptx（ppsx 为 PowerPoint 放映文件格式、pptm 为启用了宏的 PowerPoint 演示文稿格式、ppsm 为启用了宏的 PowerPoint 放映文件格式、potx 为 PowerPoint 模板格式、potm 为启用了宏的 PowerPoint 模板格式）。

pptx 格式是基于 XML 的压缩文件格式，本质上是一个压缩文件，如果把 pptx 后缀修改为 rar，则它可以用 WinRAR 解压。这种文件格式有 2 个优点：一是可以包含所有在 PPT 制作时插入的多媒体对象文件（放置在压缩包的子文件夹 ppt 下的 media 文件夹中），包括图片、gif 动画、音频、视频、swf 格式文件等，异机使用时只需拷贝 pptx 文件即可（通过超链接设置的外部链接文件仍需要拷贝）；二是通过压缩文件占用的空间更小。

如果获取了 pptx 格式的文件，我们可以将其扩展名 pptx 改为 rar，然后解压，打开 media 文件夹，就可以获取文件中的各种多媒体素材（如图 4-2-13 所示）。

早期版本保存的 ppt 格式文件可以用 PowerPoint 2007 以上版本的软件打开，另存为 pptx 格式文件后才能解压获取媒体素材文件。

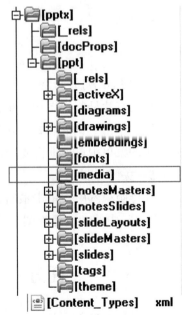

图 4-2-13　pptx 格式文件解压

（3）浏览"插入"选项卡

单击"插入"选项卡（如图 4-2-14 所示），点开各个选项，了解在幻灯片中能插入哪些多媒体对象。

图 4-2-14　"插入"选项卡

（4）选择窗格

单击"开始"选项卡最右侧"编辑"组中的"选择"按钮（如图 4-2-15 所示），在弹出的下拉菜单中选择"选择窗格"选项，可在工作区的右侧出现"选择和可见性"任务窗格。单击眼睛图标可以显示和隐藏对象，改变对象叠加层次。值得注意的是，窗格中的对象默认以插入先后顺序命名，容易混淆，可以双击对象的名称重新命名。

图 4-2-15　选择窗格

2. 文本技术

（1）输入文字

不能直接在幻灯片中输入文字，可以在预定的文本占位符中或使用文本框工具输入文字；也可以复制其他文件中的文字粘贴到幻灯片上。但不建议直接粘贴，可以先插入文本框，再粘贴文字（最好是"选择性粘贴"中的"无格式文本"）。

使用"粘贴选项"：单击"开始"选项卡最左侧的"粘贴"按钮，会出现"粘贴选项"（如图 4-2-16 所示），鼠标右击弹出的快捷菜单中也有"粘贴选项"，从左到右依次是"使用目标主题""保留源格式""图片""只保留文本"。如果使用"图片"选项，文字将不能编辑。

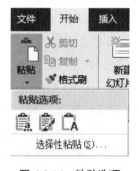

图 4-2-16　粘贴选项

单击"插入"选项卡中的"公式"和"符号"按钮，尝试在幻灯片中插入公式和符号。

（2）设置文本格式

选中文字，此时文字上方会出现快捷设置工具栏，右键快捷菜单最上方也可出现该工具栏（如图 4-2-17 所示），可以利用它快速设置文字的字体、字号、颜色、样式、段落对齐等。

更多的设置可以在单击"开始"选项卡的"字体"和"段落"命令组或执行右

键快捷菜单中的"字体""段落""项目符号"
"编号""设置文字效果格式"命令打开的对话框
中进行。

尝试进行下列操作：

● 设置字体、字号；增大字号、减小字号；
文字加粗、倾斜、加下划线、加阴影。

● 设置文字颜色；改变文本框填充和连线
颜色。

● 调整文字间距。

● 添加项目符号或编号；调整文字级别。

● 调整文本对齐方式（左对齐、居中对齐、
右对齐、两端对齐、分散对齐）；将文字分栏排列。

● 设置段落缩进、首行缩进、悬挂缩进；设
置行间距和段前、段后间距。

● 更改文字排列方向：通过文本框类型改变
（横排和垂直文本框）；通过"文字方向"改变。

● 使用格式刷将一种文字格式应用到其他文
字上。

图 4-2-17　文字快捷设置工具栏

（3）添加艺术字效果

1）利用预设添加艺术字效果

单击"插入"选项卡中"艺术字"按钮，其弹出的下拉列表中列出了 30 种预设
的艺术字样式，选择其中一种后幻灯片中出现占位符，将"请在此放置您的文字"
改成自己的文字。

2）改变艺术字样式

选中文本或艺术字，单击"格式"选项卡中的"艺术字样式"组的"其他"按
钮▽，在弹出的下拉列表中选择合适的预设效果。

3）设置艺术字格式

除了预设外，可以自行调整艺术字的样式。

方法 1：在"格式"选项卡中选择
"文本填充""文本轮廓""文本效果"直
接进行设置（如图 4-2-18 所示）。

方法 2：在右键快捷菜单中选择"设
置文本效果格式"，在右侧打开的对话框
中逐项设置（如图 4-2-19 所示）。

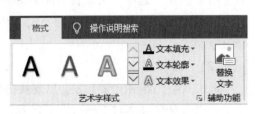

图 4-2-18　设置艺术字格式

图 4-2-19　设置文本效果格式

（4）文本转换

　　单击"格式"选项卡中的"文本效果"—"转换"，在弹出的下拉菜单中选中一种形状应用到文字上，如图 4-2-20 所示。例如，使用了"弯曲"中某种形状的文本可以像图片一样进行拉伸处理，这样可以制作扁体字、瘦长字或变形字。

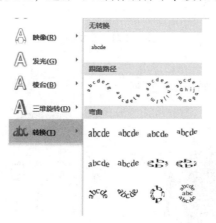

图 4-2-20　文本转换

3. 图形图像技术

（1）图形技术

图形由形状组合而成，也称矢量图形。

1）添加形状

单击"插入"选项卡中的"形状"按钮（或"开始"选项卡"绘图"组中的"形状列表"），将弹出形状库（如图 4-2-21 所示），包括"线条""矩形""基本形状""箭头总汇""公式形状""流程图""星与旗帜""标注""动作按钮"等 9 种类型。选中需要添加的形状，鼠标光标变成"+"形，按住鼠标左键在幻灯片上拖动可绘制出相应形状，也可直接单击添加形状（固定大小）。

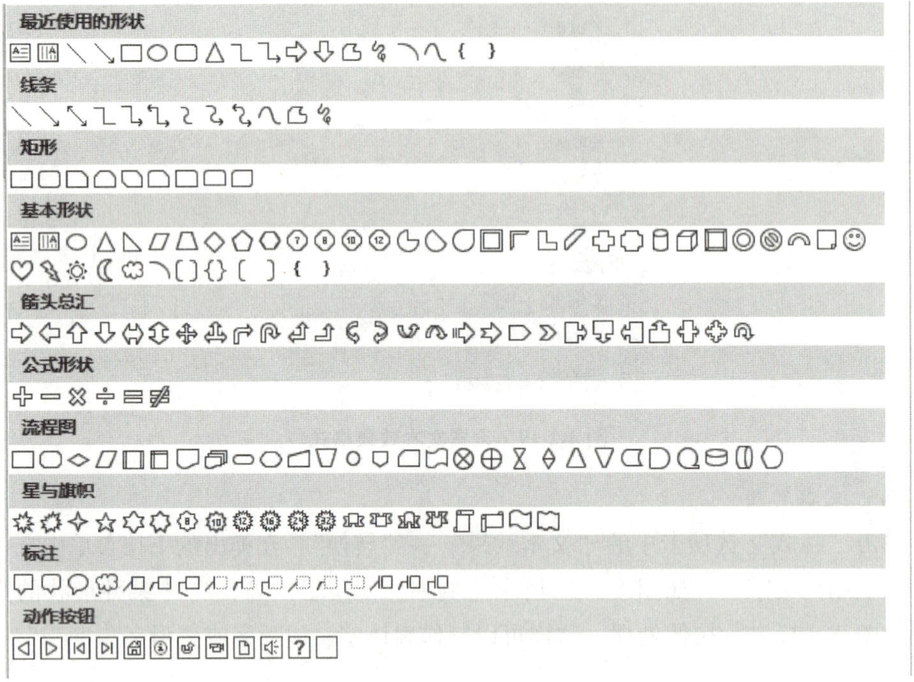

图 4-2-21　形状库

2）调整形状

以笑脸变哭脸为例（如图 4-2-22 所示）。

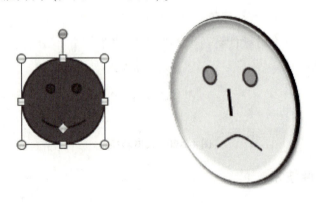

图 4-2-22　笑脸变哭脸

● 单击"插入"选项卡中的"形状"按钮，在形状库的"基本形状"组中找到☺，在幻灯片中适当位置单击或拖动，画出笑脸。

● 改变形状：拖动形状四周调整柄，改变形状大小和比例，这里把圆脸拉长。向上拖动嘴巴中间黄色菱形调整控点，笑脸变成哭脸。拖动上方的旋转控点，将形状适当改变角度。

● 编辑形状：单击"格式"选项卡中的"编辑形状"，选择"编辑顶点"（或在右键快捷菜单中选择"编辑顶点"），用鼠标调整嘴巴上各个顶点（如图 4-2-23 所示）。

● 添加文字：选择右键快捷菜单中的"编辑文字"，出现文字输入光标，输入字母"I"作为哭脸的鼻子，也可以用三角形符号等。选中字母，选择合适的字体、字号及颜色。

图 4-2-23　编辑顶点改变形状

3）设置形状格式

单击"格式"选项卡，根据需要设置形状填充、形状轮廓和形状效果。也可单击右键快捷菜单中的"设置形状格式"，打开右侧相应的对话框进行更细致的设置（如图 4-2-24 所示）。图 4-2-22 右侧的哭脸设置了填充、轮廓，添加了阴影、三维格式和三维旋转等效果。

（2）图像技术

PPT 中的图像也称为图片。"插入"选项卡中"图像"组提供了 4 种途径：图片（可插入外部图片文件，也可直接拖入图像文件）、联机图片、屏幕截图、相册（可插入一系列图片）。也可以从其他地方复制、粘贴图片，注意"粘贴选项"中选择"图片"，如果用"保留源格式"命令（默认选项），图片会因为带有其他格式设置而影响使用。

1）设置图片格式

为了让图片与幻灯片的效果更为融合，需要对图片进行一些格式设置，包括删除图片背景、选择图片样式、调整图片颜色和设置图片艺术效果等，达到美化图片的目的。可以在"格式"选项卡（如图 4-2-25 所示）中完成，也可以在右键快捷菜单中选择"设置图片格式"打开的对话框中设置。

图 4-2-24　"设置形状格式"对话框

图 4-2-25　图片"格式"选项卡

● 设置图片样式："格式"选项卡中"图片样式"组提供了 28 种预设的图片样式，根据需要选择合适的样式应用到图片中。利用"图片边框""图片效果"或在右键快捷菜单打开的"设置图片格式"对话框中可以更细致地设置图片样式。

● 调整图片颜色：单击"格式"选项卡中"调整"组的"颜色"按钮，可以调整图片颜色的饱和度、色调，也可以对图片重新着色，制作单色图片效果。"设置透明色"可以将图片中某种颜色设置为透明，可实现简单的抠图效果。

● 设置图片艺术效果：单击"格式"选项卡中"调整"组的"艺术效果"按钮，可以对图片艺术化处理，这个功能相当于 Photoshop 中的滤镜功能，可以将图片处理成各种绘画效果。

● 图片更正：单击"格式"选项卡中"调整"组的"更正"按钮，可以更改图片的亮度和对比度，进行柔化或锐化（更改模糊度）处理。

● 删除图片背景：即抠图。利用"删除背景"功能可以很方便地抠图，但质量不高（删除图片背景前后对比如图 4-2-26 所示），精细的抠图还是需要用 Photoshop 实现。

单击"格式"选项卡中最左侧的"删除背景"按钮，此时图片上出现紫色蒙版，紫色部分代表删除的区域，未被紫色覆盖的区域代表保留部分。拖动周围的 8 个控制点，改变保留区域，单击"标记要删除的区域"按钮，图片中需要删除的区域用鼠标画线，这些区域被紫色覆盖，并出现 ➖ 标记（如图 4-2-27 所示）；单击"标记要保留的区域"，在图片中需要保留的区域用鼠标画线，这些区域的紫色蒙版将去除，并出现 ➕ 标记；最后单击"保留更改"即可。

2）更改图片

单击"格式"选项卡中的"更改图片"按钮（或右键快捷菜单中的"更改图片"选项），在打开的窗口中找到替换的图片文件，可以将现有的图片更改为其他图片，但图片的大小、位置、设置等都不会发生改变。

3）重设图片

单击"格式"选项卡中的"重置图片"按钮，会出现"重置图片"和"重置图片和大小"两个选项，通过这两个选项的设置可以恢复图片的原始状态。

4）压缩图片

单击"格式"选项卡中的"压缩图片"按钮，打开"压缩图片"对话框（如图 4-2-28 所示），根据需要勾选相应选项，压缩图片能缩小 PPT 文件。

图 4-2-26　删除图片背景前后对比　　　　图 4-2-27　删除图片背景操作

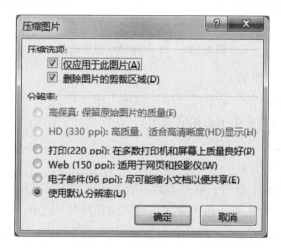

图 4-2-28　"压缩图片"对话框

5）另存为图片

在右键快捷菜单中选择"另存为图片"选项，可以将 PPT 对象（图形、图片、剪贴画、艺术字等）以图片形式保存到磁盘上，建议用 png 格式保存。

4. 图示、表格和图表技术

（1）图示技术

使用图示可以将事物内部及事物之间抽象的逻辑关系用形象直观的视觉符号表示，有利于学习者理解和掌握。PowerPoint 提供了制作图示的利器——SmartArt，它提供了各种布局关系的图形，配上文字，可以快速、轻松、有效地表示各种逻辑关系。

1）插入 SmartArt

单击"插入"选项卡中的"SmartArt"按钮，在出现的"选择 SmartArt 图形"对话框中根据表达内容选择合适的图示类型后确定；再在图示中输入文字，可以直接在框中输入，也可以单击图示左侧的控制按钮打开"在此处键入文字"窗格输入文字。用"SmartArt"创建图示效果如图 4-2-29 所示。

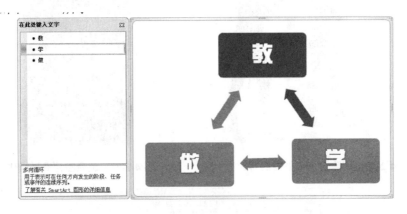

图 4-2-29　用 SmartArt 创建图示

2）将文本转化为图示

选择幻灯片中的文本，单击"开始"选项卡中"段落"组的"转换为 SmartArt"按钮（或在右键快捷菜单中单击相应选项），在弹出的下拉菜单中选择合适的图示类型单击即可。

3）利用形状绘制图示

SmartArt 图形实际上是由一系列图形组成的。用插入形状的方式绘制图示中的图形、文本框、线条、箭头等并输入文字，然后组合即可。这种方式比较灵活，可以制作个性化的图示，但效率不高。也可以将 SmartArt 图形取消组合后，根据需要删减或增加图形来构建新的图示结构。

1）图示设置

添加 SmartArt 图示后，会出现"SmartArt 工具"选项卡（如图 4-2-30 所示），其中又包括"设计"和"格式"两个选项卡。

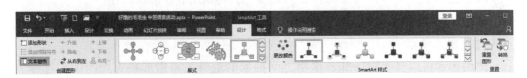

图 4-2-30　"SmartArt 工具"设计选项卡

● 调整布局：单击"SmartArt 工具"—"设计"选项卡中的"布局"按钮，选择合适的类型来更改原来的布局；选择图示中的图形拖动或拉伸，可以改变局部布局，单击升级、降级可以改变级别，单击上移、下移可以更改顺序；单击"从右到左"可以改变方向；单击添加形状可以增加项目。

● 设置样式：单击"SmartArt 工具"—"设计"选项卡中的"SmartArt 样式"组，可以从预设的 14 种样式中选择合适的样式应用。单击"更改颜色"按钮可以设置颜色效果。

● 调整格式：单击"SmartArt 工具"—"格式"选项卡，可以对每个图形进行多种设置，设置方式参见"图形图像技术"中关于形状设置的内容。

● 将图示转换为文本或形状：单击"SmartArt 工具"—"设计"选项卡中"重置"组的"转换"命令，出现"转换为文本"和"转换为形状"，单击进行相应操作。

（2）表格技术

单击"插入"选项卡中的"表格"按钮，下拉菜单中提供 4 种创建表格的方式，如图 4-2-31 所示。

图 4-2-31　创建表格

1）插入指定行列的表格

用鼠标在表格区域移动，表格的行列以高亮显示，选择合适的行数和列数后单击，即可在在幻灯片区域创建空表格。

2）插入表格

单击"插入表格"，会弹出对话框，填写列数和行数，即可创建空表格。

3）绘制表格

单击"绘制表格"，鼠标光标变成笔形 🖊，在幻灯片上拖动，绘制出表格外框，同时自动切换到"表格工具"—"设计"选项卡（如图 4-2-32 所示）。单击"绘制表格"，鼠标光标再次变成笔形 🖊，根据需要在表格内部绘制线条。在第一个单元格中，移动鼠标从左上角到右下角可以绘制斜线表头。

图 4-2-32　"表格工具"—"设计"选项卡

4）表格设置

● 输入内容：在表格的单元格中单击，输入相应文本或数据。

● 应用样式：单击"表格工具"—"设计"选项卡中的"表格样式"按钮，选择一个预设的样式应用到表格中，预设样式包括"文档最佳匹配对象""浅""中""深"四大类。如果对预设样式不满意，可以自定义样式，如通过"底纹""边框"

"效果"等分别进行设置。

● 改变布局：单击"表格工具"—"布局"选项卡（如图 4-2-33 所示），在此可以进行添加行列、合并或拆分单元格、对齐及分布等操作。

图 4-2-33 "表格工具"—"布局"选项卡

（3）图表技术

1）创建图表

单击"插入"选项卡中"图表"按钮，打开"插入图表"对话框，如图 4-2-34 所示。

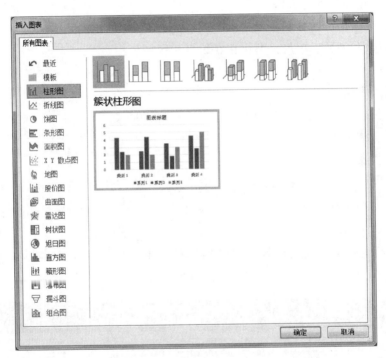

图 4-2-34 "插入图表"对话框

在对话框中选择一种合适的图表类型，单击"确定"按钮后将出现 Excel 电子表格工作界面，它与幻灯片页面并排在一起，在电子表格中输入相应数据，幻灯片中图表同时发生变化，输入完成后可以关闭 Excel 电子表格程序。

2）图表设置

插入图表后，在选项卡中会出现"图表工具"选项，包括"设计""布局""格式"3 个选项卡，可以对图表进行多项设置。请尝试使用各个功能。

5. 音频和视频技术

（1）音频技术

PPT 中引入音频的方式有 2 种：一是在幻灯片页面上的音频，通过"插入"音频文件（支持 mp3、wma、wav 等格式）和录制音频引入；二是伴随动画或页面切换的声音（音效，只支持 wav 格式），在动画属性或切换对话框中设置。

1）插入音频

单击"插入"选项卡中的"音频"按钮，下拉菜单中提供了 2 种插入方式："PC 上的音频"和"录制音频"，如图 4-2-35 所示。也可直接将音频文件拖入幻灯片页面中。

单击"PC 上的音频"选项，在打开的"插入音频"

图 4-2-35　"音频"菜单

对话框中找到音频文件，单击"插入"按钮，此时幻灯片上会出现喇叭图标和播放控制条，同时选项卡中增加了"音频工具"选项。"格式"选项卡可对音频图标的外观进行设置，"播放"选项卡可对音频播放进行设置。"音频工具"—"播放"选项卡如图 4-2-36 所示。

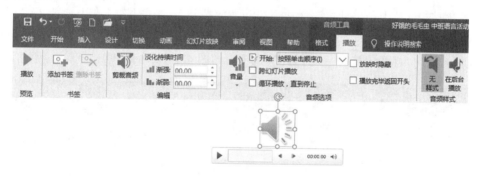

图 4-2-36　"音频工具"—"播放"选项卡

2）音频设置

● 音频编辑。单击"剪裁音频"，在打开的对话框（如图 4-2-37）中通过拖动开始和结束标志或填写具体时间来设置音频开始时间和结束时间；在"编辑"组中可以设置"淡入"和"淡出"时间；在"音频选项"组中可以设置"音量"。

图 4-2-37　"剪裁音频"对话框

● 设置播放方式。单击"音频工具"—"播放"选项卡中的"开始"按钮，弹出的下拉菜单中出现4种方式："按照单击顺序"（默认），表示音频将按幻灯片动画窗格中的顺序，通过单击幻灯片页面上任何位置或按下空格键播放；"自动"，表示音频将在幻灯片开始放映时播放；"单击时"，表示幻灯片放映时音频不会自动播放，需要单击音频图标或控制按钮才播放；"跨幻灯片"，表示音频播放会从一张幻灯片延续到下面的幻灯片（默认一直播放到最后一张幻灯片），通常在设置背景音乐时选择。如果跨几张幻灯片播放，可以在"动画窗格"中找到音频，双击打开属性对话框，在"停止播放"中填上相应的幻灯片张数。

（2）视频技术

PPT中引入视频的方法有3种：一是插入"PC上的视频"；二是插入"联机视频"（填入视频网址）；三是屏幕录制（如图4-2-38所示）。

图 4-2-38 "视频"菜单

1）插入视频

单击"PC上的视频"选项，在打开的"插入视频文件"对话框中找到视频文件，单击"插入"按钮（或将视频文件直接拖入幻灯片页面中），此时幻灯片上会出现视频播放窗口和播放控制条，同时选项卡中增加了"视频工具"选项。在"格式"选项卡中可设置视频播放外观，在"播放"选项卡中可设置视频播放。"视频工具"—"播放"选项卡如图4-2-39所示。

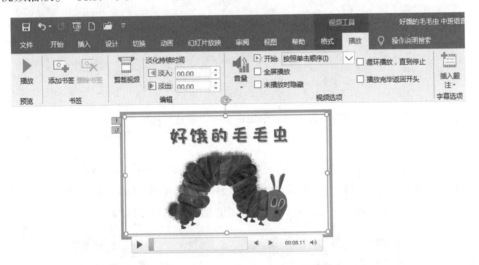

图 4-2-39 "视频工具"—"播放"选项卡

2）视频设置

● 视频编辑。单击"剪裁视频"，在打开的对话框（如图4-2-40所示）中通过拖动开始和结束标志或填写具体时间来设置视频开始时间和结束时间；在"编辑"组中可以设置"淡入"和"淡出"时间；在"视频选项"组中可以设置"音量"。

● 设置播放方式。单击"视频工具"—"播放"选项卡中的"开始"按钮，弹出的下拉菜单中出现 3 种方式："按照单击顺序"（默认），表示视频将按幻灯片动画窗格中的顺序，通过单击幻灯片页面上任何位置或按下空格键播放；"自动"，表示视频将在幻灯片开始放映时播放；"单击时"，表示幻灯片放映时视频不会自动播放，需要单击视频窗口或控制按钮才播放。使用后可以根据需要设置"全屏播放""未播放时隐藏""循环播放，直到停止""播放完毕返回开头"等。

● 设置视频播放效果。单击"视频工具"—"格式"选项卡（如图 4-2-41 所示），可以对视频播放效果进行多种设置。

● 设置视频标牌框架。标牌框架是指视频文件没有正式播放时所展示的画面，默认是视频的第一帧画面，可以根据需要将"文件中的图像"或播放过程中的某画面设置成"当前框架"，以便更好地说明视频。

● 调整视频。通过"调整"组中的"更正"按钮可以调整视频的亮度与对比度；"颜色"按钮可以改变视频的颜色模式；利用"视频样式"或设置"视频形状""视频边框""视频效果"等可以改变视频播放效果。

图 4-2-40 "剪裁视频"对话框

图 4-2-41 "视频工具"—"格式"选项卡

任务三　学会 PPT 交互技术

1. 概述

交互性是课件区别于其他教学媒体的重要特征，即在课件中，以一定的交互方式控制课件的运行，进行人与计算机之间的对话，实现人机之间的信息交流与反馈。这样，课件使用者可以掌控课件内容的出现顺序和形式，向课件输入不同的信息，得到不同的反馈信息，再根据反馈信息调整课件使用进程。在 PPT 中利用超链接、动作设置、触发器及 VBA 等可以实现各种交互。

（1）交互界面

人机交互是通过交互界面进行的，用户通过交互界面向计算机输入信息，进行查询、操纵和控制，计算机则通过交互界面向用户提供信息，以供用户阅读、分析和判断。交互界面设计应考虑用户特点，方便操作，这样用户可以通过硬件设备（如键盘、鼠标、触摸屏、监视器等）对显示的教学信息作出反应，完成人机交互。

常用的人机交互界面有窗口、菜单、图标、按钮、对话框等。

（2）导航

超媒体技术的采用可使传统的线性教学结构转变为跳转灵活的网状结构，这种结构能够使教学更为灵活、启发学生联想、实施因材施教，但也容易引发迷航现象。为此，需要在课件中设置导航，让学习者明确自己的学习路径，清楚自己所处的位置。

常用的导航策略有检索（标题、检索词、时间轴、知识树等）、线索、帮助、浏览、演示导航等，具体体现方式有导航图、按钮、图标、关键词、标签、序号等。

（3）超链接和动作设置

超链接和动作设置都是内容跳转技术，可以实现从课件中某一内容跳转到其他内容，从而使课件具有非线性结构，在应用时可根据需要灵活组织教学内容和过程。

在制作时应注意链源和链宿的设置，链源指要添加超链接或动作设置的对象，它可以是文字、图形图像、按钮等；链宿指跳转的位置，它可以是幻灯片、外部文件、网页、电子邮件等。

超链接只能实现单击操作，而动作设置可以实现单击和"鼠标经过"操作。

（4）触发器

触发器相当于一个"开关"，通过它可以控制 PPT 中动画元素（包括音频和视频）的运行和停止，在 PPT 中，图片、图形、按钮、文本框等都可以作为触发器。触发器的出现，改变了原来动画元素只能按顺序出现的规则，可以通过单击触发器播放相应的动画元素，从而实现"判断"或"选择"等效果。

用超链接和动作设置也可以实现"选择"，但它们是通过跳转来实现的，而触发器仅限在同一张幻灯片中使用，通过它可实现指定动画播放。

（5）VBA

VBA 即 Visual Basic for Applications，是 VB（Visual Basic）的一种宏语言，用来扩展 Windows 的应用程序功能。利用 VBA 可以使 PPT 具备程序设计和开发功能，使 PPT 的交互更加灵活、功能更加强大。

（6）教学一体机中的交互

教学一体机包括 2 种类型：一种是"短焦投影机+电子白板"；另一种是"大屏幕交互式智能平板"（触控屏一体机），提供显示和操作平台，具备书写、批注、绘画、多媒体娱乐、网络会议等功能，是一种功能全面的人机交互设备，可以通过书写笔、手指（单指或多指）、鼠标、键盘等进行交互。教学一体机还配置了相应的交互软件，如希沃白板软件、101 教育 PPT、鸿合电子白板等。以希沃白板软件为例，其具备的交互功能有书写和擦除、手势控制、拖拽和缩放、聚光灯、放大镜和趣味教学工具（游戏）等。

2. PPT 播放控制技术

PPT 中的幻灯片切换和动画播放默认按顺序通过鼠标单击或按键盘（一般是空格键）进行。利用超链接或动作设置可以控制幻灯片页面的播放顺序，利用触发器可以控制动画的播放顺序。

（1）超链接和动作设置

下面通过案例"目录页面与内容页面的跳转"来学习超链接和动作设置。本案例 PPT 课件总体结构如图 4-2-42 所示。它由封面、目录页面、4 张内容页面、练习页面和封底组成。演示时，通过目录页面选择相应的教学内容，单击跳转，浏览完后回到目录页面，内容全部学习完后由目录页面跳转到练习页面，最后到封底。

目录页面与内容
页面的跳转

① 幻灯片制作。按图 4-2-42 所示制作各幻灯片，输入相应内容。

② 目录页面设置超链接。选中目录页面各标题，在右键快捷菜单中单击"超链接"或单击"插入"选项卡中的"超链接"按钮，打开"插入超链接"对话框（如图 4-2-43 所示），选择相应的链接对象。这里选择"本文档中的位置"中相应的幻灯片。注意如果要链接到网页，可以选择"现有文件或网页"，在下方的地址框中输入网址，也可复制、粘贴网址。

各标题文字设置超链接后，文字下方会出现下划线，同时文字的颜色会变成超链接的样式，如果要改变超链接文字颜色，可以单击"设计"选项卡"颜色"组中的"新建主题颜色"按钮进行修改。

如果不想出现下划线，那就不能在文字上直接设置超链接，而是用设置热区的方式实现：单击"插入"选项卡"形状"组中的"矩形"按钮，在文字区域画一矩形，在矩形上添加超链接。单击"设计"选项卡，设置矩形的"形状填充"为"无填充颜色"，"形状轮廓"为"无轮廓"。这样矩形就变成"隐形"的，但这个隐形区域的超链接存在，幻灯片放映时，鼠标箭头移到该区域会变成小手的形状，并出现

"屏幕提示"文字（在超链接中设置），单击实现跳转。

图 4-2-42　PPT 课件总体结构

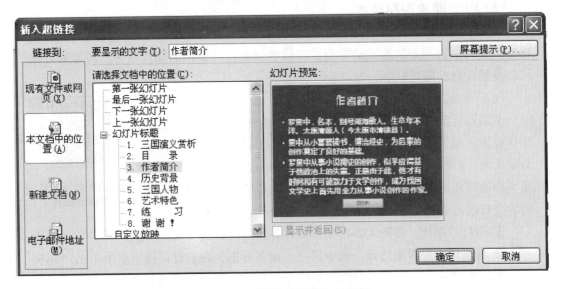

图 4-2-43　"插入超链接"对话框

③ 在内容页面中制作"回目录"按钮。单击"插入"选项卡"形状"组中的"动作按钮"，选择合适的按钮样式，在内容页面下方适当位置画一个按钮，此时会跳出"动作设置"对话框（如图 4-2-44 所示），其中有 2 个标签："单击鼠标"和"鼠标移过"。此处设置为"单击鼠标"——"超链接到"，单击右侧的下拉箭头，选择"幻灯片..."，在打开的窗口中找到"目录"幻灯片，然后单击"确定"按钮。

或者，也可以先绘制合适的图形（如圆角矩形），添加合适文字（如回目录），然后单击"插入"选项卡的"动作按钮"，打开"动作设置"对话框进行相应设置。

复制"回目录"按钮，粘贴到其他内容页面上。

图 4-2-44 "动作设置"对话框

④ 在目录页面上制作"练习"按钮。按照上述方法在目录页面适当位置制作"练习"按钮，跳转到"练习页面"。

⑤ 保存、测试和修改。

（2）触发器

下面通过案例"选择题"页面来学习触发器的使用。本案例的幻灯片页面如图 4-2-45 所示。它由以下元素组成：题目"蝴蝶小时候是什么?"、大蝴蝶、小蝴蝶、毛毛虫、茧、笑脸、哭脸 1、哭脸 2 等，单击"小蝴蝶"或"茧"时"哭脸"动态显现（并伴随声音"哦，错了"）；单击"毛毛虫"时笑脸动态显现（并伴随声音"答对了，真聪明"）。

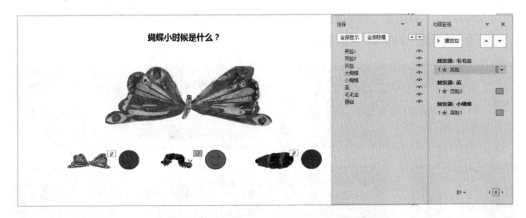

图 4-2-45 "选择题"页面、选择窗格和动画窗格

① 在幻灯片页面上添加各元素；在"开始"选项卡中单击"选择"—"选择窗格"，在右侧"选择窗格"中将各元素重命名。

② 添加动画

给笑脸、哭脸 1、哭脸 2 设置合适的动画，并在动画窗格中双击动画对象，打开属性窗口，设置相应的声音（如图 4-2-46 所示）。

③ 触发器设置

在动画属性窗口中单击"计时"标签，在对话框的"触发器"—"单击下列对象时启动动画效果"中选择相应的对象（如笑脸对应的是"毛毛虫"，如图 4-2-47 所示），然后设置所有动画对象的触发器。

| 图 4-2-46　在动画属性窗口中设置声音 | 图 4-2-47　在动画属性窗口中设置触发器 |

3. PPT 导航技术

导航菜单的作用是在幻灯片演示中随时能知道教学内容的位置，能跳转到其他幻灯片。制作导航菜单的方法是在幻灯片边缘设置有各选项的导航条，并在选项上设置相应的跳转。导航条可以在一张幻灯片上做好后再复制、粘贴到其他幻灯片上，也可以做在母版中。利用触发器可以实现导航条的显示与隐藏。

具有导航条的 PPT 课件如图 4-2-48 所示。

图 4-2-48　具有导航条的 PPT 课件

　　① 搭建 PPT 框架：课件由 8 张幻灯片组成，包括封面、目录页面、4 张内容页面、练习页面、封底。

　　② 设置目录页面跳转：采用前面设置热区的方法，为目录页面中各个对象设置超链接或进行动作设置，操作时能跳转到相应的幻灯片上。

制作导航菜单

　　③ 制作导航条：根据需要在幻灯片适当位置（本案例在页脚位置）制作相应的按钮组，本案例中包括 5 个，分别是作者简介、历史背景、三国人物、艺术特色、返回目录；设置超链接到相应幻灯片。

💻 实训任务

任务一　快速制作数字故事

本实训任务的目的是学会利用 PPT 的相册功能快速制作有声数字绘本故事。

1. 数字故事概述

　　故事是一种叙述方式，通常用来描述一个或多个人物或对象发生的一系列事件。讲、听故事是儿童喜闻乐见的一种教育方式，能够吸引儿童的注意力、激发儿童想象力、塑造儿童的价值观，促进儿童发展语言、培养情感和学习知识等。

　　数字故事（digital storytelling）是把讲故事的艺术与多媒体技术有效结合的一种新型方式，通过使用图片、文字、声音、动画等多种媒体可视化地呈现故事内容。

　　数字幼教故事指在幼教活动中应用的数字故事。其具有良好的主题、有趣的故事内容、精美的画面制作、丰富的动画设计、动情的讲解和配乐等特点，主要包括绘本故事类（绘本故事数字化处理）和自编故事类（根据幼教需要自编故事并进行数字化处理）。

2. 数字故事设计与制作过程

　　数字故事的设计与制作过程和课件的设计与制作过程相似，分为故事设计、素材准备、编辑制作和保存与发布等步骤。

　　（1）故事设计

　　根据幼教需要改编绘本故事或自编故事，形成故事文案。注意选择的故事主题和内容应符合儿童的认知特点、贴近生活实际，能吸引儿童的注意力，激发儿童的学习动机；文案设计中要有快速有趣的引入、清晰的起承转合和高潮迭起的过程，且适合口语化表述。

　　将文案分段，设计画面及动画等（故事情节），完成数字故事脚本设计。

（2）素材准备

根据脚本搜集相关素材并进行适当处理，按脚本顺序命名存放。

素材包括画面素材（图像、动画等）和声音素材（背景音乐、音效、故事讲解等）。

（3）编辑制作

利用 PPT、动画、视频、相册等制作软件按脚本将相应素材放置到合适位置，并合理设置，配上相应的音频并设置细节。

（4）保存与发布

演示数字故事并修改，必要时进行排练计时，保存并发布为视频等格式。

3. 利用 PPT 相册功能快速制作数字绘本故事

相册是一系列图片的集合，PPT 中的相册功能能够快速将一系列图片组成演示文稿，配上文字解说和音频，利用它可以快速制作数字绘本故事。

PPT 相册功能

（1）故事设计

选择合适的绘本，搜索绘本故事文案，进行合理的改编。

对改编后的文案进行合理的分段处理，并设计画面及动画，编制数字故事脚本。

（2）素材准备

根据脚本，搜集相关图像并适当处理。

依据改编后的故事文案，录制绘本故事讲解音频。

搜集相关的背景音乐和音效素材。

（3）编辑制作

1）新建相册

打开 PowerPoint，单击"插入"选项卡中的"相册"按钮，选择"新建相册"，打开"相册"对话框（如图 4-2-49 所示）。

2）插入图片

单击"文件/磁盘"按钮，在打开的对话框中打开图片所在的文件夹，选择所有图片（快捷键【Ctrl+A】或按住【Ctrl】键用鼠标单击跳选、按住【Shift】键连选），确定后导入相应图片。

图片处理：通过 ⬆ 和 ⬇ 改变图片顺序，单击"删除"按钮删除不需要的图片，利用右侧图片预览窗口下的一些图片处理工具可对图片进行适当处理。

相册版式：选择适当的图片版式和主题，单击"创建"按钮，此时生成由一系列图片幻灯片组成的演示文稿。

图 4-2-49　"相册"对话框

3）制作封面

选中第一张幻灯片，设置背景，更改标题和副标题，并进行适当修饰和排版。

4）添加声音

选中第一张幻灯片，单击"插入"选项卡中的"音频"按钮，选择"PC 上的音频"选项，在弹出的对话框中找到音频文件（故事讲解音频）并导入。此时页面上会出现喇叭图标及播放控制条。

选中喇叭图标，单击"播放"选项卡，对音频播放属性进行合理的设置。这里主要设置"开始"为"跨幻灯片播放"（如图 4-2-50 所示），勾选"放映时隐藏"。

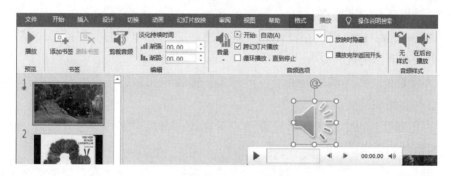

图 4-2-50　音频播放属性设置

5）添加动画、音效、文字等

根据设计需要在相应位置添加动画、音效、文字等。

（4）保存与发布

从头开始演示，根据演示效果进行合理的修改。

① 排练计时：单击"幻灯片放映"选项卡中的"排练计时"按钮，此时进入幻灯片演示状态，并出现录制窗口，它记录幻灯片播放及切换时间。根据故事讲解音频情况单击鼠标进行幻灯片切换，要求画面与音频同步配合，直到最后一张幻灯片。在跳出的"是否保留新的幻灯片排练时间"确认窗口中单击"是"按钮，此时切换到幻灯片浏览视图。

② 保存为 pptx 文件。

③ 保存为视频：单击"文件"选项卡中的"另存为"，在弹出的保存窗口中，单击"保存类型"下拉菜单，选择"MPEG-4 视频（＊.mp4）"，将 PPT 另存为视频格式。

任务二　利用模板快速制作课件

本实训任务的目的是学会利用模板快速制作课件。

1. 模板概述

模板是一种事先设计好的格式或样式，可以用来创建新的文件（如文档、网页、演示文稿等）。通常一个模板是已经设置好的格式、布局、颜色、字体、图片、图表、样式和其他元素的组合，用户利用模板能够更便捷地创建出符合特定需求和标准的文档或作品。使用模板不仅可以避免从头开始设计和排版，节省时间和劳动力，还可以提升文档或作品的专业性和一致性。可以选择预先制作好的模板，也可以自己设计和创建模板。

PPT 模板是一种具有可复用性的 PPT 文件，通常是不同风格、布局和元素的组合，可以帮助用户快速地制作出符合特定主题或目的的演示文稿。

PPT 模板具有如下特点：

① 统一风格：PPT 模板在设计时会基于统一的风格和主题，使得整个演示文稿看上去更加和谐、美观和专业。

② 方便快捷：PPT 模板提供了各种样式、排版和元素的组合，使得制作演示文稿变得更加方便和快捷。

③ 可定制性：PPT 模板通常允许用户对样式、布局、字体等进行修改，以满足不同用户群体的需求。

④ 增强表现力：PPT 模板通过运用颜色、形状、图像等元素，使演示文稿的表现力更强，能够更好地引起使用者的注意。

⑤ 强化品牌形象：对于企业或机构来说，使用具有专业品牌色彩的 PPT 模板，能够有效地提升品牌形象和认知度。

2. 获取 PPT 模板

PPT 模板的获取途径有软件自带、模板网、插件和 AI 生成等。

（1）软件自带

单击 PowerPoint 中的"新建"，可以选择合适的"主题"模板创建 PPT；单击 WPS 演示中的"新建"，可以选择合适的模板创建演示文稿。也可以到软件的官方网站，如微软 Office 软件（https://www.officeplus.cn）、WPS 软件（https://www.docer.com）等搜索模板下载。

（2）模板网

PPT 模板网提供了大量的 PPT 模板，下载后打开就可以使用。模板有免费的和收费的，常用的免费 PPT 模板网有第 1PPT（https://www.1ppt.com）、51PPT 模板（https://www.51pptmoban.com）、优品 PPT（https://www.ypppt.com）。

（3）插件

一些 PPT 插件提供模板和元素，可以快速生成具有设计感的 PPT，如 iSlide（https://www.islide.cc）、OneKeyTools（http://oktools.xyz）、口袋动画（https://motion.yoo-ai.com/）、PPT 美化大师、幻云神器导航等。

（4）AI 生成

利用 AI 工具，也可以快速生成 PPT。如 Kimi 的 PPT 助手、讯飞星火的 PPT 生成、百度文库的智能助手、WPS AI、MINDSHOW（https://www.mindshow.fun/#/home）等。

另外，一些微信小程序如 PPT 超级市场 Lite 也提供可免费下载的 PPT 模板。

3. 利用 PPT 模板快速制作课件

和用 PPT 模板可以快速制作具有很好的设计感的课件。

（1）设计课件

根据课件主题，设计课件结构和内容。

（2）获取模板

根据课件设计和内容，搜索合适的 PPT 模板并下载。

（3）套用模板

打开 PPT 模板，选择合适的模板页面，用课件内容和元素进行替换。

文本：选中模板中原有文本，可以直接输入新文本，也可以复制新文本后，用纯文本方式粘贴。

图像：在模板原有图像上右键菜单"更改图片"—"来自文件"，选择新图像文件替换。

通过复制幻灯片可以生成多个内容页面，再进行替换操作。

（4）处理母版

有些模板的内容是放置在母版中的，可以打开母版视图，对母版进行适当的修改。

（5）调整与修改

演示 PPT，根据需要对 PPT 进行一些调整、修改、添加和删除等处理。

（6）保存与发布

另存 PPT，并根据需要发布成适当格式。

巩固练习

1. 名词解释

（1）PPT：_____

_____。

（2）交互：_____

_____。

2. 单选题

（1）下列不属于演示文稿（电子幻灯片）软件的是（　　　）

A. PowerPoint　　　B. Photoshop　　　C. WPS 演示

D. Keynote　　　　E. Focusky

（2）在第三张幻灯片中插入某音频文件，要求该音频播放至第六张幻灯片结束，在动画窗格的音频播放属性窗口"停止播放"中填写的数字是（　　　）

A. 3　　　　　　B. 4　　　　　　C. 5　　　　　　D. 6

3. 多选题

（1）PPT 中加入音频的方式有（　　　）

A. "插入"—"音频"　　　　　　B. 直接将音频文件拖入幻灯片页面

C. 在动画对象的属性中添加声音　　D. 在幻灯片切换属性中添加声音

（2）PPT 中加入视频的方法有（　　　）

A. "插入"—"视频"

B. 直接将视频文件拖入幻灯片页面

C. 用超链接或动作方式链接到视频文件

D. 插入在线视频

（3）PPT 中加入交互的方式有（　　　）

A. 超链接　　　B. 动作　　　C. 触发器　　　D. VBA

项目 4.3 学会设计与制作幼教课件

项目导图

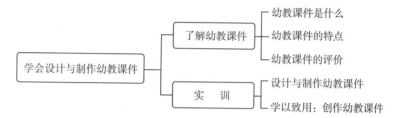

学习目标

1. 了解幼教课件及其特点；

2. 通过模仿案例制作，熟悉幼教课件的设计与制作方法；

3. 通过自选幼教课题，设计与制作幼教课件，将已学知识、技能转化为实际运用能力。

学习任务

任务 了解幼教课件

1. 幼教课件是什么

幼教课件是指专门为幼儿教育教学活动设计的课件，可分为辅教型课件（辅助教师开展幼教活动）和助学型课件（供幼儿操作使用）。

2. 幼教课件的特点

（1）符合儿童认知特点

幼教课件应充分考虑儿童的认知特点、兴趣爱好和生活实际，采用图文并茂的方式，画面生动、语言简单易懂、互动性强，便于儿童理解和接受。

（2）多元化表现形式

幼教课件中采用多种表现形式，如音乐、游戏、动画、故事等，以丰富的内容和多样化的形式来激发儿童的学习兴趣和想象力。

（3）强化实践操作环节

幼教课件通常会增加一些实践操作环节，比如拼图、涂色、配对等，有利于培养儿童的动手操作能力和观察力。

（4）可视化和互动性更强

幼教课件以图像为主，能够更好地提升儿童的视觉感知力；幼教课件中还增加了互动环节，如点击、抓取、拖拽、放大、缩小等，可提升互动性。

（5）教育性更强

幼教课件不仅能够帮助儿童掌握知识点，还能培养儿童的思维能力、观察力、想象力等，更加有利于儿童的全面发展。

3. 幼教课件的评价

一般可以从针对性、教育性、技术性、艺术性和使用性等方面对幼教课件进行评价。表 4-3-1 为幼教课件评价指标体系。

表 4-3-1　幼教课件评价指标体系

一级指标	二级指标
1. 针对性	1.1　课件内容是否与课程要求相符？ 1.2　课件内容是否全面、准确、易懂？ 1.3　课件设置是否符合儿童认知特点？ 1.4　课件表现形式是否生动多样？ 1.5　课件图片和动画是否清晰、美观？
2. 教育性	2.1　课件是否具有实际教育意义？ 2.2　课件是否能够促进儿童知识和技能的掌握和提高？ 2.3　课件是否能够激发儿童的学习兴趣和动力？ 2.4　课件是否符合儿童认知发展和课程要求？ 2.5　课件是否能够促进儿童社交能力和情感发展？
3. 技术性	3.1　课件是否充分而合理地利用各种多媒体元素？ 3.2　课件交互是否具有互动性，课件互动模式是否多样、丰富？ 3.3　课件交互操作是否易于儿童操作？ 3.4　课件是否能够提高儿童参与度和实践能力？ 3.5　课件运行是否稳定，是否能在不同配置的机器上正常运行，是否便于更新和分享？
4. 艺术性	4.1　课件界面是否友好、美观、清晰？ 4.2　课件文本字体的大小是否合适？文本是否易读？ 4.3　课件是否有背景音乐和效果音？ 4.4　课件色彩搭配是否合理、舒适？ 4.5　课件界面元素排版是否整齐、美观？
5. 使用性	5.1　儿童使用该课件掌握知识的情况如何？ 5.2　课件是否能够促进儿童学习能力和兴趣的提高？ 5.3　课件是否能够增强儿童自主学习能力？ 5.4　课件是否能够满足儿童的学习需求和得到反馈？ 5.5　教学目标达成率如何？

实训任务

任务一　设计与制作幼教课件

本实训任务的目的是通过模仿中班语言活动"好饿的毛毛虫"PPT 课件的设计与制作，学会设计与制作幼教课件。

1. 选题说明

《好饿的毛毛虫》是一本优秀的绘本，它色彩鲜艳，形象生动，符合儿童阅读欣赏的年龄特点。

从认知角度来看，它呈现了毛毛虫从卵—幼虫—茧—蝴蝶的整个蜕变过程，能让儿童体会成长的过程。绘本的信息量很大，包括星期一至星期天的概念、数量、水果种类、量词、乱吃东西会吃坏肚子（健康教育因素）等，适用于多个领域的教育活动。

2. 设计

（1）活动设计

本课件用于辅助幼儿园中班儿童的语言活动，从问题引入，通过绘本讲解、复述、游戏、练习等形式达成如下活动目标：

- 知识与能力目标：感知并理解故事内容，初步了解毛毛虫变蝴蝶的过程。
- 过程与方法目标：能比较完整地复述故事。
- 情感与态度目标：能够积极参与阅读活动，体验阅读活动带来的乐趣。

活动流程如图 4-3-1 所示。

图 4-3-1　中班语言活动"好饿的毛毛虫"流程

（2）课件设计

① 整体结构设计：如图 4-3-2 所示。

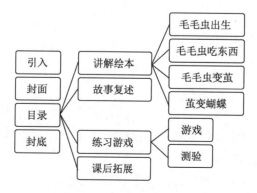

图 4-3-2　中班语言活动"好饿的毛毛虫"课件整体结构设计

② 具体设计和内容：本课件由"引入（2 张）—封面—目录—讲解绘本（10 张）—故事复述（2 张）—练习游戏—课后拓展—封底"等幻灯片组成。

③ 脚本设计：见表 4-3-2。

表 4-3-2　中班语言活动"好饿的毛毛虫"课件脚本设计

中班语言活动"好饿的毛毛虫"课件设计脚本		
序列	内容	素材
引入	蝴蝶飞舞情景 提问：蝴蝶小时候是什么？	蝴蝶飞舞背景 gif 文字
	毛毛虫变蝴蝶过程	图片+文字
封面	绘本封面 绘本作者简介	绘本封面 绘本作者
目录	讲解绘本/故事复述/练习游戏/课后拓展	美化大师目录或用 SmartArt 制作
讲解绘本	绘本故事《好饿的毛毛虫》	根据绘本改编成适合讲解的动态 PPT （共 10 张幻灯片）
故事复述	视频（只有配乐） 让幼儿对照画面复述绘本故事	视频（PPT 制作或下载网络上现成的视频，并换上没有人声讲解的音乐）
练习游戏	练习：蝴蝶小时候是什么？ 游戏：模仿好饿的毛毛虫	交互练习：蝴蝶、毛毛虫、茧等图片 交互练习评价声音：错了、答对了
课后拓展	幼儿讲故事的情景、要求	幼儿讲故事视频
封底	制作信息	美化大师或模板参考

3. 素材准备

① 在硬盘合适位置建立名为"好饿的毛毛虫课件"的文件夹，新建"素材"子文件夹，搜集并处理课件制作所需要的素材，并按下列子文件夹分类存放：

00 课件 \

01 文本 \

02 图像 \

03 动画 \

04 音频 \

05 视频 \

06 字体 \

07 其他 \

② 将所有外部链接文件拷贝到"好饿的毛毛虫课件"文件夹中，与下面新建的 PPT 文件放在同一层位置。

③ 根据需要，安装系统中没有的字体。

4. 制作

① 新建和保存文件。打开 PowerPoint，新建文件，并保存到"好饿的毛毛虫课件"文件夹中，命名为"好饿的毛毛虫 语言课件. pptx"。这时 PPT 文件与外部链接文件在同一文件夹中。

② "引入"制作。该部分由 2 张幻灯片组成，第一张幻灯片设置动态背景，并添加引导问题。第二张幻灯片由图片和问题组成。

③ "封面"制作。封面由绘本图片和绘本作者图片组成，给图片添加一些效果。

④ "目录"制作。用 SmartArt 或美化大师的目录模板制作目录。目录内容为讲解绘本—故事复述—练习游戏—课后拓展。

⑤ "讲解绘本"制作。根据课件设计要求，依次插入新幻灯片，按设计加入多媒体素材，并适当设置和排版，添加动画和幻灯片切换。

⑥ "故事复述"制作。该部分由 2 张幻灯片组成，第一张幻灯片的页面上添加只有配乐、没有语音的绘本视频，让幼儿根据画面复述绘本故事，第二张幻灯片将绘本的主要内容通过交互方式让幼儿复述（用触发器制作）。

⑦ "练习游戏"制作。通过交互方式进行选择（用触发器制作）。

中班语言活动"好饿的
毛毛虫"课件的
设计与制作

⑧ "课后拓展"制作。本页面由视频和任务组成。

⑨ "封底"制作。本页面由制作者、日期等组成。

⑩ 浏览、修改、保存和发布文件。

任务二　学以致用：创作幼教课件

本实训任务的目的是通过自选幼教课题，设计与制作幼教课件，将已学知识和技能转化为实际运用能力。

1. 选题

列出自己感兴趣的若干幼教课题，搜索相关幼教活动设计方案（教案）和多媒体资源进行研究和比较，选择一个适合作为多媒体幼教课件的课题（各种媒体资源丰富，内容适量，结构清晰），明确幼教活动主题，确定课件的标题，主标题尽量简洁诱人，如果主标题不能概括幼教主题，可增加副标题加以说明。

你选择的幼教课题：_____

课件主标题：_____

课件副标题：_____

2. 设计

（1）幼教活动设计

1）学习对象分析

2）学习内容分析（选择合适的幼教内容，并用思维导图呈现内容结构及联系）

课件应用方式：_____

_____。

（2）课件结构设计

PPT 幼教课件由哪些幻灯片组成？画出各幻灯片版面设计及主要内容说明的草图。如有交互或导航设计，也在草图中表示出来。

3. 素材准备

根据设计搜集、加工处理和整理多媒体素材，并按素材类型进行整理归类，拷贝到相应文件夹中。

4. 课件制作

用 PowerPoint 软件完成课件制作。

5. 保存与发布

演示观看效果，并进行修改、保存。根据需要发布为合适格式。

单元 5
实施信息化幼教

数字幼教资源的搜集、处理，信息化幼教活动设计和课件的设计与制作，最终目的是运用到幼教实践中，提升幼教活动效果，提高活动效率，实现活动最优化。本单元从信息化幼教实施策略出发，引导学习者熟悉信息化幼教环境和设备，掌握信息化幼教实施技术。

本单元通过 3 个项目来实施：

项目 5.1　信息化幼教实施策略

项目 5.2　信息化幼教环境和设备

项目 5.3　信息化幼教实施技术

项目 5.1　信息化幼教实施策略

项目导图

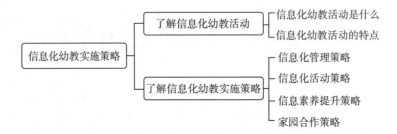

学习目标

1. 了解信息化幼教活动及其特点；
2. 了解信息化幼教实施策略。

学习任务

任务一　了解信息化幼教活动

1. 信息化幼教活动是什么

广义的幼教活动是指所有与幼儿教育相关的活动，包括幼儿园管理活动、幼儿教育活动、幼儿教师专业提升活动和家园结合活动等。

狭义的幼教活动是指幼儿教育活动，是教师以多种形式有目的、有计划地引导儿童主动活动的教育过程。

信息化幼教活动是指信息技术与幼教活动的有机融合，利用信息技术提升幼教活动效果和效率的过程。

从广义上说，信息化幼教活动是指依据儿童发展规律，在幼教所有部门、领域和活动中广泛运用信息技术手段和方法，以提升园所管理（园所层面）、优化幼教活动（儿童层面）、促进专业发展（幼师层面）和丰富家园共育（家长层面），包括建设信息化基础设施，配备适合的信息幼教资源，充分合理利用信息技术优化幼教活动，培育幼儿园教师和儿童的信息素养，利用信息技术促进幼儿园与家庭和社区的合作，制定幼教信息化政策、法规、制度和标准等内容。

狭义的信息化幼教活动指在幼儿教育教学活动中恰当地运用信息技术，开发适于儿童学习的数字化教育资源，优化幼儿教育教学活动，培育儿童的信息素养，促进儿童的学习和发展，实现幼儿教育教学的最优化。具体内容包括将信息技术深度融入学前教育五大领域课程（健康、语言、科学、社会、艺术）及各类教育活动中，创设适合儿童的数字化学习环境，开发支持儿童学习与认知的数字化资源，设计合理的幼教活动并实施和评价等。

2. 信息化幼教活动的特点

信息化幼教活动既有信息技术应用的特点，即数字化、网络化、智能化和多媒体化等；又有幼儿教育活动的特点，即广泛性和启蒙性、趣味性和游戏性、整合性和渗透性、活动性和主体性、开放性和生活性等，同时又有其独特的特点，具体体现在：

（1）时代性（园所层面）

信息技术正在改变幼儿园各个领域和各个部门的管理方式，信息技术的应用明显提升了管理的效率和效果，具有一定的时代性和先进性。

（2）高效性（幼师层面）

幼教资源的开发和利用、信息技术在幼教活动中的运用，大大提高了幼儿教师的工作效率，提升了幼教资源的使用率，使幼教活动更高效。

（3）自主性（儿童层面）

信息技术的应用，为幼儿提供了更多表达自我、探索环境、解决问题的途径，让每个幼儿都能根据自身水平和发展特点，选择满足自己发展需求的活动，从而更好地感知、操作、体验和探索，极大地提高了幼儿的自主性。

（4）合作性（家长层面）

信息技术的应用，改变了传统家园共育的单向性和单一性，促进了家长和教师之间的双向交流，让家长和教师更好地参与幼儿共育、增加互动、合作和分享，形成教育合力，共同促进幼儿健康和谐发展。

任务二　了解信息化幼教实施策略

信息化幼教的实施包含多个方面的内容，如幼儿园信息化基础设施和数字幼教资源的建设与管理、信息技术优化幼教活动、幼儿园教师信息素养提升、信息技术促进家园合作等。

1. 信息化管理策略

（1）创设信息化环境

以网络为基础，利用先进的信息化手段和工具，构建一个数字空间，实现从环境、资源到活动的一体化自动办公，以此拓宽幼儿园的时间和空间维度，打造信息化幼儿园。

1）构建网络支撑

根据幼儿园规模及特点，采用三层架构（核心层、汇聚层、接入层）来设计网络，并按部门或应用类型设置逻辑子网，提升网络的安全性和可靠性。采用"无线控制器+瘦AP"的部署方式打造无线网络，保证网络的可管理性和无缝漫游。

2）配置合适的信息化设备

围绕符合儿童身心发展独有的特点和需求，根据不同使用环境特点，差异化配置信息化设施和设备。如在日常班级教学环境中，为小班配置画面彩度相对柔和的电子白板；为中大班配置画布色彩丰富、动手操作性较强的可进行多点触控的电子一体机。可配备实物展台，便于教师教学实践与评价分析（也可用手机或平板投屏替代）。在公共区域中，配置极富趣味性的地幕互动投影游戏、触控式电子屏、弧形墙面互动投影、智能机器人等满足儿童的多元化需求，让儿童在信息化环境中学起来、玩起来、动起来。

3）搭建录直播系统

搭建专门的录直播教室，可方便、快捷、有效地开展幼教实践研究和评估、制作微课、建设课程资源库。可采用"一键式"录制功能系统，以支持教师自主录制。

4）建立安保系统

幼儿园门口通道配备门禁道闸系统或人脸识别系统，园内外统一安装视频监控系统，加强对整个园区的安全防范与监控，同时实现集中管理和远程调控，保证幼儿园的安全性。

5）开发幼儿园宣传系统

通过幼儿园网站、微信公众号、抖音号、视频号等方式面向社会宣传、交流、展示幼儿园信息，宣传幼儿教育理念，展示幼儿园丰富多彩的活动，实现与家长的互动，促进家园共育。

（2）打造管理体系

1）构建管理平台

幼儿园综合管理平台一般分为内部管理和对外联系2个部分。内部管理包括硬件和软件2个部分，硬件部分有门禁系统、视频监控系统、数字广播系统、录直播系统及网络等；软件部分有餐饮管理、档案管理、卫生保健管理、采购管理、资产管理、资源管理、教学管理等。对外联系包括共享内容发布和访问控制等。共享内容可发布到园内的班牌、校宣电子屏或LED屏、幼儿园网站、微信公众号等。平台通过"访问控制"设置用户的访问权限，教师、家长及相关人员可在授权后通过各种终端

（手机、电脑、平板等）登录平台浏览内容。

2）制定管理制度

制定合理规范的管理制度，是幼儿园信息化科学管理的基础。基于有关法律法规，立足时代前沿，运用创新思维与模式，制定出一系列相关的管理制度、规范管理机制、管理原则和管理方法等。

3）合理配备人员

幼儿园信息化管理整体实行园长负责制，由园长统筹领导园所信息化发展方向及内容，配备各级分管负责人，实行分层管理，各级负责人制订计划、组织专项活动和研讨，并进行各类培训等。

2. 信息化活动策略

（1）建设园本数字幼教资源库

搭建多维度的园本数字幼教资源库，引进满足个性化需求的多样化课程资源、社区和家教资源等，幼儿教师通过从网络上下载、自制、App 记录、购置等方式添加各类幼教数字资源。

数字资源包括幼教活动案例、多媒体素材、微课（程）、活动实录、反思等，并按学段、领域、活动内容等关键词建立起使用方便的资源搜索引擎，方便教师上传、分享和运用。

（2）在幼教活动中合理有效地运用信息技术

1）运用多变的体验形式，激发儿童活动兴趣

学前儿童主要通过视、听、触等感知觉形式认知世界，对多媒体信息比较敏感且充满兴趣。因此，通过多变的信息化体验形式，能够使儿童更加迅速、有效地在幼教活动中集中注意力，激发儿童的探索欲望，帮助他们更好地融入活动、进入情境。

例如，在小班"有趣的声音"活动中，可以运用各种动物声音导入，让儿童通过听觉主动辨别声音、猜测对应小动物，同时播放相应小动物的动画，与声音对应起来，能够让儿童集中注意力，也增加了活动的趣味性。在中班"捉迷藏"活动中，通过音乐、动画等创设"颜色宝宝"在大自然中捉迷藏的场景，鼓励儿童根据自身兴趣爱好在平板电脑上选择、欣赏不同的场景，并与同伴合作扮演"颜色宝宝"捉迷藏，在操作互动中体验游戏的乐趣。

2）利用各类信息资源，丰富儿童认知经验

学前儿童的学习活动大多是在迁移、巩固和丰富经验的基础上开展实施的。日常的经验积累大多以直接的实践体验为主，但有些经验并不常在儿童生活环境中出现。因此，利用信息化手段记录、展现信息内容就成为儿童学习、积累经验的一个重要途径。通过多媒体形式，能够帮助儿童更清晰、更立体、更全面地观察、认识、了解事物及事物之间的关系，让儿童积累更丰富的知识与经验。

例如，在大班"动物睡觉的秘密"活动中，虽然儿童对动物感兴趣且有一定的了解，但对动物睡觉的习性却了解甚少，通过百度 App 的语音搜索功能，让儿童自

主搜索动物的睡觉习性，通过图像、视频等直观地了解各种动物睡觉的姿态、方式和时间等，并与同伴分享。又如，在大班"变脸"活动中，教师指导儿童使用平板上的变脸 App 自拍人像，并将自己的人像进行随意拉扯而变形成各种状态，帮助儿童感受、认知物体夸张变形的状态，在此基础上再进行绘制操作。

3）以直观的视觉体验，帮助儿童理解抽象内容

学前儿童的思维是以具体形象思维为主的，他们要依靠具体事物进行思维，很难对具体的事物进行抽象。在幼教活动中，利用多媒体可以将抽象事物具象化，并通过动画、视频等动态连续的方式将抽象内容形象、生动、鲜明地呈现在儿童面前，化静为动、化难为易，让儿童直接感知，帮助儿童理解和记忆。

例如，在"菜篮子"活动中，通过对金山农民画《菜篮子》的理解和欣赏来指导儿童绘画。金山农民绘画笔触简洁、色彩明快艳丽、形象质朴、构图充实饱满，视觉冲击力大，利用触摸屏让儿童在将各种蔬菜拖动到篮子里的过程中，感知并理解物体之间的前后遮挡关系，通过不同的堆放层次、摆放方式等，帮助儿童体会画面、构图、色彩配合等艺术要素。

4）运用灵活的互动操作，提升儿童活动自主性

学前儿童的经验学习强调的是在已有经验的基础上，在真实的实践操作中，迁移、运用经验，从而巩固、收获经验，同时提升儿童独立实践的能力和自主性。利用多媒体交互操作，提升实践的真实性、趣味性和多样性，儿童可更主动地参与到活动中，而且更安全、可靠。

例如，在"好看的热带鱼"活动中，利用电子白板的自由拖拽功能让儿童将若干三角形拼摆成各种热带鱼，再在其上绘制眼睛、花纹等元素，并进行组合、设置动画等操作，让儿童在操作中体验活动的乐趣。

5）利用多重的感官体验，促使儿童情感升华

信息技术将多媒体与网络结合，提供了更加真实、丰富的情境，使学前儿童的活动打破了时空限制，给儿童提供了多重感官的综合刺激，这样的体验充分满足了儿童生理和心理上的需求，容易激发儿童情感，引起共鸣，促使儿童情感升华。

例如，在"夜晚多美好"活动中，结合夜晚星空的背景图片和轻柔的安眠曲，营造出夜晚宁静安逸的氛围，帮助儿童更加真实地感受夜晚的情境。在"向爸爸妈妈许愿"环节，循环播放纸船沿着河流漂流的动画，通过与爸爸妈妈的现场连线，父母、孩子互相诉说自己的期望和愿望，让儿童的情感得到回应，给儿童积极的情绪体验。

3. 信息素养提升策略

教师信息技术应用能力的高低直接影响幼教活动的效果，因此幼儿教师信息素养的提升是实施信息化幼教的关键。可以构建培训、比赛、教研"三位一体"提升方案来有效促进幼儿教师的信息素养发展。

（1）以"培训"促普及

通过自学、内引、外送等途径开展多元化培训，提升幼儿教师信息技术知识水平

和技能，帮助每一位教师熟练运用信息技术。

依据信息技术应用能力提升工程要求，根据幼儿园的具体情况和工作需求，为教师量身打造各个微能力点，并进行相关培训和考核。

（2）以"比赛"促提升

教师信息素养提升的最佳途径是运用，知识和技能只有在实践中运用才能不断提升。通过组织教师开展课件、微课、微课程、活动实录等比赛，提升教师学以致用的能力，加深新技术与幼教活动的深度融合，有效提升教师的信息素养。

（3）以"教研"促发展

为突破教师"重实践轻理论、重操作轻总结"的专业发展瓶颈，可整体构建"幼儿教师信息技术应用能力提升园本教研实施方案"，通过观念先导、演练结合、整合应用、总结提升等方式开展教研活动，并引导教师开展与信息技术应用相关的课题研究，从幼教活动所关注的问题出发，梳理活动背后的理论，归纳并总结实践过程中的经验，提升信息化幼教的科学性和严谨性，形成"以课题促研究、以研究促发展"的良性循环，促进教师信息素养的提升。

4. 家园合作策略

利用信息技术来促进家园合作，可以加强家长与学校之间的互动和沟通，提高家长的参与度，更好地促进儿童成长与发展。这可以通过以下方式实现：

（1）搭建家园互动平台

搭建一个家园互动平台，让家长和幼儿园能够方便地进行信息交流和沟通，这样家长可以及时了解儿童的学习情况和日常生活情况。

（2）设置信息公告栏

在幼儿园内设置信息公告栏，定期发布有关幼儿园的信息和活动安排，让家长在第一时间了解到相关信息，同时也可以在公告栏上展示儿童的作品，让家长更好地了解儿童在幼儿园的表现和发展情况。

（3）建立班级群

通过微信、QQ等社交媒体工具建立班级群，让家长和老师能够及时进行互动和沟通，分享孩子的学习和生活情况。这种方式可以提高家长的参与度，帮助家长更好地了解儿童的学习和生活情况，并与老师沟通儿童的问题和需求。

（4）建立个人信息管理系统

建立个人信息管理系统，让家长可以实时查询儿童的活动记录、成长档案等信息，这样可以方便家长了解儿童的成长历程和学习情况，同时也可以让老师和家长共同关注儿童的成长和发展情况。

（5）设置家园微课堂

设置家园微课堂，让老师可以通过网络视频的形式，为家长提供有关幼儿教育的知识和经验。这种方式不仅可以促进老师和家长之间的互动和沟通，还可以让家长更好地了解儿童的学习和教育情况，从而更好地参与儿童的教育工作。

项目 5.2　信息化幼教环境和设备

项目导图

学习目标

1. 了解信息化幼教活动环境；
2. 了解常用的信息化幼教活动设备及其使用方法。

学习任务

任务　了解信息化幼教活动环境

1. 信息化教育技术应用环境

信息技术和教育技术的发展，使得教学环境不断发生变化：从支持单向传输的简易多媒体教室，到支持双向互动的交互式多媒体教室，再到可以实现远程实时互动的网络教室、微格教室、录播教室、虚拟演播室、智慧教室、VR 教室等；对交互性和覆盖面的支持越来越强；从实体环境延伸到网络空间，线上线下结合成为主流。

（1）多媒体教室

多媒体教室是根据现代教育教学的需求，将计算机、投影、音频设备等现代教学媒体结合在一起而建立起来的综合教学系统。它能方便、灵活地应用多种媒体及教学软件实施多媒体组合教学，使教学过程更加科学有效，更符合学生对事物的认识规律，更有助于学生对知识的理解和记忆。

根据配置不同，多媒体教室可分为简易型多媒体教室、普通型多媒体教室和教学一体机型多媒体教室。

在普通教室中，添加电脑、音箱、投影机及投影幕布（或用大屏电视机替代）等就可以组成简易型多媒体教室。

普通型多媒体教室的主要配置有电脑、投影机、投影幕布、多媒体中央控制器（简称多媒体中控）、音频功放、音箱及互联网接入，可选配话筒（有线或无线）、实物投影展示台等。多媒体中控可以方便地对各种媒体设备进行操作与控制，还增加了多种接口供连接网络、USB 设备，以及外接音视频输入输出、外接笔记本电脑等。

多媒体教学一体机集屏幕触控技术（或红外触控技术）、智能化办公教学软件、多媒体网络通信技术、显示技术等于一体，整合了计算机、投影仪（电视）、触摸屏（电子白板）、音响、网络等多种设备，将传统的显示终端提升为功能全面的人机交互设备。多媒体教学一体机有 2 种实现方案：一种是采用"短焦距投影机+电子白板"；另一种是采用大屏幕交互式触控平板（也称触控一体机），具备书写、批注、绘画、多媒体娱乐、网络会议等功能，融入了人机交互、多媒体信息处理、多媒体显示和网络传输等功能。

触控一体机也称交互智能平板（如图 5-2-1 所示），它不仅仅提供硬件设备，更配备了功能强大的智能交互软件、海量教学资源和工具，给教师和学生带来更好的教与学体验，能够帮助教师实现教学方法的创新。

图 5-2-1　触控一体机

（2）网络教室

网络教室的全称为计算机网络教室，简称计算机房、机房，是由多台计算机及网络设备、系统软件及专用软件组成的综合实训教室，除配备学生用计算机外，还配备教师专用终端（教师机）和大屏幕投影、扩音设备及相关教学与管理软件。

网络教室可分为物理机联网型（独立的台式计算机联网）、无盘系统型（硬盘集中用服务器替代）和桌面云型（主机所有功能在服务器上实现）。

网络教室教学与管理软件的主要功能有屏幕广播、屏幕监视、遥控辅导、教学示范、师生对讲、分组讨论、消息发送、电子抢答、文件分发、网络考场等。

（3）微格教室

微格教学又称微型教学，是专门训练师范生或教师掌握某种教学技能、技巧的小规模教学活动。微格教学系统一般由微格教室、控制室和观摩评课室等构成，微格教室也称模拟实训室，其中装有两台摄像机（一台拍摄"模拟教师"，一台拍摄"模拟学生"）、摄像机云台、话筒及多媒体教学设备（如触控一体机），可以多角度拍摄模拟教学过程供师生回放、分析和评价。

（4）录播教室

录播系统为录制教师教学活动提供了专业化的数字化摄录平台，可以高质量地全面记录教学活动全过程，实现公开课、精品课程、远程教育的视频制作。依托录播系统，可以进行精品视频课程制作、网络课程在线观摩、录播课程回放、远程授课、教学研究等诸多的教学工作和教学活动。一个学校完整的录播系统包含学校总控室、区域管理中心、数字化校园电视台、精品录播教室、专业教室、普通教室、远程互动教室和评课室等。

录播教室是录播系统的主要组成部分。一间功能齐全的录播教室是集教学教研、录播、远程互动等功能于一体的现代化、高水准专用教室。它在多媒体教室的基础上，安装了多个能自动跟踪拍摄教师和学生活动的摄像机，触摸导播台供授课教师用于录课过程的管控，能够将摄像机拍摄的画面与获取的教学一体机屏幕画面组合切换生成高质量的教学视频。

（5）虚拟演播室

虚拟演播室将计算机制作的虚拟三维场景与摄像机现场拍摄的人物活动图像进行数字化合成，使人物与虚拟背景能够同步变化，从而使两者天衣无缝地融合，获得完美的合成画面。采用无轨跟踪技术，使用者在不需要移动摄像机的情况下即可获得镜头的远近推拉、左右上下摇移的效果。

只要利用摄影棚中的一小部分空间搭配蓝或绿背景，加上摄影灯光，拍下人物的全身或半身，然后通过虚拟设备合成，使得前景中的人物看起来完全沉浸于计算机所生成的三维虚拟场景中，而且能在其中运动，从而创造出逼真的、体验感很强的演播室效果。

学校的虚拟演播室也称虚拟录课室，其利用虚拟演播设备，可以使授课教师置身于虚拟背景中，融合教学 PPT、图片、教案、视频、动画等制作丰富的视频。

（6）智慧教室

智慧教室集智能录播系统、物联网管理系统、多媒体信息系统和云计算系统于一体，不仅可实现多媒体教室本地教学设备和教学环境的智能控制，还可实现多屏互动、智能录制、直播、视频会议、安防监控、自动考勤等功能，实现教学过程的全方位"实施感知、动态控制和智慧管理"。

智慧教室一般由教学系统（多台触控一体机、功放、音箱、无线麦克风、拾音器、问答器和配套控制软件等）、录播和视频监控系统、LED 显示系统、考勤系统、设备管理系统、灯光控制系统、空调控制系统、门窗监视系统、通风换气系统等组成（如图 5-2-2 所示）。

图 5-2-2　智慧教室

（7）网络教学平台

网络教学意为在网络上开展的教学，也称线上教学，以录播或直播的方式，配合线上答疑来实施。要开展好网络教学，必须有网络教学平台的支撑。

网络教学平台一般由门户系统、支撑网络教学的软件工具、教学资源管理系统、课程开发与管理工具和在线学习系统等组成。著名的网络教学平台：国外的有 MOOC 平台（Coursera、edX、Udacity）、Moodle（魔灯）、Sakai、Blackboard 等，国内的有清华大学的"学堂在线"、上海交通大学的"好大学在线"、爱课程（与网易云课堂合作推出"中国大学 MOOC"）、超星泛雅、智慧职教、蓝墨云班课等。

利用视频会议和直播平台也可以进行网络教学，常用的有 QQ 分享、腾讯会议、CCtalk、钉钉、抖音直播、微信的视频号直播、飞书等。

2. 常用的现代教育技术设备

随着信息化技术的发展，出现了大量支持教育的设备——现代教育技术设备，也称信息化教学设备。常用的现代教育技术设备及其功能见表 5-2-1。

表 5-2-1　常用的现代教育技术设备及其功能

类别	设备	设备功能
视觉媒体	幻灯机、投影仪	放映幻灯片、投影胶片实物等（已淘汰）
	投影机、电子白板	投影各种数字图像或视频到幕布或电子白板上，电子白板可以操控
	视频展示台	将实物、文稿、图片、操作过程等信息转换为图像信号输出，在投影机、监视器等显示设备上展示
	相机（DC）	采集数字图片、视频等
听觉媒体	麦克风（话筒）	将声音转换为音频信号
	功放（扩音机）	放大音频信号
	音箱（喇叭）	将音频信号转换为声音，有源音箱可以实现扩音功能
	多功能数码扩音机	集话筒、收音、数字音频播放、功放、音箱于一体，可无线、有线操纵，实现收音、放音、录音、扩音等功能
视听觉媒体	电视机	播放视频和电视信号
	摄像机（DV）	拍摄视频、照片等
综合媒体	多媒体计算机	获取、处理、制作和播放各种媒体
	触控一体机	集投影、电脑、触控、音响等于一体，功能强大
	手机、平板	获取和播放各种媒体，多种 App 应用
	智慧教室	基于物联网、大数据、信息化等技术，集智慧教学、人员考勤、教室资产管理、视频监控及设备远程管控等系统为一体的新型现代化教学管理平台

3. 信息化幼教活动环境和设备

幼儿园教育教学活动环境一般可分为集体活动环境（班级）、区域活动环境（区角）和综合活动环境（综合活动室），将信息设备和技术有机融入幼教活动空间，便形成了信息化幼教活动环境。常见的信息化幼教活动环境有多媒体教学环境、交互式活动环境、区域信息化活动环境和智慧活动环境。

（1）多媒体教学环境

多媒体教学环境一般由计算机、投影仪、幕布、音响设备、视频展示台等组成，教师可以利用计算机将教学内容直接投放到大屏幕上进行讲解，能通过图、文、声、像、动等多种方式给儿童直观的多感官刺激，有利于吸引儿童的注意力，增强儿童的学习兴趣。这种环境建设成本低、技术门槛低，曾经在幼儿园班级中广泛使用。但由于交互控制性差，已逐渐被交互式电子白板或触摸一体机替代。

（2）交互式活动环境

随着短焦投影仪、电子白板技术、触控技术的发展，以交互电子白板或触控一体机为核心的交互式活动环境成为幼儿园开展班级信息化幼教活动的主流环境。由于在交互式活动环境中可用手指代替鼠标操作设备，再加上白板软件的支持，因此交互能力大大提升。教师可以在幼教活动中设计交互环节以增强师幼互动的效果，白板设备和软件还提供了丰富的资源，给教师备课带来了极大便利。

（3）区域信息化活动环境

幼儿园区域信息化活动环境创设有 2 种方式：一种是将适合儿童使用的计算机和适宜性软件、平板电脑等设备放置在一个单独区角；另一种是在传统区域活动投放的设备中添加信息化设备和软件，形成融合技术的区域信息化活动环境。

（4）智慧活动环境

随着触控技术、虚拟现实技术（VR）和增强现实技术（AR）的发展，智能黑板、智能触控桌等设备诞生了。这类设备构建的智慧活动环境可以提供各类多媒体幼教资源和平台，具有阅读、多媒体播放、书写、涂鸦、绘画和上网搜索等功能，支持儿童进行多点人机交互和多种互动，便于开展游戏化幼教活动，并实时智能反馈，能给儿童提供身临其境的学习体验，让儿童在感受与探索中增长知识、开阔视野，激发儿童的好奇心和求知欲。

📟 实训任务

任务一　考察信息化幼教活动环境

本实训任务的目的是通过考察幼儿园信息化幼教活动环境，了解常见的信息化幼教环境、设备及其功能、作用。

1. 考察幼儿园信息化环境

考察幼儿园的教室、区角、活动室等，列出常见的信息化幼教活动环境及设备组成，可以上网查询，询问幼儿园管理者和任课教师，与同学讨论、交流、分享，填写表 5-2-2。

表 5-2-2　信息化幼教活动环境及设备组成

信息化环境	设备组成

2. 了解常用信息化幼教设备功能

通过上网查询，询问幼儿园管理者和任课教师，与同学讨论、交流、分享，列出常用的信息化幼教设备的功能及应用场合，填写表 5-2-3。

表 5-2-3　信息化幼教设备功能及应用场合

设备名称	主要功能及应用场合

任务二　使用触控一体机

本实训任务的目的是初步学会操作触控一体机（以希沃白板为例），并学会使用相应的白板软件。

触控一体机兼有电脑、投影、触控、音响等诸多功能，使用操作与触控电脑相似。

使用触控一体机

1. 硬件使用

（1）面板认识与操作

图 5-2-3 所示是一款典型的希沃触控一体机的操作面板，各按键与接口的功能如下：

⏻ 开机、关机键：设备正常通电后按一次此键即可开机；开机状态下，轻按一次此键，设备进入待机节能模式，此时屏幕暂停息屏；单击屏幕任意处，屏幕正常显示；长按此键，显示屏幕弹出关机提示菜单，选择"确定"后关机。

⌂ 主界面键：开机状态下按一次此键即可返回安卓系统的主界面。在安卓系统下，可以进行书写、PPT 放映、音视频播放等操作。再按一次回到 Windows 桌面。

↩ 返回键：按一次此键即可返回当前程序的上一级界面。

⚙ 设置键：按一次此键进入软中控设置菜单，可进行通道选择、亮度、音量、分辨率等参数设置。

◁/◁》 音量调节键：减小或增大设备的音量。

安卓系统 USB 接口：在安卓系统下接入 U 盘、移动硬盘等存储设备，或接入 USB 键盘、鼠标等操作设备。

内置电脑 USB 接口：Windows 系统下接入 U 盘、移动硬盘等存储设备，或接入 USB 键盘、鼠标等操作设备。

设备右侧还有一些接口供输入输出调节用。

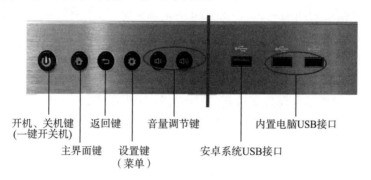

图 5-2-3 触控一体机面板的按键与接口

（2）触控操作

除了用鼠标进行操作外，还可以用手指、触摸笔或不透明的物体来实现鼠标的操作。因为屏幕是可以多点触摸的设备，建议用一个手指来进行点击的操作。轻点一下文件或文件夹图标，是选中的操作，选中的对象可以用手指进行拖拽实现位置的移动与改变；手指在选中的对象上快速地双击，是打开的操作；手指在选中的对象上长按，当出现一个圆圈后手指抬起，此时会出现右键菜单。

（3）键盘操作

在屏幕空白处点击一下，屏幕左侧出现一个半透明小光条，用手指拖拽这个小光条会自动调出键盘。也可以在输入或编辑文本时单击出现的灰色小方块调出键盘。

切换输入法：点击键盘上的【Ctrl】键，再点击【Shift】键，再点击【Ctrl】键，即可切换输入法。

单击键盘右上方的关闭按钮，即可关闭键盘。

（4）PPT 放映操作

双击 PPT 文件打开，并点击放映键进入全屏放映状态。

点击屏幕进行翻页。在屏幕上长按，出现圆圈后手指抬起，右键菜单中可以实现更多的放映操控（上一页、下一页、退出等）。

两个手指在屏幕上长按会调出快捷小精灵，点击笔工具，就可以实现批注讲解或书写绘画的功能。双击笔工具，可以改变笔的颜色。点击"关闭"按钮，回到 PPT 播放状态。

（5）悬浮工具栏

点击屏幕左侧或右侧的小三角，可调出悬浮工具栏，包括书写工具、放大镜、倒计时等工具。

2. 白板软件操作

以希沃白板 5 为例学习白板软件的操作。

（1）在线学习

进入希沃学院（https://study.seewoedu.cn/college），登录后选择"希沃白板 5-基础教程"课程学习。

希沃白板 5-基础教程

（2）探究白板课件

打开希沃白板 5，登录后点击"课件库"，以"幼儿园"为关键词搜索与幼教相关的白板课件，选择 1 个课件下载到云空间，打开课件，进行授课、编辑等操作。

（3）将 PPT 课件转化为白板课件

点击"导入课件"，将 PPT 课件导入，并根据需要进行修改，如添加交互等，转化为白板课件，并尝试进行授课。

项目 5.3   信息化幼教实施技术

📑 项目导图

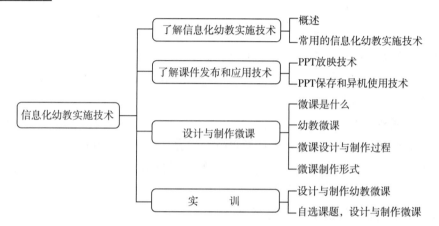

☞学习目标

1. 了解常用的信息化幼教实施技术；
2. 了解课件的发布和应用技术；
3. 学会设计与制作幼教微课。

📖学习任务

任务一   了解信息化幼教实施技术

1. 概述

信息化幼教是指依据儿童发展规律，在幼儿园各个部门、领域广泛运用信息技术手段和方法，以提升园所管理（园所层面）、优化幼教活动（儿童层面）、促进专业发展（幼师层面）和促进家园共育（家长层面）。信息化幼教实施中需要各种信息技术的支撑，通过信息技术与幼教的有机和深度融合，才能更好地开展幼教活动。

信息化幼教实施技术包括 5 个方面:

(1) **幼教活动优化技术**

其指教师在幼儿园一日活动,特别是在集体教学活动中利用信息技术优化活动设计和活动组织,包括情境创设技术、重难点突破技术、幼儿参与技术等。

(2) **家园共育提升技术**

其指教师利用信息技术促进家园沟通与合作,包括学情分析技术、家园共育活动组织技术、展示交流技术等。

(3) **发展评价评测技术**

其指教师利用信息技术采集、分析儿童行为数据,及时、全面、客观地了解儿童发展情况,包括评价量规设计与应用技术、儿童行为观察与分析技术、电子档案袋评价技术、数据可视化呈现与解读技术等。

(4) **幼师专业成长技术**

其指教师借助信息技术开展自主学习、教育反思、教研交流等专业成长活动,有效提升自身的教育教学能力,包括专业自主学习技术、教育反思技术、教科研技术和新媒体新技术应用研究技术等。

(5) **通用教育技术**

其指幼师必备的基础信息技术和教育技术能力,包括数字教育资源获取与评价技术、演示文稿设计与制作技术、数字教育资源管理技术和微课(程)的设计与制作技术等。

2. 常用的信息化幼教实施技术

表 5-3-1 列出了不同幼教场景下的常用的信息化幼教实施技术。

表 5-3-1　常用的信息化幼教实施技术

场景	技能	实施技术
活动优化	H1 情境创设	多媒体(图、文、声、视、动)、课件、微课、VR、AR、白板演示功能
	H2 重难点突破	
	H3 幼儿参与	白板交互、交互课件、平板互动
家园共育	J1 学情分析	问卷工具、数据处理、小程序
	J2 家园共育活动组织	微信群、QQ 群、在线会议
	J3 展示交流	视频、PPT、美篇、微信公众号、群分享
发展评价	F1 评价量规设计与应用	在线文档、问卷工具
	F2 儿童行为观察与分析	拍摄、笔记、智能监测、云存储
	F3 电子档案袋评价	信息存储与管理、在线文档
	F4 数据可视化呈现与解读	可视化技术、思维导图、智能分析与统计

场景	技能	实施技术
专业成长	Z1 专业自主学习	资源获取、在线课程、笔记
	Z2 教育反思	论文工具、笔记、美篇、视频分享技术
	Z3 教科研	论文工具、微课、微信群、QQ 群、在线会议
	Z4 新媒体新技术应用研究	人工智能、AR、VR、视频处理与分享
通用技能	Y1 数字教育资源获取与评价	资源搜索、多媒体素材获取与处理
	Y2 演示文稿设计与制作	PowerPoint、WPS、Focusky、白板软件
	Y3 数字教育资源管理	数字资源分类与管理、云存储、笔记
	Y4 微课（程）的设计与制作	拍摄、录屏、视频处理、在线教学

任务二　了解课件发布和应用技术

课件的使用场合广泛，可在原课件制作的电脑中使用，也可拷贝到不同的电脑中使用，还可分享到网络上供学习者使用；具体应用时的作用包括辅助教师教学，让儿童自主观看，或让儿童浏览网络，或分享给他人参考……这就要求我们能根据不同的需求，把课件发布为不同的形式，并很好地应用它来促进幼教。

1. PPT 放映技术

打开 PPT 课件，单击选项卡"幻灯片放映"—"从头开始"（或按【F5】键）或"从当前幻灯片开始"（或按【Shift+F5】键），PPT 课件进入放映模式，然后单击鼠标，或按键盘上的空格键或回车键，或转动鼠标滚轮，可以切换幻灯片；按【ESC】键退出放映模式。除了这个最常规的放映方法外，还有一些放映技巧，若能合理巧妙地使用，就能让课件演示锦上添花。

（1）自定义放映

教学是一个动态变化的过程，PPT 课件中的幻灯片往往不需要全部播放，只需要播放一部分，可以把不需要的幻灯片删除或隐藏，但这对 PPT 课件是有破坏性的，下次要播放又得重新做，而利用自定义放映可以在不破坏原来 PPT 的情况下实现有选择的放映。

① 单击"幻灯片放映"选项卡"自定义幻灯片放映"组中的"自定义放映"，打开"自定义放映"对话框（如图 5-3-1 所示），单击"新建"按钮，在弹出的"定义自定义放映"对话框（如图 5-3-2 所示）的左边选择所需要放映的幻灯片，添加到右框，并可以改变次序。单击"确定"按钮后，在"自定义放映"对话框中可以选择相应的自定义放映项目进行放映，也可以随时进行编辑，然后再放映。

图 5-3-1　"自定义放映"对话框

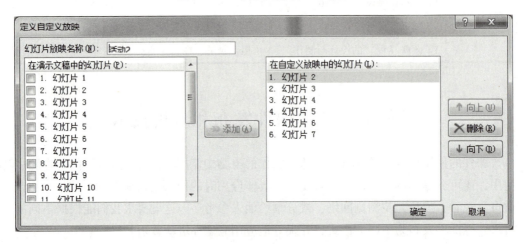

图 5-3-2　"定义自定义放映"对话框

　　② 设置放映方式：单击"幻灯片放映"选项卡中的"设置幻灯片放映"按钮，在打开的"设置放映方式"对话框（如图 5-3-3 所示）中可以更详细地按要求设置放映方式。其中，"演讲者放映（全屏幕）"是由演讲者控制整个演示的过程，在观众面前全屏播放，可以使用放映辅助工具和菜单；"观众自行浏览（窗口）"是使 PPT 在标准窗口中显示，窗口可以缩小，同时可以打开其他窗口；"在展台浏览（全屏幕）"是整个 PPT 全屏循环播放，通常需要经排练计时后再选用，没有放映辅助工具和菜单。

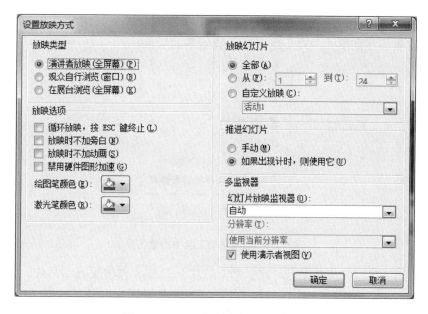

图 5-3-3　"设置放映方式"对话框

（2）放映辅助工具和放映菜单的使用

在放映模式下，当鼠标移到左下角时，出现放映辅助工具，包括后退、笔、菜单、前进等按钮，也可右击在弹出的快捷菜单中使用各功能，如图 5-3-4 所示。

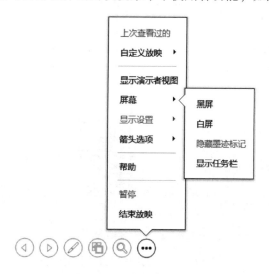

图 5-3-4　放映辅助工具

① 黑屏、白屏：教学中为避免幻灯片内容影响学生注意力，可以将屏幕切换成黑屏或白屏。用快捷键更方便：按【B】键为黑屏，按【W】键为白屏；再按一次或按【ESC】键切换到正常演示状态。

② 放映过程中进行书写：在教学过程中常常需要在幻灯片上勾画和突出重点、书写文字，利用放映辅助工具中的笔工具✏️可以实现。单击✏️按钮可以选择激光

笔（快捷键为【Ctrl+A】）、笔（快捷键为【Ctrl+P】）、荧光笔（比较粗，用于涂抹）、橡皮擦等（如图 5-3-5 所示），还可设置笔的颜色。

图 5-3-5　放映辅助工具中的笔工具

③ 快速定位幻灯片：单击"定位到幻灯片"选项会列出所有幻灯片，选择要放映的幻灯片即跳转到该幻灯片放映。在键盘上按下幻灯片序号，再按【Enter】键，也可跳转到相应序号的幻灯片放映。

④【F1】键调用帮助：按【F1】键后屏幕会出现"幻灯片放映帮助"对话框，在该对话框中可以查找到有关放映的各项功能及快捷键，如图 5-3-6 所示。

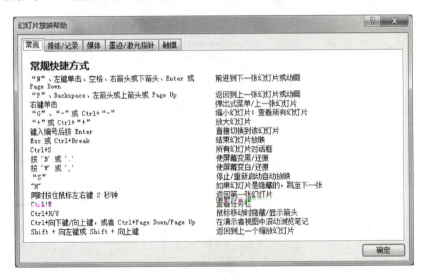

图 5-3-6　"幻灯片放映帮助"对话框

（3）ZoomIt 的使用

在演示中有时需要局部放大，PPT 放映工具中没有这项功能，可以借助专门的投影演示辅助软件如 ZoomIt、电子教鞭、白板软件来实现，这类软件具有最基本的 3 项功能：放大、书写、定时。这里以免费软件 ZoomIt 为例进行介绍。

ZoomIt 的使用

下载 ZoomIt 之后，无须安装，解压后双击即可启动，此时系统右侧会出现托盘图标。初次使用会出现如图 5-3-7 所示对话框（单击托盘图标出现的菜单中选"Options"也会出现），在此对话框中可以设置各项功能的快捷键。默认按【Ctrl+1】键为缩放屏幕，同时可以书写；按【Ctrl+2】键为在屏幕书写，不放大；按【Ctrl+3】键为倒计时屏幕。

图 5-3-7　"ZoomIt"快捷键设置对话框

根据图 5-3-8 所示尝试对各项功能进行操作。

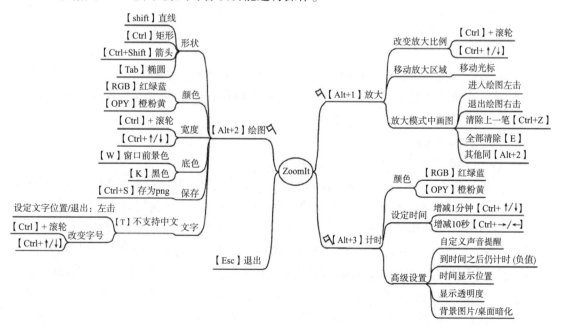

图 5-3-8　ZoomIt 功能与快捷键

（4）PPT 遥控器使用

有了 PPT 遥控器，PPT 放映者可以摆脱鼠标和键盘的束缚，远离电脑进行操作。PPT 遥控器有 3 类：第一类是专用的 PPT 遥控笔（又称激光翻页笔、遥控激光笔、PPT 翻页笔等，如图 5-3-9 所示），由控制器和接收器组成，将接收器插接到电脑 USB 接口中，通过控制器上的按钮翻页，按"激光教鞭"按钮发出红色激光对屏幕进行指示。

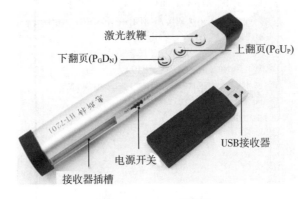

图 5-3-9　PPT 遥控笔

第二类通过在智能手机和电脑中安装相应软件实现。请用自己的手机和电脑上网搜索相应软件，安装并尝试使用。

第三类是利用无线鼠标进行操控。

2. PPT 保存和异机使用技术

制作好的 PPT 拷贝到其他电脑中使用时，为了达到与制作时相同的效果，应掌握异机使用技术。

（1）PPT 保存为放映文件

保存为 pptx 的文件在使用时需要用 PowerPoint 打开，再用"幻灯片放映"功能放映；保存为 ppsx 的文件，在使用时双击即可直接进入放映状态。

单击选项卡"文件"—"另存为"，在打开的保存窗口的"保存类型"中选择"PowerPoint 放映（*.ppsx）"即可。

（2）异机使用技术

1）其他电脑中安装了 PowerPoint 软件

如果其他电脑中安装了 PowerPoint 软件，在 PPT 制作时应把链接的文件存放在与 pptx 文件同一层的文件夹中，异机使用时把整个文件夹拷贝到其他电脑中使用。

如果 PPT 中使用了特殊字体，异机使用时可以安装相应的字体或在保存时嵌入字体。单击"文件"选项卡中的"选项"按钮，在打开的对话框中单击"保存"项，勾选"将字体嵌入文件"复选框，如图 5-3-10 所示，若选择"仅嵌入演示文稿中使用的字符（适于减小文件大小）"选项，异机使用时如果编辑修改文字，PPT 会用其他字体来替代特殊字体，版面会受到影响。选择"嵌入所有字符（适于其他人编辑）"选项，则文件会增大，但可以编辑文字，字体不会变化。

图 5-3-10　嵌入字体

也可以将应用特殊字体的文字剪切并"选择性粘贴"成图片格式以保持版面效果，但转化为图片的文字是无法编辑的。

2）其他电脑中没有安装 PowerPoint 软件

若其他电脑中没有安装 PowerPoint 软件，则需将文件打包成 CD 后使用。单击"文件"—"导出"—"将演示文稿打包成 CD"—"打包成 CD"，在出现的对话框（如图 5-3-11 所示）中进行相应的设置，可以单击"复制到文件夹"后将整个文件夹拷贝到其他电脑中使用或单击"复制到 CD"刻录成光盘使用。

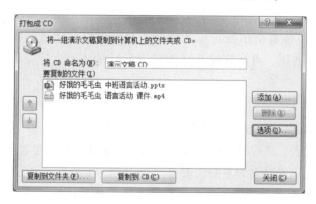

图 5-3-11　"打包成 CD"对话框

3）其他电脑中安装了 WPS

如果其他电脑中安装了 WPS，那么可以直接打开 pptx 文件放映，但可能会失去一些功能和效果。

4）共享

单击选项卡"文件"—"共享"，可以将 PPT 保存到 OneDrive 云存储分享，或通过电子邮件分享，也可以进行联机演示。

（3）PPT 发布技术

将 PPT 转换为其他格式的文件，适用于更多场合尤其是网络。单击"文件"选项卡中的"另存为"按钮，在打开的保存窗口的"保存类型"中选择相应格式。

① pdf 格式：网络上流行的电子文档格式，可以通过相应的 PDF 浏览器浏览，能保持原有排版效果，但只能查看静态内容，还会出现对象重叠现象。

② 图片格式（jpg/gif/png 等）：把每一张幻灯片以图片方式保存，将失去所有动

态效果，还会出现对象重叠现象。

③ 视频格式（mp4/wmv 等）：将 PPT 转成高清晰视频，会失去交互效果，有时候还会产生失真、掉帧、声音不正常等现象。如果效果不好，可以采用录屏方式录制 PPT 全屏播放的视频。

任务三　设计与制作微课

微课以其"短小精悍"的特点契合了网络时代的个性化学习、碎片化学习、移动学习等需求，成为教育教学改革的热点。微课也是一种有效的教学资源，是在线课程的重要组成单元，教师作为信息时代数字化教学资源的开发者和信息化教学的实践者，必须掌握微课设计与制作及应用技能。

1. 微课是什么

微课，也被称为微课程（micro course）、迷你课程（mini course）等，它用几分钟讲述一个主题。实际上，微型视频在微课程的概念出现之前就已经悄然兴起。2006 年，美国教育工作者萨尔曼·可汗创办了可汗学院，他录制的教学视频风靡美国，并影响到世界各国。可汗学院及"翻转课堂"的走红，让微课成为教育界关注的热点话题。

（1）微课的定义

关于微课的概念没有一个统一的定论。在基础教育领域，以广东佛山市胡铁生老师提出的概念为代表；高校理论研究人员对微课的定义，则以焦建利教授、张一春教授、黎加厚教授提出的概念为主要代表。

胡铁生老师认为，微课又名微课程，是"微型视频网络课程"的简称，它是以微型教学视频为主要载体，针对某个学科知识点（如重点、难点、疑点、考点等）或教学环节（如学习活动、主题、实验、任务等）而设计开发的一种情景化、支持多种学习方式的在线视频课程资源。

焦建利教授认为，微课是以阐释某一知识点为目标，以短小精悍的在线视频为表现形式，以学习或教学应用为目的的在线教学视频。

张一春教授认为，微课是指为使学习者自主学习获得最佳效果，经过精心的信息化教学设计，以流媒体形式展示的围绕某个知识点或教学环节开展的简短、完整的教学活动。

黎加厚教授认为，微课或者说微课程，是指时间在 10 分钟以内，有明确的教学目标，内容短小精悍，集中说明一个问题的小课程。

（2）微课的特征

虽然微课的定义有所不同，但其具有以下基本特征。

① 以流媒体为表现形式，视频是最主要的形式。利用微课视频，学习者可以随

时随地通过网络进行学习。

②教学目标单一，主题明确。微课主要围绕教学中的重点、难点、疑点等展开教学活动，主题鲜明，教学目标常常集中于解决某一个知识点。

③内容短小精悍。通常认为，微课的时长以 10 分钟以内为宜。这就决定了微课在内容的选择上必须精简，以能在短时间内解决某一个问题为宜。

④结构独立。微课建立在某个知识点或者教学主题的基础上，各个知识点之间呈现出松散的状态，结构上相对独立。只有若干知识模块以某种意义联结在一起，才能形成主题明确、内容完整的结构化资源应用环境，也就是说，通过微课程将一系列微课有机整合在一起。

⑤资源丰富多样。微课以教学视频为主要载体，同时还提供习题作业、教学课件、资料等多种学习资源。

2. 幼教微课

幼教微课是指以视频为主要载体，记录或展示幼儿教育教学活动过程，为儿童、幼教工作者、家长提供随时随地学习的资源。

（1）幼教微课的分类

按微课使用对象分，可分为以下几种：

①面向儿童的儿童微课；

②面向幼教工作者的幼师微课；

③面向家长的家教微课。

按制作情境分，可分为无生微课、活动实录和无生授课、综合微课等。

（2）幼教微课的作用

①能形象、浅显、直观地辅助幼教活动，提升活动的趣味性；

②使学得慢的儿童可在家中由家长指导学习，实现全体儿童共同发展；

③让教师展示教学经验，促进教学交流；

④帮助家长积累家教经验，让亲子活动更有效。

（3）幼教微课的特点

幼教微课一般在家长或教师引导下由儿童自主观看，因此具有如下特点：

①时间短，一般不超过 10 分钟；

②内容少，为一个知识技能点或一个小活动（如故事、游戏、制作）；

③内容具体，可操作性强；

④趣味性强，通常以游戏活动为主。

3. 微课设计与制作过程

微课的设计与制作过程和课件的设计与制作过程相似，包括选题、设计、准备、制作、修改、上传等 6 个步骤，如图 5-3-12 所示。

图 5-3-12 微课的设计与制作过程

（1）选题

确定合理、恰当的选题是进行微课设计与制作的第一步。鉴于微课自身的特征，确定的微课选题应细而小，不宜过大。尽可能地以活动重点、难点或某一活动主题为主，内容应短小精悍。

（2）设计

微课的设计包括教学设计、媒体设计和脚本设计等。

教学设计就是应用系统方法，分析、研究教学中的问题和需求，确定教学策略、教学方法和步骤，并对教学结果作出评价的一种计划过程。教学设计是微课设计与制作的重要一环，主要包括内容分析、教学对象分析、明确教学目标、教学策略设计、教学评价设计等。

媒体设计就是依据学习者的特点和教学内容，选择合适的媒体及呈现方式，设计教学视频的情境、案例、教学过程及相关的网络教学支持材料。

在制作微课视频的过程中，要尽可能地降低学习者的认知负荷。根据认知负荷理论，学习材料的组织与呈现方式、学习材料的复杂性和学习者的先验知识是影响认知负荷的基本因素。短小精悍是微课的鲜明特点，因此在设计微课时，要组织好教学内容，简洁、生动地呈现教学内容，避免在有限的工作记忆空间给学习者太大压力。

脚本原指表演戏剧、拍摄影视等所依据的底本或文稿，它是演员演出、拍摄、后期制作的依据。微课的脚本设计就是根据教学设计和媒体设计，设计视频制作的流程及每一个步骤所需要完成的任务，形成文本，成为微课视频制作的依据。

（3）准备

准备就是根据设计，准备微课教学的资源、教具和制作微课的素材等。

（1）制作

微课的视频制作主要包括视频的录制和后期制作 2 个部分。

视频的录制主要通过以下 2 种方法实现：一种是录屏，另一种就是拍摄。

录屏就是利用录屏软件对教学过程进行录制，这种录制方法对软、硬件要求很低，教师只需要准备一台装有录屏软件的计算机和一个麦克风就可以了。录制时，教师只需设置合适的视、音频格式，将准备好的课件演示出来，软件就会自动地全程录制教师的屏幕操作和讲解，操作简单。

拍摄就是利用摄像设备（摄像机、手机等）进行微课的拍摄。利用拍摄方法录制微课时，要注意灯光的设置、摄像机的机位、画面的景别和角度的选取等。此外，使用拍摄方式录制微课时，教师大都出镜，因此教师要注意自己的仪态。在进行正式录制前，可以提前试讲，以保证正式录制时达到最佳效果。

在视频录制完成以后，教师可以利用视频编辑软件［如剪映、Camtasia Studio（CS）、会声会影、Premiere 等］，依据脚本设计对视频进行剪辑、处理和制作等，并输出视频。

（5）修改

在教学实践中，教师要根据教学效果不断完善微课，做到精益求精。

（6）上传

微课制作完成以后，就可以将其上传到相应的平台。在上传到平台时，应注意平台对微课视、音频格式的要求。通常情况下，为了能够流畅地在线播放，微课的文件不宜过大，文件格式一般为支持网络播放的流媒体格式，如 mp4、wmv、flv 等，必要时可以通过视频转换软件进行格式转换。

4. 微课制作形式

（1）加工现有的活动课例

拍摄幼教活动实况，对视频进行切片、合成、加字幕等处理，制作成微课视频。

专题：玩转微课

（2）录屏

利用录屏软件，配以教师的讲解音频，录制课件演示、软件操作、手写板演算或书写等过程。可以用电脑、平板、手机等进行录屏。

（3）拍摄

用摄像机、平板、手机等拍摄微课视频。

（4）录播教室录制

通过教室中的录播系统进行微课视频录制。

（5）视频制作

利用视频处理软件制作微课视频。

💻 实训任务

任务一　设计与制作幼教微课

本实训任务的目的是通过模仿设计与制作"毛毛虫变形记"微课，掌握幼教微课的设计与制作基本技能。

1. 选题

好的绘本不仅仅有精彩的故事，更蕴含着丰富的哲理。《好饿的毛毛虫》是一本优秀的绘本，它的故事设计精巧，绘本色彩鲜艳，形象生动，符合儿童阅读欣赏的年龄特点。从认知角度来看，它描绘了毛毛虫从卵—幼虫—茧—蝴蝶的整个蜕变过程，能让儿童感悟成长历程。该绘本的信息量很大，包括星期一至星期天的概念、数量、水果种类、量词、乱吃东西会吃坏肚子（健康教育）等，适用于多个领域的教育活动。

本微课取材于《好饿的毛毛虫》绘本，取名为"毛毛虫变形记"，从多个角度展示从毛毛虫到蝴蝶的变形过程，激励儿童面对困难不放弃，要不断地努力，完成自己的梦想，成就自己，就像毛毛虫一样变成美丽的蝴蝶。

2. 设计

（1）活动设计

本微课用于辅助幼儿园中班儿童的综合活动，根据儿童的特点和绘本内容，从问题引入，通过想、听、看、做等形式达成如下活动目标：

- 知识与能力目标：感知理解故事内容，初步了解毛毛虫变蝴蝶的过程。
- 过程与方法目标：能模仿制作"毛毛虫变蝴蝶"魔术框画。
- 情感与态度目标：感悟成长的艰辛，相信自己。

微课流程设计如图 5-3-13 所示。

图 5-3-13　"毛毛虫变形记"微课流程设计

（2）媒体设计

"问题导入"部分通过设置情境呈现，"听一听"通过绘本动画方式呈现，"看一看"通过实景拍摄呈现，"做一做"通过实际拍摄制作过程呈现，"想一想"通过交互方式呈现。

（3）脚本设计

脚本设计见表 5-3-2。

表 5-3-2　"毛毛虫变形记"综合活动微课脚本设计

"毛毛虫变形记"综合活动微课脚本设计		
序列	内容	素材及制作
问题导入	蝴蝶飞舞情景 教师提问：小朋友，画面中飞舞的是什么？ 儿童：我知道，是蝴蝶。 教师提问：那么，你知道蝴蝶小时候是什么吗？是小蝴蝶还是小毛毛虫？ 儿童思考后回答：是小毛毛虫。 教师：对，今天我们一起来探究一下毛毛虫是怎样变成蝴蝶的！ 微课标题"毛毛虫变形记"出现，同时伴随声音	蝴蝶飞舞背景 gif、标题文字，用优芽制作并录屏
听一听	《好饿的毛毛虫》绘本动画	PPT 制作，录屏并解说；设置镜头缩放、移动等效果

续表

	"毛毛虫变形记" 综合活动微课脚本设计	
序列	内容	素材及制作
看一看	《蝴蝶的一生》视频	《蝴蝶的一生》视频，设置快放
做一做	魔术框画"毛毛虫变蝴蝶"	拍摄框画制作过程，配教师解说音频
想一想	互动测试："蝴蝶小时候是什么?"	PPT 触发器制作并演示
封底	制作信息	设置动态展示

3. 准备

（1）在硬盘合适位置新建"毛毛虫变形记 微课"的文件夹，新建"素材"子文件夹，搜集并处理微课制作所需要的素材，并按下列子文件夹分类存放：

00 课件 \

01 文本 \

02 图像 \

03 动画 \

04 音频 \

05 视频 \

06 字体 \

07 其他 \

（2）根据需要，安装系统中没有的字体。

4. 制作

（1）录屏

① 问题导入：用优芽制作并录屏。

② 听一听：用 PPT 制作并录屏。

③ 想一想：用 PPT 制作并录屏。

"毛毛虫变形记"
微课设计与制作

（2）处理

① 打开视频处理软件；

② 设置视频分辨率；

③ 导入上述录屏素材及相关的视频、音频、图片等素材；

④ 按脚本设计依次将素材拖入轨道中，并根据需要进行适当剪辑；

⑤ 根据需要对画面的素材进行镜头缩放、标注、动画、特效等处理；

⑥ 配音优化处理，如剪辑、降噪、调节音量等。

（3）设置字幕

字幕可以在视频处理软件中设置，也可以采用外挂字幕的方式实现。

（4）保存并发布为视频

保存项目文件，并发布为视频。素材打包备份。

5. 修改

邀请同学观看，请同学提出意见和建议，然后进行修改。

6. 上传

将视频上传到超星云盘并分享。

任务二 自选课题，设计与制作微课

本实训任务的目的是通过自选幼教主题，设计与制作微课，学以致用，提升微课设计与制作能力。

1. 选题

选择适合作为微课的课题（与自己专业相关），确定微课标题，主标题尽量简洁诱人，如果主标题不能概括课题的主题，可增加副标题加以说明。

专题：幼教微课

你选择的幼教课题：＿＿＿＿＿＿＿＿＿＿＿＿＿＿＿＿＿＿

微课主标题：＿＿＿＿＿＿＿＿＿＿＿＿＿＿＿＿＿＿＿＿

微课副标题：＿＿＿＿＿＿＿＿＿＿＿＿＿＿＿＿＿＿＿＿

2. 设计

（1）活动设计

活动对象分析：＿＿＿＿＿＿＿＿＿＿＿＿＿＿＿＿＿＿

＿＿＿＿＿＿＿＿＿＿＿＿＿＿＿＿＿＿＿＿＿＿＿＿＿＿＿＿

＿＿＿＿＿＿＿＿＿＿＿＿＿＿＿＿＿＿＿＿＿＿＿＿＿＿＿＿

活动内容分析：＿＿＿＿＿＿＿＿＿＿＿＿＿＿＿＿＿＿＿

＿＿＿＿＿＿＿＿＿＿＿＿＿＿＿＿＿＿＿＿＿＿＿＿＿＿＿＿

＿＿＿＿＿＿＿＿＿＿＿＿＿＿＿＿＿＿＿＿＿＿＿＿＿＿＿＿

微课流程（用流程图表示）：

（2）媒体设计

微课各部分分别用什么媒体实现？

（3）脚本设计

完成表 5-3-3。

表 5-3-3　微课脚本设计

微课脚本设计		
序列	内容	素材及制作

续表

序列	内容	素材及制作

（表头上方：＿＿＿＿＿＿微课脚本设计）

3. 准备

准备素材及教学资源。

4. 制作

用各种多媒体工具软件完成微课制作。

5. 修改

邀请同学观看，请同学提出意见和建议，然后进行修改。

6. 上传

将视频上传到超星云盘并分享。

巩固练习

1. 名词解释

（1）微课：＿＿＿＿＿＿＿＿＿＿＿＿＿＿＿＿＿＿＿＿＿＿＿＿＿

＿＿＿＿＿＿＿＿＿＿＿＿＿＿＿＿＿＿＿＿＿＿＿＿＿＿＿＿＿＿。

（2）幼教微课：＿＿＿＿＿＿＿＿＿＿＿＿＿＿＿＿＿＿＿＿＿＿

＿＿＿＿＿＿＿＿＿＿＿＿＿＿＿＿＿＿＿＿＿＿＿＿＿＿＿＿＿＿。

2. 单选题

（1）下列关于微课的说法中，不正确的是（　　　）

A. 微课是指为使学习者自主学习获得最佳效果，经过精心的信息化教学设计，以流媒体形式展示的围绕某个知识点或教学环节开展的简短、完整的教学活动

B. 微课的特点可以概括为短小精悍

C. 微课的形式只能是视频方式

D. 按使用对象分，幼教微课可分为儿童微课、幼师微课和家教微课等

（2）PPT 课件不能另存为（　　　）

A．pptx　　　　　　　B．mp4　　　　　　　C．mp3　　　　　　　D．pdf

（3）ZoomIt 软件不具备的功能是（　　　）

A．输入汉字　　　　B．放大　　　　　C．书写　　　　　D．倒计时

3．多选题

（1）微课一般以流媒体形式展示，流媒体包括（　　　）

A．微视频　　　　　B．图文+音频　　　C．H5　　　　　D．Flash

（2）微课的特点有（　　　）

A．使用方式：自主学习

B．目的：最佳效果

C．设计：精心的信息化教学设计

D．形式：流媒体，可以是视频，可以是动画，也可以是网页等

E．内容：某个知识点或教学环节

F．时间：简短

G．本质：完整的教学活动

（3）微课最主要的形式是视频，其制作方法多种多样，包括（　　　）

A．拍摄法　　　　B．录屏法　　　　C．视频编辑法　　　D．动画法

E．混合法

（4）微课视频的制作方式有（　　　）

A．音画同步录制法

B．先画后音制作法（影视拍摄模式）

C．先音后画制作法（MV 制作模式）

4．判断题

微课就是微型课，就是拍摄教师上课的片段形成的视频。　　　　　　　　（　　　）

参考文献

［1］冷国华. 多媒体 CAI 课件设计与制作［M］. 镇江：江苏大学出版社，2010.

［2］冷国华. 现代教育技术实训教程［M］. 镇江：江苏大学出版社，2013.

［3］冷国华. 现代教育技术实训教程［M］. 2 版. 镇江：江苏大学出版社，2019.

［4］茬良生，李静，朱建年. 现代教育技术［M］. 上海：上海交通大学出版社，2019.

［5］杨刘庆，王俊生，李智鑫. 现代教育技术：微课版［M］. 北京：清华大学出版社，2021.

［6］陈雯. 幼儿园教育信息化理论与实务［M］. 长沙：湖南教育出版社，2019.

［7］王雪. 多媒体画面艺术设计［M］. 北京：清华大学出版社，2021.

［8］张一春. 信息化教学技术与方法［M］. 北京：高等教育出版社，2013.

［9］武丽志. 现代教育技术：学科教师应用指南［M］. 广州：华南理工大学出版社，2009.

［10］孙方. PowerPoint！让教学更精彩：PPT 课件高效制作［M］. 修订版. 北京：电子工业出版社，2013.

［11］赵志群. 职业教育工学结合一体化课程开发指南［M］. 北京：清华大学出版社，2009.

［12］祝智庭，顾小清，闫寒冰. 现代教育技术：走进信息化教育［M］. 修订版. 北京：高等教育出版社，2005.

［13］张妙华，武丽志. 远程教育学：学与教的理论和方法［M］. 广州：华南理工大学出版社，2008.

［14］张一春. 现代教育技术实用教程［M］. 南京：南京师范大学出版社，2005.

［15］张一春. 精品在线开放课程设计与开发［M］. 北京：清华大学出版社，2019.

［16］方其桂. 微课制作实例教程：微课版［M］. 2 版. 北京：清华大学出版社，2019.

［17］中国大学 MOOC. 教师教学能力系列 MOOC［EB/OL］.［2024-10-17］. https：//www.icourse163.org/topics/teachermooc.

［18］中国大学 MOOC. 现代教育技术［EB/OL］.［2024-10-17］. https：//www.icourse163.org/course/XZNU-1001753170.

［19］中国大学 MOOC. 现代教育技术［EB/OL］.［2024-10-17］. https：//www.icourse163.org/course/SNNU-1001517001.

［20］中国大学 MOOC. 现代教育技术应用［EB/OL］.［2024-10-17］. https：//www.icourse163.org/course/HENU-1001796004.

［21］学银在线. 现代教育技术应用［EB/OL］.［2024-10-17］. https：//www.xueyinonline.com/detail/232508732.

［22］幼儿园教育信息技术［EB/OL］.［2024-10-17］. https：//mooc1.chaoxing.com/mooc-ans/course/246133546.html.

［23］学银在线. 信息化教学资源制作［EB/OL］.［2024-10-17］. https：//www.xueyinonline.com/detail/227854840.

［24］中国大学 MOOC. 微课设计与制作［EB/OL］.［2024-10-17］. https：//www.icourse163.org/course/icourse-1001555013.

［25］师范生信息化教学应用优秀作品［EB/OL］.［2024-10-17］. https：//mooc1.chaoxing.com/course/213471384.html.

［26］学银在线. 幼儿园教育活动设计与实施［EB/OL］.［2024-10-17］. https：//www.xueyinonline.com/detail/234771755.

［27］学银在线. 绘本阅读与幼儿成长［EB/OL］.［2024-10-17］. https：//www.xueyinonline.com/detail/227743960.